新时代"一带一路"古文明文献萃编

杨共乐 主编

# 古代美索不达米亚文明文献萃编

于殿利 郑殿华 李红燕 ◎编译

华夏出版社
HUAXIA PUBLISHING HOUSE

图书在版编目（CIP）数据

古代美索不达米亚文明文献萃编 / 于殿利，郑殿华，李红燕编译 . -- 北京：华夏出版社有限公司，2023.4
（新时代"一带一路"古文明文献萃编 / 杨共乐主编）
ISBN 978-7-5080-8756-6

Ⅰ . ①古… Ⅱ . ①于… ②郑… ③李… Ⅲ . ①文化史—文献—汇编—美索不达米亚—古代 Ⅳ . ① K124.3

中国版本图书馆 CIP 数据核字（2022）第 058438 号

**古代美索不达米亚文明文献萃编**

| 编　　译 | 于殿利　郑殿华　李红燕 |
|---|---|
| 选题策划 | 潘　平 |
| 责任编辑 | 李春燕 |
| 责任印制 | 周　然 |
| 责任印制 | 殷丽云 |

| 出版发行 | 华夏出版社有限公司 |
|---|---|
| 经　　销 | 新华书店 |
| 印　　装 | 北京汇林印务有限公司 |
| 版　　次 | 2023 年 4 月北京第 1 版　2023 年 4 月北京第 1 次印刷 |
| 开　　本 | 710×1000　1/16 |
| 印　　张 | 15 |
| 字　　数 | 220 千字 |
| 定　　价 | 68.00 元 |

**华夏出版社有限公司**　地址：北京市东直门外香河园北里 4 号　邮编：100028
网址：www.hxph.com.cn　　电话：（010）64663331（转）
若发现本版图书有印装质量问题，请与我社营销中心联系调换。

# 总　序

2013年秋天，中国国家主席习近平在出访哈萨克斯坦和印度尼西亚期间，先后提出共建丝绸之路经济带（The Silk Road Economic Belt）和21世纪海上丝绸之路（The 21st Century Maritime Silk Road），简称"一带一路"倡议（The Belt and Road Initiative）。"一带一路"倡议的主旨是：世界各参与国，通过全方位的交流合作，携手打造政治互信、经济互惠、文化包容的利益共同体、命运共同体和责任共同体。这一由中国发起的倡议得到了国际社会的高度重视。经过近十年的努力，至今已有一百多个国家和国际组织参与了"一带一路"建设。相关的建设项目也从无到有，由小而大，取得令世人羡慕的成绩。"一带一路"倡议始于中国，但惠及世界，必将有力促进人类文明事业的发展。

"一带一路"倡议有深厚的历史渊源和人文基础。早在两千多年前，我们的先人就开通了陆上和海上丝绸之路。丝绸之路把尼罗河流域、底格里斯河和幼发拉底河流域、印度河和恒河流域、黄河和长江流域连接起来，将埃及文明、两河流域文明、印度文明和中华文明的发祥地连接起来。世界不同的文明经过丝绸之路交流互鉴、紧密相连。通过丝绸之路，中国的丝、漆、瓷器、铁器以及它们的制作技术被传到西方，西方的苜蓿、胡椒和葡萄等也传到了中国。通过丝绸之路，拜占廷的金币、波斯的器皿及阿拉伯的医学等传入中国，中国的造纸术、印刷术、火药和指南针等重大发明也由此传向世界并对世界产生重大影响。[①] 通过丝绸之路，源自印度的佛教、大秦的景教等传入中国。源自中国的儒家文化，也被推介到西方，受到德国莱布尼茨和法国伏尔泰等思想

---

① 参阅杨共乐："人类文明进程中的中华文明"，《光明日报》，2021年12月31日。

家的赞赏。他们推崇儒家的道德与伦理并以此来丰富自己的思想学说。

当今中国首创的"一带一路",既承继历史传统,又立足世界未来,应时代之需,顺全球发展之势,赋丝路以全新之内涵,为人类进步提供极具价值的中国智慧。

当然,要通过"一带一路"与世界建立"互联互通",我们还需加强对世界上主要古文明进行的更为深入的研究。因为产生这些文明的几大古国大多分布于"一带一路"沿线,其文化对后世的影响既广泛又深远。从源头上厘清各文明的发展特点,有助于我们更好地认识"和平发展""开放包容"和"文明互鉴"的重要意义,有助于我们更深刻地理解"一带一路"倡议的重大价值。为此,从2013年年末开始,我们专门组织专家学者编纂了一套《"一带一路"古文明书系》(六卷七册),试图回答下述系列问题:(1)世界古代的文明成果主要体现在哪些方面?(2)多源产生的文明有何特点?(3)各文明区所创造的成果对后世有何影响?(4)各文明古国的国家治理体系如何构建?政治治理如何运行?(5)国家的经济保障主要体现在哪些方面?居民的等级特点与国家政权之间的关系如何?(6)在古代埃及、两河流域有没有像公元前8—前3世纪的中国、印度和希腊那样出现过精神觉醒的时代?(7)各文明古国所实行的文化政策有何特点?其对居民有何影响?(8)古代文明兴起的具体原因以及个别文明消亡的关键因素是什么?(9)中华文明连续不中断的原因究竟在哪里?等等。[①]《"一带一路"古文明书系》得到北京师范大学出版社的大力支持,已由2018年11月出版。出版后,社会反响良好,至今已连续重印两三次。

与此同时,我们又组织相关学者集中精力,协同攻关,对世界上主要文明地区留下的文献资料进行精选、翻译。经过近八年的努力,我们又完成了《"一带一路"古文明书系》的姊妹篇——《新时代"一带一路"古文明文献萃编》(七卷十册)的编译工作。

《新时代"一带一路"古文明文献萃编》以"一带一路"沿途所经且在历

---

① 参见杨共乐总主编:《"一带一路"古文明书系》总序,北京:北京师范大学出版社,2018年版。

史上有重要影响的古文明文献为萃编、译注对象，以中国人特有的视角选择文献资料，展示人类文明的内涵与特色。让文献说话，让文献在当代发挥作用，是我们这套丛书的显著特色。《新时代"一带一路"古文明文献萃编》共七卷十册，分别是《古代美索不达米亚文明文献萃编》《古代埃及文明文献萃编（上、下册）》《古代印度波斯文明文献萃编》《古代希腊文明文献萃编》《古代罗马文明文献萃编（上、下册）》《古代中国文明文献萃编（上、下册）》和《古代丝绸之路文明文献萃编》。范围涉及北非、西亚、南亚、东亚和南欧五大区。我们衷心希望《新时代"一带一路"古文明文献萃编》能为学界提供一种新的、认识古代世界的视角，为我国的"一带一路"建设贡献微薄的力量。

杨共乐

北京师范大学史学理论与史学史研究中心

2022 年 2 月 15 日

# 目　录

序　言 …………………………………… 001

第一章　文学作品 …………………………… 001
　一、概述 ………………………………… 001
　二、神话 ………………………………… 002
　三、民间传说 …………………………… 014
　四、教谕文学 …………………………… 017

第二章　编年史 …………………………… 037
　一、概述 ………………………………… 037
　二、苏美尔王表 ………………………… 041
　三、巴比伦第一王朝诸王年代记 ……… 050

第三章　王室铭文 ………………………… 061
　一、苏美尔早王朝时期 ………………… 063
　二、阿卡德王国 ………………………… 070
　三、苏美尔复兴王朝及乌尔第三王朝 … 074
　四、古巴比伦时期 ……………………… 080
　五、亚述帝国时期 ……………………… 086

第四章　契约文书 ………………………… 119
　一、婚姻契约 …………………………… 120
　二、收养契约 …………………………… 123

三、继承与买卖契约 …………………… 130
　　四、奴隶买卖与解放契约 ……………… 140
　　五、借贷契约 …………………………… 141
　　六、雇佣契约 …………………………… 146
　　七、租地契约 …………………………… 147
　　八、买卖房屋契约 ……………………… 149

第五章　管理文书 ………………………… 151
　　一、雇佣劳动 …………………………… 151
　　二、财政管理 …………………………… 153
　　三、土地管理 …………………………… 154
　　四、民事诉讼 …………………………… 155
　　五、经济文书 …………………………… 158

第六章　书信 ……………………………… 163
　　一、古代美索不达米亚的独特史料 …… 163
　　二、国际君主书信 ……………………… 166
　　三、古巴比伦书信 ……………………… 172
　　四、管理书信 …………………………… 199
　　五、私人书信 …………………………… 200
　　六、私人商业书信 ……………………… 204

第七章　纳第图女祭司经济文书 ………… 211
　　一、概述 ………………………………… 211
　　二、买卖土地 …………………………… 213
　　三、买卖女奴 …………………………… 213
　　四、借贷谷物 …………………………… 213

文献名称缩略语对照表 …………………… 215
译名对照 …………………………………… 218
外文参考文献 ……………………………… 225

# 序　言

巴比伦、美索不达米亚和亚述学这三个名词术语，对于中国的一般读者而言，认知程度应该是呈递减趋势的。具体而言，巴比伦作为所谓的四大文明古国，在中学教科书中就有所提及，而美索不达米亚这个称呼知道的人却少之又少了，亚述学除了从事世界古代文明史研究的极少数学者和学生，几乎不被其他人所知，包括从事专业历史研究的专家和学者在内。因此，亚述学研究既面临大众知识的普及问题，也面临着如何将自身研究不断深入的问题。我们出版《古代美索不达米亚文明文献萃编》有着两方面的意愿，一来起到宣传和介绍的作用，二来为专业研究者提供可资借鉴的资料。虽然我们知道达到这"两全其美"的效果，几乎是不可为之的事情，但我们还是愿意为之付出努力。

有鉴于此，我们在选编材料方面，进行了认真的思量与考量，还因为能够出版这样图书的机会也是很难得的，因为长期从事编辑和出版工作的经验告诉我们，出版这样的图书似乎注定是要赔钱的买卖。我们在选编材料和翻译方面，注重突出以下几方面的特点。

其一，关照趣味性。

这主要是照顾一般读者而不是专业读者。古代文明中也的确是可以找到这类文献，在趣味性方面，文学作品无疑是最为突出的。直到现在，文学都是最为广大读者所喜闻乐见的作品形式，而对于专业研究者来说，文学作品还具有重要的学术价值。特别需要指出的是，我们所说的学术价值，不仅是针对文学史研究而言的，而且是对整个文明史研究而言的。因为在文明史研究领域，尤其是在早期文明中，文史哲甚至宗教都是很难分开的，文学作品，包括神话传说和民间故事都在一定程度上反映了历史的真实，是同样重要的史料。神话和教谕文学则充满着智慧与哲理,反映着社会矛盾与冲突,具有哲学和社会学研究的价值。

其二,注重丰富性。

与晚出的古希腊和古罗马文明相比,古代美索不达米亚流传至今的文献肯定是非常少的,但却不乏丰富性或多样性,这为我们选材时在这方面的立意,提供了最大的可能性。我们不仅选取了文学作品,文学作品中又选取了神话、民间故事和教谕文学,还选取了历史文献,包括编年史与年代记,以及专门记录重大事件的皇家铭文等;选取了法律文书——法律文明是古代美索不达米亚文明的最重要特征之一,本书选取的重点是契约文书,包括婚姻契约、收养契约、继承契约、买卖契约、奴隶买卖与解放契约、借贷契约、租赁契约、雇佣契约、租地契约和房屋买卖契约等;选取了政府管理文书,包括雇佣劳动管理、财政管理、经济管理、土地管理和民事诉讼等;选取了书信文献,国际君主书信、君主与大臣之间的管理书信、大臣与大臣之间的业务书信、私人商业书信以及私人家庭生活书信等。材料的丰富性,旨在揭示古代美索不达米亚文明的丰富性与全面性,这些材料涉及政治、经济、法律、社会、宗教和文化诸领域的方方面面。

其三,追求完整性。

所谓的完整性,指的是具体文献的完整性。虽然是史料选编,但不能搞节选或摘编,必须保证每一史料自身的完整性,这一点很重要。摘编或节选也是一种重要的编辑和出版方式,通常要么是出于某种特殊需要或目的,要么是不得已而为之。出于本书的编辑和出版宗旨,我们坚持完整选目或选篇的原则,一方面是因为文献特征所决定的,即古代美索不达米亚文明留给我们的文献没有特别长篇的巨著,像《汉谟拉比法典》那样长达282条之多,中文翻译字数可达两万余字的,已经是绝无仅有了;另一方面是我们的选编理念所决定的,即我们认为只有完整的文献,才能窥见事物的真实面貌,进而为探究事物的本质提供必要的条件。当然,对于古文献本身毁坏、断篇或缺漏等造成的不完整性,我们是无能为力的,但也不是一点作为也没有的。学术界通过与其他各种文献和版本的对照而进行的补缺,以及通过上下文意思而进行的猜测性补漏,也或多或少地弥补了一些这样的缺憾。

第四，落脚专业性。

归根结底，本书是一部专业性较强的图书，甚至可以说属于冷门绝学，编译目的是为专业研究者和感兴趣的学子提供参考、借鉴的资料，因此，无论在选篇还是在翻译方面，自然是遵循国际学界的专业标准。国际亚述学界对古代美索不达米亚文献的拉丁化转译和英译工作取得了卓有成效的成绩，这为我们编选和翻译本书提供了极便利的条件。《苏美尔王表》就是根据苏美尔语翻译而来，其他文献在根据英译本翻译的过程中，对关键字尽可能地查阅阿卡德语字典，以便在译文中给出清晰的解释。为便于理解，在翻译过程中，适当加入了注释，注释有的是知识性的，有的是观点性的，有些是编译者研究的心得，仅为读者阅读之参考。

由于古代文献的特殊性，在翻译过程中，使用了一些特殊的标点符号，为便于读者理解，需要说明：

[　] 表示泥板破损

＜＞表示古代书吏遗漏

（？）表示译文存疑

……表示文本缺失

虽然我们长期从事亚述学和古文明研究，对学术研究与普及也愿意倾注精力，但由于水平所限，终究难免有错漏之处，欢迎专家学者和广大读者批评指正，以便于我们不断完善。

于殿利
2021 年 5 月 20 日

# 第一章　文学作品

## 一、概述

　　美索不达米亚最早的文学作品是用苏美尔语写的。目前已知最早的苏美尔语文学作品可能属于公元前2700年的乌尔第一王朝时期，而稍晚的法拉时期（约公元前2600年）则是苏美尔语文学的第一个大创作时期[①]。乌尔第三王朝时期是苏美尔语文学创作的鼎盛阶段，但是流传下来的原作并不多，大部分作品都是通过古巴比伦时期的书吏传抄才得以保存下来。近些年来，随着文献资料的积累和信息数字化，整理、翻译和研究苏美尔语作品的新作相继问世，如：

　　B. Alster, *Wisdom of Ancient Sumer*, Bethesda, Md., CDL Press, 2005.

　　Jeremy Black, Graham Cunningham, Eleanor Robson, and Gábor Zólyomi, *The Literature of Ancient Sumer*, Oxford University Press, 2006.[②]

　　阿卡德语文学作品出现在稍晚的古阿卡德时期，约公元前2400年。古巴比伦时期是阿卡德语文学的第一个繁荣阶段，书吏们在整理、抄写苏美尔语文学作品的同时创作了许多阿卡德语文学作品。公元前1500—前1200年，阿卡德语成为古代近东的通用语言，书吏们在继承古巴比伦时期文学作品整理、编辑传统的同时，还把一些苏美尔语作品翻译成阿卡德

---

[①] 参见拱玉书：《升起来吧！像太阳一样——解析苏美尔史诗〈恩美卡与阿拉塔之王〉》，昆仑出版社，2006年版，第10页。

[②] 牛津大学四位亚述学者领衔的"苏美尔语文学电子文本语料库"（Electronic Text Corpus of Sumerian Literature）项目成果，语料库网址：http://etcsl.orinst.ox.ac.uk。

语。在对亚述巴尼拔图书馆文献研究基础上，形成了"亚述楔形文字文献国家档案"（State Archives of Assyria Cuneiform Texts）丛书。近年来，学者们对阿卡德语文学作品的整理与翻译也陆续出版，如：

N. Wasserman, *Akkadian Love Literature of the 3rd and 2nd Millennium BCE* (Leipziger Altorientalistische Studien 4）: Harrassowitz, Wiesbaden, 2016.[①]

E. Zomer, *Corpus of Middle Babylonian and Middle Assyrian Incantations* (Leipziger Altorientalistische Studien 9）: Harrassowitz, Wiesbaden, 2018.[②]

学者们很早就注意到美索不达米亚文学作品中的一些主题和情节与《圣经》中的主题和情节具有极强的相似性。2003年，William W. Hallo和K. Lawson Youger出版了三卷本的《〈圣经〉的语境》(*The Context of Scripture*，2016年，K. Lawson Youger出版了第四卷作为补编），收录了与《圣经》文本相关联的更早的古代近东文本的译本，其中包括大量美索不达米亚文本。这也成为我们选译美索不达米亚文学作品的一个出发点。

## 二、神话

### 1. 洪水故事

远古时代的洪水在苏美尔语文学中具有象征意义，它是洪水之前的时代和历史时代的分界点。苏美尔语的洪水故事保存在破损严重的泥板上，超过三分之二的内容缺失，只有五个不连贯的片段。尽管这些不足以重构整个故事，但是它与《圣经》中的叙述也非常相似，类似保存在巴比伦诗歌《阿特拉哈西斯》和《吉尔伽美什史诗》中的更长的版本。在现存的第一个片段中，众神创造了人类——黑头人——和动物。在第二个片段中，王权出现，最早的城市建成，用灌溉辅助农业。在第三个片段中，众神决

---

[①] 莱比锡大学Michael P. Streck教授和耶路撒冷希伯来大学的Nathan Wasserman教授发起的"早期阿卡德语文学原始资料"（Sources of Early Akkadian Literature）联合项目成果，项目网址：https://seal.huji.ac.il。

[②] 同上注。

定发洪水灭绝人类，但是遗憾的是原因并未保存下来。国王兹乌苏德拉听见一个声音透过墙对他说话，警告他即将有毁灭人类的洪水。在巴比伦版本的叙述中，这是恩基神的声音，他希望预先告诫兹乌苏德拉，但是又不违背他对其他神发的誓言。在第四个片段中，洪水和暴雨肆虐了七天七夜。太阳神乌图出来了，兹乌苏德拉在船上凿了一个孔，从里面往外看。太阳的光线照进船，说明洪水减弱了。兹乌苏德拉感激地献祭牛羊。他让在船上躲避了洪水的动物下船。他在安和恩利尔之前拜倒，他们因兹乌苏德拉保存了动物和人类而授予他永生。兹乌苏德拉被允许定居在遥远的迪尔蒙——那是一个传说中的地方，现在已经确定是在巴林附近。译文参考 Jeremy Black, Graham Cunningham, Eleanor Robson, and Gábor Zólyomi (2006), 213—215。

（大约36行缺失）

A1—10）……设立……"我要……我的人类的毁灭；为宁图德神，我要停止我的造物的覆灭，我要让人回到他们居住的大地。让他们建造许多城市，以便我能在它们的阴凉下恢复精力。让他们在洁净之地垒起许多城市的砖，让他们在洁净之地建立神的住所，当灭火的……准备好了，神的仪式和高贵的力量完善了，大地被灌溉了，我要在那里缔造安乐。"

A11—14）在安神、恩利尔神、恩基神和宁胡尔萨格女神塑造了黑头人之后，他们也让动物在各处繁殖，并且让四条腿的动物的畜群存在于平原，就像应该在那一样。（大约32行缺失）

B1—3）（破损严重）

B4—5）"我要监督他们劳动。让……大地的建造者，挖一个坚固的地基。"

B6—18）在王权的……从天而降之后，在王权高贵的王冠和王座从天而降之后，神的仪式和高贵的力量完善了，城市的砖在神圣之地垒起，它们的名字被宣示以及……被分配了。城市中最早的埃利都被给予领导者努迪姆德[①]。第二

---

[①] 即恩基神。

座，巴德提比拉，被给予那位女主人①。第三座，拉拉克，被给予帕比萨格。第四座，兹姆比尔，被给予英雄乌图。第五座，舒鲁帕克，被给予苏德。在这些城市的名字被宣示以及……被分配之后，河……，……被灌溉了，并且随着小水渠的净化，……被设立了。（大约34行缺失）

C1—17）……坐在天界。……洪水……人类。所以他让……。然后宁图德神……。神圣的伊南娜为她的人民哀悼。恩基神与他自己商量。安神、恩利尔神、恩基神和宁胡尔萨格女神让所有天上和地上的神以安神和恩利尔神的名义发誓。在那些日子，兹乌苏德拉，国王，古都格祭司，……。他造了……。谦逊的、忠诚的、虔诚的……。日复一日，不断地站在……。有些迹象出现了，不是一个梦，对话……，……以天和地的名义发誓。在基乌尔，众神……一堵墙。

C18—28）站在它旁边的兹乌苏德拉听到："立在我左边的侧墙，……侧墙，我要对你说些话；留心听我的话，注意我的教导。一场洪水将横扫……在所有的……。人类的种子将被毁灭的决定已经做出了。那项裁决，神的会议的言语，不能取消。安神和恩利尔神宣布的命令不能被推翻。他们的王权，他们的任期，已经被终止；他们的心应该对此满意。现在……什么……。"（大约38行缺失）

D1—11）所有的风暴和飓风一起袭来，洪水横扫……。在洪水横扫大地，波浪和风暴把大船摇动了七天七夜之后，太阳神乌图出来了，照亮了天空和大地。兹乌苏德拉在大船上凿一个开口，英雄乌图用他的光线照进大船。国王兹乌苏德拉在乌图面前拜倒。国王献祭了牛，奉献了许多羊。

D12—17）（破损严重；大约33行缺失）

E1—2）"他们已经让你以天空和大地的名义发誓，……。安神和恩利尔神已经让你以天空和大地的名义发誓，……。"

E3—11）越来越多的动物下船走上大地。国王兹乌苏德拉在安神和恩利尔神面前拜倒。安神和恩利尔神和善地对待兹乌苏德拉，……，他们授予他像

---

① 即伊南娜女神。

神一样的生命，他们带给他永恒的生命。在那时，因为保存了动物和人类的种子，他们把国王兹乌苏德拉安置在海外，在迪尔蒙，那个太阳升起的地方。

E12）"你……。"（大约 39 行缺失）

## 2. 伊南娜入冥府

伊南娜是苏美尔神灵中最有权势和野心的女神，这源于她性爱女神和农业丰产女神的身份。在庆典中，她的配偶是牧神杜牧兹，然而这个角色也经常由一位国王来扮演，以祈求风调雨顺、牛羊成群。此外，伊南娜还有暴怒的一面，即她还是一位战争女神。《伊南娜入冥府》讲述的是伊南娜想把她的统治扩张到冥府，却被幽禁在那里。伊南娜在出发去冥府之前已经料想到各种麻烦，她给她的大臣宁舒布拉留下指示，以防她不能返回。在智慧之神埃阿的帮助下，伊南娜得以起死回生，但是，她要离开冥府，还需要有另一个人来替代她。因为在伊南娜受难期间，杜牧兹没有为她哀悼，伊南娜选择让他代替她留在冥府。故事的最后，以杜牧兹和他的妹妹各在冥府逗留六个月结束，这不禁让人想到古希腊的珀尔塞福涅的神话，也是以同样的方式来解释季节的更替。译文参考 Jeremy Black, Graham Cunningham, Eleanor Robson, and Gábor Zólyomi (2006), 66—75。

1—5）从广阔的天空，她认定了广阔的地下。从广阔的天空，这位女神认定了广阔的地下。从广阔的天空，伊南娜认定了广阔的地下。我的女主人抛弃了天空，抛弃了大地，下到冥府。伊南娜抛弃了天空，抛弃了大地，下到冥府。

6—13）她抛弃了恩祭司职位，抛弃了拉伽尔祭司职位，下到冥府。她抛弃了乌鲁克的埃安纳，下到冥府。她抛弃了巴德提比拉的埃穆什卡拉马，下到冥府。她抛弃了扎巴拉姆的吉谷纳，下到冥府。她抛弃了阿达布的埃沙拉，下到冥府。她抛弃了尼普尔的巴拉格杜尔格拉，下到冥府。她抛弃了基什的胡尔萨格卡拉马，下到冥府。她抛弃了阿卡德的埃乌尔马什，下到冥府。

14—19）她带着七种神力。她收集了神力，把它们抓在她的手中。有了高超的神力，她出发了。她把一个包头帽，在旷野戴的帽子，戴在她的头上。她在额头戴了一顶假发。她把天青石小珠子挂在她的脖子上。

20—25）她把两个蛋形的珠子放在她的胸前。她用一件帕拉（pala）长袍——符合夫人身份的衣服——包裹她的身体。她在眼睛上涂了名为"让一个男人来"的睫毛膏。她把名为"来，男人，来"的胸饰拉到她的胸部。她在手上戴了一只金手镯。她把天青石测量杆和测量线拿在手中。

26—27）伊南娜走向冥府。她的大臣宁舒布拉在她后面跟着走。

28—31）神圣的伊南娜对宁舒布拉说："来，我的忠诚的埃安纳的大臣，我的说公正的话的大臣，我的说值得信赖的话的护卫。

32—36）"在这天我要下到冥府。当我到达冥府，你要在废墟堆上为我哀悼。要在圣殿为我敲鼓。要围绕众神的房子为我转圈。

37—40）"为我割伤你的眼睛，为我割伤你的鼻子。私底下，为我割伤你的臀部。像一个乞丐，只穿一件衣服，独自一人走进埃库尔，恩利尔神的房子。

41—47）"当你走进埃库尔，恩利尔神的房子，在恩利尔神面前哀悼：'天父恩利尔，不要让任何人在冥府杀掉你的女儿。不要让你珍贵的金属在那里被冥府的污垢污染。不要让你珍贵的天青石在那里被石匠的石头割破。不要让你珍贵的黄杨树在那里被木匠的木头剁碎。不要让年轻的夫人伊南娜在冥府被杀掉。'

48—56）"如果恩利尔神在这件事上不帮助你，去乌尔。在乌尔的埃穆德库拉，当你走进埃基什努加尔，南纳神的房子，在南纳神面前哀悼：'天父南纳，不要让任何人在冥府杀掉你的女儿。不要让你珍贵的金属在那里被冥府的污垢污染。不要让你珍贵的天青石在那里被石匠的石头割破。不要让你珍贵的黄杨树在那里被木匠的木头剁碎。不要让年轻的夫人伊南娜在冥府被杀掉。'

57—64）"如果南纳神在这件事上不帮助你，去埃利都。在埃利都，当你走进恩基神的房子，在恩基神面前哀悼：'天父恩基，不要让任何人在冥府杀掉你的女儿。不要让你珍贵的金属在那里被冥府的污垢污染。不要让你珍贵的天青石在那里被石匠的石头割破。不要让你珍贵的黄杨树在那里被木匠的木头

剁碎。不要让年轻的夫人伊南娜在冥府被杀掉。'

65—67）"天父恩基，大智慧之主，通晓给予生命的植物和给予生命的水。他是会让我重获生命的人。"

68—72）当伊南娜走向冥府，她的大臣宁舒布拉在她后面跟着走。她对她的大臣宁舒布拉说："现在去吧，我的宁舒布拉，小心。不要忽视我给你的教导。"

73—77）当伊南娜到达甘泽王宫，她气势汹汹地推冥府的门。她在冥府的门前气势汹汹地喊："开门，门卫，开门。开门，耐提，开门。我独自一人，我要进去。"

78—80）耐提，冥府的首席门卫，问神圣的伊南娜："你是谁？"

81）"我是去往东方的伊南娜。"

82—84）"如果你是去往东方的伊南娜，为何你走到不归之地？你如何决心走向旅行者从没返回的路？"

85—89）神圣的伊南娜答复他："因为主人古德加尔安纳，我姐姐神圣的埃里什基加尔的丈夫死了；为了让人来他的葬礼，她提供了丰厚的祭酒给他守灵——那就是原因。"

90—93）耐提，冥府的首席门卫，回答神圣的伊南娜："待在这里，伊南娜。我去告诉我的女主人。我去告诉我的女主人埃里什基加尔，告诉她你所说的话。"

94—101）耐提，冥府的首席门卫，走进他的女主人埃里什基加尔的房子，说："我的女主人，外面有一个女孩，孤身一人。是伊南娜，你的妹妹，她已经到达了甘泽王宫。她气势汹汹地推冥府的门。她在冥府的门前气势汹汹地喊。她抛弃了埃安纳，来到了冥府。

102—107）"她带着七种神力。她收集了神力，把它们抓在她的手中。她带着所有高超的神力而来。她把一个包头帽，在旷野戴的帽子，戴在她的头上。她在额头戴了一顶假发。她把天青石小珠子挂在她的脖子上。

108—113）"她把两个蛋形的珠子放在她的胸前。她用符合夫人身份的帕拉（pala）长袍包裹她的身体。她在眼睛上涂了名为'让一个男人来'的睫毛膏。她把名为'来，男人，来'的胸饰拉到她的胸部。她在手上戴了一只金手镯。她手上拿着天青石测量杆和测量线。"

114—122）当听到这些，埃里什基加尔拍打她的大腿。她打她的嘴唇，把话放在心里。她对耐提，她的首席门卫，说："来，耐提，我冥府的首席门卫，不要忽视我给你的教导。把冥府的七道门闩上。然后把甘泽王宫的每一道门分别打开。对于她（伊南娜），在她进来、蹲下之后，让人把她的衣物脱掉，它们会被拿走。"

123—128）耐提，冥府的首席门卫，留意他的女主人的教导。他把冥府的七道门闩上。然后，他分别打开甘泽王宫的每一道门。他对神圣的伊南娜说："来吧，伊南娜，进来吧。"

129—130）当伊南娜进来，包头帽，在旷野戴的帽子，被从她的头上摘下。

131）"这是什么？"

132—133）"满意吧，伊南娜，冥府的一种神力已经发挥出来了。伊南娜，你不应该开口反对冥府的仪式。"

134—135）当她走进第二道门，天青石小珠子被从她的脖子上摘走了。

136）"这是什么？"

137—138）"满意吧，伊南娜，冥府的一种神力已经发挥出来了。伊南娜，你不应该开口反对冥府的仪式。"

139—140）当她走进第三道门，两个蛋形的珠子被从她的胸前取走了。

141）"这是什么？"

142—143）"满意吧，伊南娜，冥府的一种神力已经发挥出来了。伊南娜，你不应该开口反对冥府的仪式。"

144—145）当她走进第四道门，名为"来，男人，来"的胸饰被从她的胸部取走了。

146）"这是什么？"

147—148）"满意吧，伊南娜，冥府的一种神力已经发挥出来了。伊南娜，你不应该开口反对冥府的仪式。"

149—150）当她走进第五道门，金镯被从她手上取走了。

151）"这是什么？"

152—153）"满意吧，伊南娜，冥府的一种神力已经发挥出来了。伊南娜，你不应该开口反对冥府的仪式。"

154—155）当她走进第六道门，天青石测量杆和测量线被从她手上拿走了。

156）"这是什么？"

157—158）"满意吧，伊南娜，冥府的一种神力已经发挥出来了。伊南娜，你不应该开口反对冥府的仪式。"

159—160）当她走进第七道门，帕拉长袍——符合夫人身份的衣服——被从她身上去除了。

161）"这是什么？"

162—163）"满意吧，伊南娜，冥府的一种神力已经发挥出来了。伊南娜，你不应该开口反对冥府的仪式。"

164—172）在她蹲下来、让人把她的衣物脱掉之后，它们被拿走了。然后，她强迫她的姐姐埃里什基加尔从她的宝座上起来，她坐在她的宝座上。安努那，七位判官，宣布了不利于她（伊南娜）的判决。他们看向她——那是死亡的凝视。他们对她说话——那是愤怒的语言。他们对她喊——那是对重罪的斥责。这位被折磨的女子变成了一具尸体。尸体被挂在钩子上。

173—175）三天三夜过去了，她的大臣宁舒布拉执行她的女主人的教导。

176—182）她在她废弃的（房子里）为她哀悼。她在圣殿为她敲鼓。她围绕众神的房子为她转圈。她为她割伤她的眼睛，她割伤她的鼻子。私底下，她为她割伤她的臀部。像一个乞丐，她只穿一件衣服，独自一人走进埃库尔，恩利尔神的房子。

183—189）当她走进埃库尔，恩利尔神的房子，她在恩利尔神面前哀悼："天父恩利尔，不要让任何人在冥府杀掉你的女儿。不要让你珍贵的金属在那里被冥府的污垢污染。不要让你珍贵的天青石在那里被石匠的石头割破。不要让你珍贵的黄杨树在那里被木匠的木头剁碎。不要让年轻的夫人伊南娜在冥府被杀掉。"

190—194）天父恩利尔愤怒地回答宁舒布拉："我的女儿渴望获得广阔的

天空,她也渴望获得广阔的地下。伊南娜渴望获得广阔的天空,她也渴望获得广阔的地下。冥府的神力是不应该渴求的神力,无论谁得到它们,都必须留在冥府。谁,去到那个地方,还能期待再上来?"

195—203)因此,恩利尔神在这件事上不帮忙,所以她去了乌尔。在乌尔的埃穆德库拉,当她走进埃基什努加尔,南纳神的房子,她在南纳神面前哀悼:"天父南纳,不要让任何人在冥府杀掉你的女儿。不要让你珍贵的金属在那里被冥府的污垢污染。不要让你珍贵的天青石在那里被石匠的石头割破。不要让你珍贵的黄杨树在那里被木匠的木头剁碎。不要让年轻的夫人伊南娜在冥府被杀掉。"

204—208)天父南纳愤怒地回答宁舒布拉:"我的女儿渴望获得广阔的天空,她也渴望获得广阔的地下。伊南娜渴望获得广阔的天空,她也渴望获得广阔的地下。冥府的神力是不应该渴求的神力,无论谁得到它们,都必须留在冥府。谁,去到那个地方,还能期待再上来?"

209—216)因此,南纳神在这件事上不帮忙,所以她去了埃利都。在埃利都,当她走进恩基神的房子,她在恩基神面前哀悼:"天父恩基,不要让任何人在冥府杀掉你的女儿。不要让你珍贵的金属在那里被冥府的污垢污染。不要让你珍贵的天青石在那里被石匠的石头割破。不要让你珍贵的黄杨树在那里被木匠的木头剁碎。不要让年轻的夫人伊南娜在冥府被杀掉。"

217—221)天父恩基回答宁舒布拉:"我的女儿做了什么事?她让我忧心。伊南娜做了什么事?她让我忧心。所有国家的女主人做了什么事?她让我忧心。天空的女主人做了什么事?她让我忧心。"

222—225)他把一些污垢从他的指甲尖上取下,创造了库尔加拉。他把一些污垢从他的另一个指甲尖上取下,创造了加拉图拉。他把给予生命的植物给库尔加拉。他把给予生命的水给加拉图拉。

226—235)然后天父恩基对加拉图拉和库尔加拉大声说:"去吧,径直走向冥府。像蝇一样掠过门。像幽灵一样穿过门轴。生育孩子的母亲,埃里什基加尔,为了她的孩子,正躺在那里。她神圣的肩膀没有被亚麻布遮盖。她的胸部没有像沙甘器皿一样满。她的指甲像鹤嘴锄(?)。她头上的头发像韭葱一样捆扎。

236—245）"当她说，'哦，我的心'，你们要说：'你在忧虑，我们的女主人，哦，你的心。'当她说，'哦，我的肝'，你们要说：'你在忧虑，我们的女主人，哦，你的肝。'（然后，她会问：）'你们是谁？我对你们说，从我的心到你们的心，从我的肝到你们的肝——如果你们是神，让我与你们交谈；如果你们是凡人，愿一个命运为你们判定。'让她以天和地的名义起誓。（1 行破损）

246—253）"他们会给你们一条有水的河——不要接受。他们会给你们一块有谷物的田——不要接受。但是对她说：'给我们挂在钩子上的尸体。'（她会回答）'那是你们的王后的尸体。'对她说：'无论它是我们国王的，还是我们王后的，把它给我们。'她会把挂在钩子上的尸体给你们。你们中的一个把给予生命的植物撒在上面，另一个把给予生命的水洒在上面。这样，让伊南娜起来。"

254—262）加拉图拉和库尔加拉留意恩基的教导。他们像蝇一样掠过门。他们像幽灵一样穿过门轴。生育孩子的母亲，埃里什基加尔，因为她的孩子，正躺在那里。她神圣的肩膀没有被亚麻布遮盖。她的胸部没有像沙甘器皿一样满。她的指甲像鹤嘴锄（？）。她头上的头发像韭葱一样捆扎。

263—272）当她说，"哦，我的心"，他们对她说："你在忧虑，我们的女主人，哦，你的心。"当她说，"哦，我的肝"，他们对她说："你在忧虑，我们的女主人，哦，你的肝。"（然后，她问：）"你们是谁？我对你们说，从我的心到你们的心，从我的肝到你们的肝——如果你们是神，我要与你们交谈；如果你们是凡人，愿一个命运为你们判定。"他们让她以天和地的名义起誓。他们……

273—275）他们被给了一条有水的河——他们没接受。他们被给了一块有谷物的田——他们没接受。他们对她说："给我们挂在钩子上的尸体。"

276—277）神圣的埃里什基加尔回答加拉图拉和库尔加拉："那是你们的王后的尸体。"

278）他们对她说："无论它是我们国王的还是我们王后的，把它给我们。"

279—281）他们被给了挂在钩子上的尸体。他们中的一个把给予生命的植物撒在上面，另一个把给予生命的水洒在上面。因此，伊南娜起来了。

282—283）埃里什基加尔对加拉图拉和库尔加拉说："把你们的王后……，你们的……已经被捉住了。"

284—289）伊南娜，由于恩基的教导，将要从冥府上来。但是当伊南娜要从冥府上来时，安努那抓住了她："谁曾经从冥府上去、毫发无伤地从冥府上去？如果伊南娜要从冥府上去，让她为她自己提供一个替身。"

290—294）所以，当伊南娜离开冥府，在她前面的那一个，虽然不是一个大臣，但是手中握着一根权杖；在她后面的那一个，尽管不是一个护卫，但是腰部佩戴着一个权标头。那些小魔鬼，像一道芦苇围篱，而那些大魔鬼，像一个围栏上的芦苇，从四周把她围住。

295—305）那些陪同她的，那些陪同伊南娜的，不知道食物，不知道酒，不吃面粉祭品，不喝祭酒。他们不接受令人愉快的礼物。他们从不享受夫妻拥抱的快乐，从不亲吻任何可爱的孩子。他们把妻子从一个男人的怀抱拉走。他们把儿子从一个男人的膝下夺走。他们让新娘离开她公爹的房子。

306—310）在伊南娜从冥府上来之后，宁舒布拉在甘泽的门前扑倒在她脚下。她坐在尘土中，穿着一件脏衣服。魔鬼对神圣的伊南娜说："伊南娜，往你的城市走吧，我们要把她带回去。"

311—321）神圣的伊南娜答复魔鬼："这是我的说公正的话的大臣，我的说值得信赖的话的护卫。她没有忘记我的教导。她没有忽视我给她的命令。她在废墟堆上为我哀悼。她在圣殿为我敲鼓。她围绕众神的房子为我转圈。她为我割伤她的眼睛，为我割伤她的鼻子。私底下，她为我割伤她的臀部。像一个乞丐，她只穿一件衣服。

322—328）"她孤身一人径直走向埃库尔，去恩利尔神的房子，还走向乌尔，去南纳神的房子，还走向埃利都，去恩基神的房子。她让我起死回生。我怎么能把她交给你们？让我们继续走吧。让我们继续走向乌玛的西格库尔沙加。"

329—333）在乌玛的西格库尔沙加，沙拉，在他自己的城市，扑倒在她脚下。他坐在尘土中，穿着一件脏衣服。魔鬼对神圣的伊南娜说："伊南娜，往你的城市走吧,我们要把他带回去。"

334—338)神圣的伊南娜答复魔鬼:"沙拉是我的歌手、我的指甲修理师和我的发型师。我怎么能把他交给你们?让我们继续走吧。让我们继续走向巴德提比拉的埃穆什卡拉马。"

339—343)在巴德提比拉的埃穆什卡拉马,卢拉尔,在他自己的城市,扑倒在她脚下。他坐在尘土中,穿着一件脏衣服。魔鬼对神圣的伊南娜说:"伊南娜,往你的城市走吧,我们要把他带回去。"

344—347)神圣的伊南娜答复魔鬼:"出色的卢拉尔跟随我左右。我怎么能把他交给你们?让我们继续走吧。让我们继续走向库拉巴平原那棵大苹果树。"

348—353)他们跟随伊南娜走到库拉巴平原那棵大苹果树。在那里,杜牧兹穿着华丽的衣服,从容地坐在宝座上。魔鬼在那里抓住了他的腿。他们中的七个从他的奶罐里倒出牛奶。他们中的七个摇动他们的头,像……。他们不会让牧者在她(?)面前吹奏风笛和长笛。

354—358)她看向他,那是死亡的凝视。她对他(?)说话,那是愤怒的语言。她对他(?)喊,那是对重罪的斥责:"还要多久?把他带走。"神圣的伊南娜把牧者杜牧兹交到他们手中。

359—367)那些陪伴她的,来带走杜牧兹的,不知道食物,不知道酒,不吃面粉祭品,不喝祭酒。他们从不享受夫妻拥抱的快乐,从不亲吻任何可爱的孩子。他们把儿子从一个男人的膝下夺走。他们让新娘离开她公爹的房子。

368—375)杜牧兹放声恸哭,变得苍白。这个年轻人向天空、向乌图神举起他的双手:"乌图神,你是我的内兄。我是你的姻亲。我把黄油带到你母亲的房子。我把黄油带到宁加尔神的房子。把我的手变成蛇的手,把我的脚变成蛇的脚,这样我就能摆脱我的魔鬼,让他们不要抓住我不放。"

376—383)乌图神接受了他的眼泪。乌图神把杜牧兹的手变成蛇的手。他把他的脚变成蛇的脚。杜牧兹摆脱了他的魔鬼。他们抓住了……(2行破损)神圣的伊南娜……她的心。

384—393)神圣的伊南娜伤心地为她的丈夫落泪。(4行破损)她撕扯她的头发,如撕扯芦苇草,她扯掉她的头发,如扯掉芦苇草。"你们这些躺在你们男人怀抱中的妻子,我珍爱的丈夫在哪儿?你们这些躺在你们男人怀抱中的孩子,我珍爱的孩子在哪儿?我的男人在哪儿?……在哪儿?我的男人在哪儿?……在哪儿?"

394—395)一个飞蝇对神圣的伊南娜说:"如果我告诉你你的男人在哪儿,我的回报是什么?"

396—398)神圣的伊南娜答复飞蝇:"如果你告诉我我的男人在哪儿,我会给你这个礼物:我会遮蔽……"

399—403)飞蝇帮助了(?)神圣的伊南娜。年轻的夫人伊南娜宣布了飞蝇的命运:"在啤酒屋和酒馆(?),愿那里为你……。你会像智者的儿子那样生活(?)。"现在伊南娜宣布了这个命运,因此,这事就这样了。

404—410)……正在哭泣。她走到这位妹妹(?)面前并且用手……:"现在,哎呀,我的……你半年,你的妹妹半年:当你被需要的时候,在那天你会逗留,当你的妹妹被需要的时候,在那天你就会被释放。"这样,神圣的伊南娜给了杜牧兹一个替身……

411—412)神圣的埃里什基加尔,赞美你是愉悦的!

## 三、民间传说

### 1.《萨尔贡与乌尔扎巴巴》

在一些苏美尔语文学作品中,人们很难区分传说中的英雄或历史上的国王与神之间的区别,因为他们的名字前面与神的名字前面都有相同的指示符号。此外,有些英雄或国王还有自己的庙宇,如卢伽尔班达和吉尔伽美什。在这类文学作品中,夸张的情节和描述很常见。阿卡德王国的统治者萨尔贡和他的孙子纳拉姆辛给我们留下了令人印象深刻的文学遗产,尤其是有关他们的英勇事迹的叙事。大多数这类作品都是用阿卡德语写的,但是《萨尔贡与乌尔扎巴巴》这部作品是用苏美尔语写的。到目前为止,我们不太了解萨尔贡的出身。根据一篇相当晚的阿卡德语传说，他是一位女祭司的私生子，被放在柳条筐中顺水漂流，一位园丁救下了他并抚养他长大。这个过程与《圣经》中摩西的故事很像。《萨尔贡与乌尔扎巴巴》这部作品也纳入了民间传说主题——能预测未来的梦，而梦被视为神定的未来，单凭人类的力量不能抗拒。

《萨尔贡与乌尔扎巴巴》目前有两个抄本，出土于乌鲁克的残片（片段A和C）和出土于尼普尔的更完整一些的泥板（片段B）。虽然作品描述的事件主要发生在巴比伦尼亚北部，但是记录这些事件的泥板却来自南部。片段A描述了基什在它的国王乌尔扎巴巴统治下重现辉煌，但是两位主神，安神和恩利尔神，决定终结它。这是苏美尔文学中常见的套路，即用神的干预解释政治事件。片段B描述了乌尔扎巴巴与萨尔贡的关系。乌尔扎巴巴做了一个不吉的梦，他拒绝加以讨论。几天之后，他的持杯者萨尔贡也做了一个梦，并把这个梦告诉乌尔扎巴巴。乌尔扎巴巴歪曲萨尔贡的梦，并针对他设了一个陷阱，但是萨尔贡在女神伊南娜的告诫下，躲过了灾难。乌尔扎巴巴一计不成，又生一计。他派萨尔贡给乌鲁克的统治者卢加尔扎吉西送信，信的内容是让卢加尔扎吉西杀掉萨尔贡。相似的故事情节也出现在《伊利亚特》中的希腊英雄柏勒洛丰的故事中。片段C的场景在乌鲁克，乌鲁克城的保护神是伊南娜，虽然这部分内容不明确，但是萨尔贡无疑再次成功脱险。史料也佐证了他的脱险：他成了基什之王，击败了卢加尔扎吉西，建立了自己的首都，都城的保护神也是伊南娜。值得注意的是，根据这部作品，乌尔扎巴巴是发明信封的人。译文参考 Jeremy Black, Graham Cunningham, Eleanor Robson, and Gábor Zólyomi（2006），42—44。

A1—9）去……圣殿像一艘货船；去……它伟大的火炉；去看它的水渠……快乐的水，去看那锄头耕种可耕地以及……土地；去把过去像一个鬼城的基什之屋再次变成一个兴旺的定居点——它的国王，牧者乌尔扎巴巴，像乌图神一样在基什之屋升起。然而，安神和恩利尔神，通过他们神圣的命令，专断地（？）决定（？）改变他的统治期限，并带走这座王宫的繁荣。

A10—13）然后萨尔贡——他的城市是……之城，他的父亲是拉伊布姆，他的母亲……，萨尔贡以快乐的心……。因为他生在……（此后数行缺失）

B1—7）一天，在夜晚到来之后，萨尔贡把定期运送的货物带到王宫，乌尔扎巴巴正在他神圣的住所，在神圣的卧室里睡觉。他意识到那梦是什么，但是没有说出来，没有与任何人讨论它。在萨尔贡收到给王宫定期运送的货物之后，乌尔扎巴巴任命他为持杯者，让他掌管酒柜。神圣的伊南娜没有停止站在他旁边。

B8—11）在五天或十天过去之后，国王乌尔扎巴巴……并在他的住所变得害怕。他像一头狮子一样撒尿，尿洒在他的腿上，尿中有血和脓。他忧虑不安，他像一条在咸水中挣扎的鱼一样害怕。

B12—19）就在那时，埃兹纳的葡萄酒屋的持杯者萨尔贡躺下来，不是睡觉，而是躺下来做梦。在梦中，神圣的伊南娜把乌尔扎巴巴淹死在一条血河里。睡眠中的萨尔贡发出呻吟，并啃咬地面。当国王乌尔扎巴巴听到这呻吟，他被带到国王神圣的住所，萨尔贡被带到乌尔扎巴巴面前，乌尔扎巴巴问："持杯者，是一个梦在夜里被显示给你了吗？"

B20—24）萨尔贡回答他的国王："我的国王，这是我的梦，我会告诉你详情：有一个年轻女人，像天空一样高，像大地一样宽。她被牢固地安放，像一堵墙的根基。为了我，她把你淹死在一条大河，一条血河中。"

B25—34）乌尔扎巴巴咬着他的嘴唇，他变得非常恐惧。他对……他的法官说："我高贵的姊妹，神圣的伊南娜，将要把我的手指变成（？）一个血中的……；她要在大河中淹死持杯者萨尔贡。贝里什提卡尔，首席铁匠，我选中的人，能写泥板的人，我要给你命令，让我的话得到执行！现在，当持杯者把我的青铜手镜（？）交给你，在命中注定的屋子埃斯基尔，把他们像雕像一样扔进模具。"

B35—38）贝里什提卡尔听从他的国王的话，在命中注定的屋子埃斯基尔准备模具。国王对萨尔贡说："去把我的青铜手镜（？）交给首席铁匠！"

B38a—42）萨尔贡离开乌尔扎巴巴的王宫。然而，神圣的伊南娜没有停止站在他的右手边，在他走到距离命中注定的屋子埃斯基尔不到五宁丹[①]或十宁丹之前，神圣的伊南娜转身走向他，挡住了他的路："埃斯基尔是一座神圣的屋子！没有一个被血污染的人应该走进去！"

B43—45）这样，他只在命中注定的屋子的门前与国王的首席铁匠见面了。在他把国王的青铜手镜（？）交给首席铁匠贝里什提卡尔，首席铁匠……把它像雕像一样扔到模具里。

B46—52）在五天或十天过去之后，萨尔贡来到他的国王乌尔扎巴巴面前；他走进王宫，像一座大山一样稳固地站着。国王乌尔扎巴巴……并在他的住所变得害怕。他意识到那梦是什么，但是没有说出来，没有与任何人讨论它。乌尔扎巴巴在他神圣的住所，在神圣的卧室里变得害怕。他意识到那梦是什么，但是没有说出来，没有与任何人讨论它。

B53—56）在那些日子，尽管在泥板上写字的事存在，把泥板放在信封中的事还没有。国王乌尔扎巴巴派萨尔贡，众神的造物，带一封写在黏土上的信给乌鲁克的卢加尔扎吉西，它的内容是谋杀萨尔贡。（此后数行缺失）

C1—7）由于卢加尔扎吉西的妻子，她（？）……她的女性特质作为避难所。卢加尔扎吉西没有……使者。"得了！他向砖建的埃安纳那边走了！"卢加尔扎吉西没有领会它，他没有与使者说话。但是他一开始与使者说话，……。这位主人说了一声"哎呀"，就坐在尘土中。

C8—12）卢加尔扎吉西回复使者："使者，萨尔贡没有屈服。在他屈服之后，萨尔贡……卢加尔扎吉西……萨尔贡……卢加尔扎吉西……为什么……萨尔贡……？"

## 四、教谕文学

### 1.《舒鲁帕克的教谕》

教谕是古代智慧的一种传承方式，多为父亲对儿子、长者对后生晚辈

---

[①] 宁丹：长度单位，1 宁丹 =6 米。

在为人处世方面进行的教导，体现了社会的行为规范、伦理习俗、宗教信仰、阶级关系、价值观念等内容，在某种程度上也反映教导者的人生经验，是我们认识和了解古代社会的宝贵资料。《舒鲁帕克的教谕》的主要内容为乌巴尔图图之子舒鲁帕克对他的儿子兹乌苏德拉的三次教导。舒鲁帕克这个名字作为人名，引起了许多争议，因为它更常用作城市名。乌巴尔图图是《苏美尔王表》记载的洪水之前的最后一个苏美尔统治者，他统治着舒鲁帕克城，而兹乌苏德拉是苏美尔语《洪水故事》中从洪水中幸存下来的国王。《舒鲁帕克的教谕》是古代两河流域出现最早、版本最多的教谕作品，最早的版本属于公元前2500年的早王朝时期，除了数量众多的不同时期的苏美尔语版本，还有阿卡德语版本和阿卡德语－胡里特语双语版本。本译文依据《舒鲁帕克的教谕》古巴比伦时期版本，主要参考魏尔克（Wilcke 1978，196—232）、罗莫（Römer 1990，48—67）、阿斯特（Alster 2005，56—102）以及布莱克（Black et al. 2006，284—291）等学者的英文或德文译文。

1—8）在那些日子，在那些遥远的日子，在那些夜晚，在那些久远的夜晚，在那些年代，在那些遥远的年代，在那时，有一个善言词、晓事理的智者生活在苏美尔；善言词、晓事理的智者舒鲁帕克生活在苏美尔。舒鲁帕克教导他的儿子；乌巴尔图图之子舒鲁帕克，教导他的儿子兹乌苏德拉：

9—13）我的儿，我来教导你，你要解我意！兹乌苏德拉，我有话对你说，你要听仔细！不要放弃我的教导！不要违背我说的话！父亲的教导是宝贵的，你要俯首听！

14）不要买叫驴，它会挣断你的轭。

15—18）不要在路上种地，……。不要在地头上耕田，否则边界就破坏了。不要在你的地里挖井，人们会毁掉它。不要把房子扩展到主街上，那里人群拥挤。

19—20）不要担当保证人，那个人会缠住你。你啊，不要担当保证人！

21）不要指证人，否则全城的人都会报复你。

22—27）不要去那是非之地，不要成为争执的证人，不要了解争吵（的原因）！不要制造争端，……。……，站在宫门旁边……。远离诉讼，袖手旁观，言语不合，避而远之！

28—31）不要偷窃，不要谋杀你自己！不要闯入宅院，不要觊觎钱财！窃贼是狮子，被捉住了就是奴隶。我的儿，不要抢劫，不要害自己受斧刑！

32—34）不要当伴郎，不要……你自己！不要与订婚的少女嬉闹，谣言可畏。我的儿，不要同有夫之妇在屋中闲坐！

35—38）不要挑起争端，不要羞辱你自己！不要说谎话，这是令人鄙夷的。不要信口开河，你的话就有威信。不要反驳，不要怒目相向！

39—41）不要同窃贼吃（他）偷来的东西！你伸出手，它就不能偿还了。打断骨头，你还要赔偿牛，你还要赔偿羊。

42—43）不要说假话，否则随后它（惩罚）会像罗网一样降临。

44—46）不要把你的羊群放到未经挑选的牧场，不要租借别人的牛到未确定边界的区域，确定边界的区域是确定的路。

47）不要走夜路，那里有幸运也有邪恶。

48）不要买中亚野驴，为了驯服它，你要花费许多时间。

49）不要与你的女奴隶同床，她会怠慢你。

50）不要恶意诅咒，它会很快返回到自身。

51—52）不要去往手不能及的水域，这会让你的胳膊虚弱。不要抛弃……，……。

53）不要躲避债务人，那个人会敌视你。

54—55）不要与傲慢之人一同耕地！劳作的时候，他会把它（耕地）留给你，像（留给）女奴隶一样。

56—59）不要穿越人的家宅，他们会对你说："走开！走开！"不要解开果园篱笆墙上的结，他们会对你说："赔偿！赔偿！"

60）不要喂养（别人的）狗，不要平息争吵！

61—64）我的儿，不要使用暴力，不要把人放倒在地上！不要强奸人的女儿，法庭会告发你。不要谋杀有势力的人，不要毁掉外城墙！不要谋杀壮丁，不要使他背离城邦!

65—66)诽谤者移动眼睛似纺锤一般。不要突出自己,人会在心里敌视你。

67)不要像说谎的人一样在啤酒屋中信口开河!

68—72)当你到达战场的时候,不要挥手!勇士是唯一的;他一个相当于很多人。乌图神是唯一的;他一个相当于很多人。为了与勇士站在一起,你的呼吸要与他在一起!为了与乌图神站在一起,你的呼吸要与他在一起!

73—75)舒鲁帕克教导他的儿子;乌巴尔图图之子舒鲁帕克,教导他的儿子兹乌苏德拉。

76—78)第二次,舒鲁帕克教导他的儿子;乌巴尔图图之子舒鲁帕克,教导他的儿子兹乌苏德拉:

79—82)我的儿,我来教导你,你要解我意!兹乌苏德拉,我有话对你说,你要听仔细!不要放弃我的教导!不要违背我说的话!

83—91)啤酒……。我的儿,……。啤酒……。宁卡席……。(一行破损)不要平息……。……,抬起……(两行破损)

92—93)窃贼不会赔偿给你。芦苇丛就是青草喂养的山羊,它的内部是诽谤。

94—96)王宫就是一条大河,它的内部是咆哮的公牛。收益永远不足;支出没有止境。

97—100)"我要把那个人的面包给你!"这(听起来)很诱人。(但是)要给的时候它就像天一样遥远。"我要跟随他!"但那个说"我要把它给你"的人,他没有把面包给你,面包在眼前吃完了。

101—102)财产是……的东西,没有什么可以与我的孩子相比。

103—105)善言者吟诵词句;沉默者传递档案;嘴甜的人收集甜草。

106—108)饶舌者伸向他的皮袋;自夸者带来空皮袋;起诉者说的是谎言。

109)制革工人将用他的皮来制革。

110)身强力壮者从别人那里拿走份额。

111—114)愚人丢失了物品。沉睡中,愚人丢失了物品。他把手放在鼻子上:"不要绑我!"他把手放在鼻子上:"让我活吧!"

115—117）白痴决定命运；不知羞耻的人在别人脚边奠酒："我是令人羡慕的那一个！"

118）配偶总是被鬼魂和命运（？）捉住。

119—123）你雇的人将同你分享皮袋。他会同你一起用皮袋。他会同你一起吃光皮袋里面的食物。他会停止同你一起劳动。他站在王宫附近："让我在这儿吃些东西吧！"

124—125）你的儿子会代表你的家说话；你的女儿会替她（未来）的家说话。

126）喝酒的时候不要做出决定！

127）离开家的时候，不要让你的心忧愁！

128—130）天空遥远，大地最为宝贵。依靠天，你让物品充裕，所有的国家都依靠它呼吸。

131—133）在收获季节，在最宝贵的日子里，要像女奴隶一样采集，像女主人那般享用！我的儿，要像女奴隶一样采集，像女主人那般享用，就应该是这样。

134—142）咒骂仅仅伤害表面，贪欲却会害人性命。叫喊着，说谎者把衣服撕碎。他把忠告当成诅咒和恶意。傲慢就像火焰（和）导致胃痛的草药。让我用多种名字来启发你！祈祷的言词就是一个充裕之年。祈愿如同凉水，它使心灵平静。诅咒（？）是愚人的言词，这就是国家的智慧。

143—145）舒鲁帕克教导他的儿子；乌巴尔图图之子舒鲁帕克，教导他的儿子兹乌苏德拉。

146—148）第三次，舒鲁帕克教导他的儿子；乌巴尔图图之子舒鲁帕克，教导他的儿子兹乌苏德拉：

149—152）我的儿，我来教导你，你要解我意！兹乌苏德拉，我对你有话说，你要听仔细！不要放弃我的教导！不要违背我的话！

153）不要打农夫，否则，你的灌溉渠就平了。

154—164）不要买妓女，那嘴是锋利的。不要买家生奴隶，他是导致胃痛的草药。不要买本地人，那肩膀是（用来）靠墙的。不要买王宫里的女奴隶，那脚总是在家务后面。当你把外国奴隶从他的国家带来，当你把人从未知之地带来，我的儿，向着太阳升起的地方，他会走在你前面，为你洒水。没有房子的人不会走向他的房子，没有城市的人不会走向他的城市。他不会比你更高兴，他不会同你争吵。

165—167）我的儿，向着太阳升起的地方，不要独自上路！你所不认识的人会把你变成奴隶。

168—169）在认识的人中，……。不要为他在山中堆起一座山。

170—171）命运是松软的河堤，它让人滑倒。

172—174）长兄就是父亲，长姐就是母亲。你要听从你的长兄！长姐就像你的母亲，你要顺从她！

175—176）不要用眼睛工作，不要用嘴来增加财产！

177）懒惰者总是走在家务的后面。

178—180）面包带来了山中的人，它（也）带来了说谎者和陌生人，面包为你把人从山中带来。

181—182）小城市（的人）为它的国王培育小牛，大城市（的人）挖掘盖好的房子。

183—188）……什么都有。有财产的人把痛苦加到没有财产的人身上。结婚的人什么都有；没结婚的人躺在草堆中。为了毁掉一座房屋，他会毁掉与这个房屋一起的房屋；为了除掉这个人，他会除掉与这个人一起的人。

189—192）一个人抱住大牛的脖子，他就能过河。在你的城市的大人物身边走动，我的儿，这会让你高升。

193—201）[你的]从山国带来的女奴隶，她从那里带来了幸运，她从那里带来了邪恶；幸运的是手，邪恶的是心。心不会忘记幸运，心不会忘记邪恶。幸运是一块松软之地，心不会丢弃；邪恶就像储藏室，利息不会消耗。愿他的船与邪恶一起沉入河里！愿他的水袋在荒漠上破裂！

202—203）仁爱之心是建造家庭之物；憎恨之心是毁掉家庭之物。

204—207）权力、财产和战车是王侯之me[①]，要向那些当权者低头！你自

---

① 苏美尔人的概念，目前为止没有固定的词可以全面涵盖它的含义，参见拱玉书2006年版，282—304。

己要屈服于那些有势力的人！我的儿，你要防范那些邪恶的人！

208—212）不要在节日里选妻！里面的是借来的，外面的（也）是借来的。银是借来的，天青石（也）是借来的。礼服（？）是借来的，亚麻衣服（？）是借来的。……与她相比。

213—214）不要买令人畏惧的牛。不要买邪恶的牛，牛栏会毁掉。

215）男人［安置］忠实的女人，就像一块肥沃的土地。

216—217）在收获季节，不要买驴子。吃……的驴子会与驴子……

218—219）邪恶的驴子垂下脖子。我的儿，说谎者让肩膀（？）（看起来）是友善的。

220）有财产的女人毁掉家庭。

221）醉酒者喝掉收成。

222—234）女窃贼（像）梯子，两个人不能……。你使她像飞虫一样在屋里飞。母驴在街上叫；母猪在街上给她的孩子喂奶。刺伤自己的女人会哀号；纺锤弯了，她不会把杵拿在手里。她走门串户；她在街头巷尾张望；她在屋顶（？）说"出来吧！"她在城垛上张望。她……是非之地。她……之地。（16 行破损）

251—254）溢满快乐的心……。财产不是宝贵的，生活是甜蜜的。不要看重财产，财产让你宝贵。我的儿，五彩斑斓的眼睛就像那些色彩。

255）不要为阿什南神捆绑，它的枝条无数。

256—257）不要咒骂母羊羔，你会生女儿。不要在筛子里丢土块，你会生儿子。

258—259）不要拐走（别人的）妻子，不要起诉讼！在拐走妻子的地方，……

260—261）让我们在这里绕圈："哦，脚！哦，脖子！"让我们用合力使大人物鞠躬！

262—263）不要谋杀"聪明人"，……的儿子将会出生。不要在主人面前像……一样谋杀他……，不要捆绑他！

264）在闺阁中，乳母为她们的王决定命运。

265—270）不要对你的母亲讲无礼的话，作恶是痛苦的。不要质疑你母亲的话（和）你的神的话。母亲就是创造人类的乌图神；父亲就是启示……的神，父亲就是神，他的话是正确的。你要听从父亲的教导！

271）外城的房屋建造内城的房屋。

272—273）我的儿，堤坝上的田地（在所有田地的）后面，涝的时候收益不多，旱的时候收益（也）不多。

274）有东西不见了，它在 me 中。

275）用迪尔蒙的货币买卖是……

276—283）不认识的狗是邪恶的，不认识的人是可怕的。不知道的路是山的边缘，那些山中的神是食人魔。他们不像人一样建造房屋，他们不像人一样建造城市。有人把他们带到人所知道的地方，牧人觅食的……消失了，返回来的羊消失了。［农民］播种的地结束了。（1 行破损）

284—286）这个言词的礼物……平息心灵之物。当它进入王宫，……平息心灵之物。这个言词的礼物……［天上的］星星。

287—288）这些教谕是乌巴尔图图之子舒鲁帕克教导的；这些是乌巴尔图图之子舒鲁帕克教导的。

289—290）完成这些泥板的女主人，女神尼萨巴，赞美你！

## 2.《咏正直的受难者的诗》（选译）

这是一篇独白，古代名称为 *Ludlul bēl Nēmeqi*（让我赞美智慧之主），讲述一个人遭遇了各种苦难，最终依靠智慧之主马尔杜克恢复了健康和财富。目前已知作品的最早版本来自公元前 7 世纪的亚述巴尼拔图书馆，但是作品本身很可能创作于加喜特时期。作品的主题与《圣经》中的《约伯记》相似，除了亚述学者，《圣经》阐释、犹太教和基督教神学领域的学者对这篇作品也多有研究。早期对这部作品的翻译与研究见兰伯特的著作：

W. G. Lambert, *Babylonian Wisdom Literature*, Oxford: Clarendon Press, 1975.

近年来，随着更多文献片段的发现，人们对这部作品也有了更多阐释：

Amar Annus and Alan Lenzi, *Ludlul bēl Nēmeqi: The Standard*

*Babylonian Poem of the Righteous Sufferer* (State Archives of Assyria Cuneiform Texts 7), Helsinki: Neo—Assyrian Text Corpus Project, 2010.

Takayoshi Oshima, *Babylonian Poems of Pious Sufferers: Ludlul bēl Nēmeqi and the Babylonian Theodicy* (Orientalische Religionen in Der Antike 14), Tübingen, Mohr Siebeck, 2014.

目前，这部作品保存下来的版本仍然不完整。一些学者推测这首诗共有480行，写在四块泥板上，每块泥板120行；也有学者认为全诗有600行，写在五块泥板上。鉴于作品保存状况和目前的争议，此处选译作品保存相对完整和无争议部分。译文参考Takayoshi Oshima 2014年版，79—113。

**第一块泥板**

1　让我赞美智慧之主，那位审［慎的］神，
2　在夜晚狂怒（但是）在白天仁慈的那一位。
3　马尔杜克，智慧之主，那位审慎的神，
4　在夜晚狂怒（但是）在白天仁慈的那一位。
5　那一位，他的盛怒像毁灭性的大风，
6　但是他的吹拂像早晨的微风一样宜人。
7　愤怒之中，他不可阻挡，他的狂怒是洪水，
8　（但是）他的思想是关爱的，他的心是仁慈的。
9　那一位，他双手的全部权力，天界不能承受，
10　（但是）他的手掌是轻柔的，它们拯救死者。
11　马尔杜克，他双手的全部权力，天界不能承受，
12　（但是）他轻柔的手掌拯救死者。
13　那一位，用他的狂怒，将墓室的门打开，
14　（但是）同时，他从覆灭中举起倒下的人。
15　（当）他怒目而视，拉玛苏（lamassu）和舍都（šēdu）精灵离开了，

16 （然而）一旦他（马尔杜克）和颜悦色，他（他的个人神）回到他身边，回到被他的神舍弃的那个人的身边。

17 他严厉的惩罚一时是严酷的，

18 （但是）一旦他显出怜悯，他很快变得像一位母亲。

19 当他变得愤怒，他猛撞他的野牛，

20 （但是）像母牛对小牛一样，他时常照看他。

21 他的击打是令人痛苦的，穿透身体，

22 （但是）他（治疗）的膏药是抚慰的，给死者生命。

23 当他下命令，他让他认罪，

24 在他虔诚的祭品日，惩罚和罪行被免除了。

25 他是允许拉伊布（ra'ību）病的乌图库（utukku）魔鬼缠绕（人）的那一位，

26 （但是）用他纯正的咒语，他赶走冷颤和颤抖。

27 那一位，让阿达德的洪水（和）埃拉的击打增强，

28 那一位，抚慰愤怒的男神和女神。

29 明白（其他）神心中所想的那位主人，

30 （但是）［众］神中没有一位能理解他的行为。

31 马尔杜克，明白（其他）神心中所想的那位主人，

32 （但是）没有神能理解他的判决。

33 因为他的手沉重，所以他的心是仁慈的，

34 因为他的武器猛烈，所以他的思想是给予生命的。

35 没有他的意愿，谁会抚慰他的伤口？

36 没有他的决定，谁想要阻止他的手？

37 让我，吃泥而不是吃鱼的人，宣告他的愤怒，

38 因为他很快宽恕，所以他给死者生命。

39 让我教导人们，他们的救赎是如何近，

40 愿向他的一次顺利的祈祷带走他们的［罪恶？］。

41 在那位主人惩罚我，

42　以及勇士马尔杜克对我愤怒的那一天，

43　我的男神疏远了我，前往他的山，

44　我的女神抛弃了（我），离开了。

45　我身旁善意的舍都精灵离开了，

46　我的拉玛苏精灵恐慌了，去追随了别人。

47　我的尊严被移除了，我的力量丧失了；

48　我的荣誉被剥夺了，它像一个罩篷一样飞走了。

49　可怕的预兆困扰着我，

50　我被从我的房子里扔出来，在野地游荡。

51　每一天，我的预兆都是混乱的和不吉的，

52　（甚至）通过占卜者和解梦者，我的状况也不能查明。

53　在街口（听到的）我的神谕是不吉的。

54　当我在晚上躺下来，我的梦是恐怖的。

55　国王，神的化身，他的人民的太阳——

56　他的思想已经变得强硬，并且他让（它）不可能变温和。

57　廷臣们不断传播有关我的恶意流言。

58　他们聚在一起，密谋邪恶的（计划）。

59　当第一个（说）"我要让他滚出他的生活"，

60　第二个立即说"我要让他失去他的职位"。

61　第三个（说）"我要接管他的位置"，

62　"我要接管他的财产。"第四个宣称。

63　第五个煽动五十个人（反对我）。

64　第六个和第七个追随他（第五个人）的魔鬼。

65　这七个人召集了反对我的人群；

66　他们像魔鬼一样无情，他们与邪恶的精灵一样。

67　他们合成一体，（但是）每个人有一张嘴。

68　他们成为我恐惧的人，像火一样燃烧。

69　他们同时用敌意和阻碍对待我。

70　他们让我高贵的嘴缄默,像用了马笼头一样;

71　我的嘴唇,平日善于表达,变得像一个不能说话者,

72　(我的)大声呼喊陷入沉默。

73　我高耸的头低到地上。

74　恐惧让我坚定的心无力,

75　一个级别低的人推开我宽阔的胸膛,

76　我宽广的胳膊被捆在一起。

77　我,曾经像贵族一样行走的人,学会了慢走,

78　我曾经是得意的,但是我变成了一个奴隶。

79　从一个大家族(的人),我变成了独自(一人),

80　当我在街上走,手指在指(向我)。

81　当我走进王宫,他们眯着眼睛斜视我。

82　我的城市对我不满,像敌人;

83　我的土地对我非常愤怒,像我的仇敌;

84　我的兄弟变成了陌生人。

85　我的朋友变成了作恶者和加鲁(gallû)魔鬼,

86　(我的)愤怒的同事斥责我。

87　我的同僚玷污了他们流血的武器;

88　我的好友诋毁我的生活。

89　我的男仆公开在会议上诅咒我,

90　我的女仆在一群人面前诽谤我。

91　每次我的熟人看到我,他躲避我,

92　我的家人对待我,就像我不是来自这个家。

93　对于为我说话的人,等待着他们的是深渊,

94　(但是)贬低我的人得到晋升。

95　说我不忠的人,有神的帮助,

96　对于说"哦,同情你"的人,死亡飞快到来。

97　拒绝提供帮助的人,他的舍都精灵给予(他)健康,

98　（但是）没有人在我旁边，我看不到任何怜悯我的人。

99　他们把我的财产分给罪犯和暴徒，

100　他们用淤泥阻塞了我的水渠的开口。

101　他们把劳作歌从我的田地移除，

102　他们让我的城市就像敌城那样安静。

103　他们让另一个人接管我的仪式，

104　并且他们指派一个陌生人负责我的祭祀职责。

105　白日里叹息，夜间恸哭，

106　一个月绝望，一年灰心；

107　我整日像鸽子一样呻吟，

108　我让歌者大声吟诵我的哀歌。

109　（每一次）我透过泪眼去看，

110　多达五十次，我的脸颊因为眼泪而灼热。

111　我内心的极度痛苦让我的脸忧郁，

112　恐惧和痛苦让我的皮肤苍白。

113　由于持续的战栗，我的内脏颤抖，

114　它像燃烧的火一样强烈。

115　像炙热的火焰，恳求是混乱的，

116　我的祈求像吵闹和争吵。

117　我恭维我的双唇，但是它们像长矛一样硬，

118　我苦涩地说话，但是我的话变成阻碍。

119　我希望，顺利的事情在这天降临到我身上，

120　新月会出现，我的太阳会闪耀。

**第二块泥板**

1　（从）一年到下一年：约定的时间过去了。

2　当我转过身来，我只看到了糟糕的事情，非常糟糕：

3　我的不幸在增加；我不能找到我的兴旺。

4　我祈求我的男神，但是他没有对我抬起他的脸；

5　我向我的女神祈祷，但是她没有抬起她的头。

6　占卜者不能通过脏卜确定状况，

7　解梦者不能用他的马沙库（maššakku）粉揭示我的结果。

8　我向扎奇库（Zāqīqu）精灵祈祷，但是它并不张开耳朵，

9　咒语祭司不能在仪式中宣泄神的怒气。

10　到处是奇怪的事——

11　当我向后看，（我看到）困扰（和）苦恼。

12　像不经常对神奠酒的人；

13　上供期间不呼唤女神（的人）；

14　既不恭敬又不行礼（的人）；

15　在他的口中，恳求和祈求停止（的人）；

16　放弃神的日子、忽视节日（的人）；

17　懈怠和轻视他们的仪式（的人）；

18　没有教导他的人崇敬和关注（神的人）；

19　没有赞美他的神就吃了他的面包（的人）；

20　放弃了他的女神，从来不献祭马慈哈图（maṣhatu）粉（的人）；

21　就像变疯一样忘记了他的主人（的人）；

22　轻率地对他的神发出可敬的誓言（的人）——我变成了（与这类人）同等的人。

23　（但是）我自己留意恳求和祈求，

24　祈求是（我的）常识，献祭是我的宗教实践。

25　崇敬神的日子是我内心的乐事，

26　女神游行的日子是福祉和裨益。

27　我的快乐是（吟诵）国王的祝福，

28　有关他的快乐的歌实际上是（我的）养分。

29　我命令我的土地保持神的仪式，

30　我教导我的人尊敬女神的名字。

31　我赞美国王，与赞美神一样，

32　我让民众知道尊敬王宫。

33　我确实相信这些事（会）让神满意。

34　（然而）对自己是善的，对神是犯罪，

35　人认为是恶的，对他的神是善的。

36　哪个能知道天界众神的计划？

37　谁会理解深海中的众神的建议？

38　人如何能知道神的行事？

39　健康有力的人痛苦而死，

40　他会突然被恐惧袭击，但是不久他可能发出（欢快的）喊叫。

41　一扭鼻子，他唱出欢快的歌，

42　（但是）迈开腿，他像一个职业哀悼者一样呻吟。

43　像眨眼一样，他们的运气不断变化。

44　当他们挨饿，他们会变成尸体；

45　当他们心满意足，他们比得上他们的神。

46　在好的时候，他们说上升到天界；

47　当他们在痛苦中，他们抱怨下到冥界。

48　我习惯了这些事，但是我不理解它们的意义。

49　疾病降临到我这个疲惫的人的身上；

50　衰弱病直接找上了我。

51　邪风从地平线吹过来；

52　迪乌（di'u）疾病从冥界蔓延过来。

53　邪恶的咳嗽魔鬼离开了他的阿普苏，

54　不能阻挡的乌图库魔鬼从埃库尔中出来。

55　拉马什图（Lamaštu）从山中间下来。

56　随着汛期的水，寒冷（向我）汹涌而来，

57　（同时）虚弱正在用绿色（疾病）破坏土壤。

58　他们合成一伙，他们袭击了我，

59　他们击打头部，束缚我的脑袋。

60　我的前额变黑，我的眼睛溢满（泪水）。

61　他们掠过我的脖子，让我的脖子变得无力。

62　他们击打我的胸部，拿掉我的肋骨，

63　他们侵袭我的背部，（对我）投下颤抖。

64　在我的上腹部，他们点火，

65　他们搅动我的胃，转动我的肠子。

66　痰被吐出，他们折磨我的肺，

67　他们折磨我的四肢，他们摇动我的胃。

68　他们摧毁我像墙一样高大的身影，

69　他们淹没我像灯芯草一样宽阔的身形。

70　像一株沼泽植物，我被推倒了，我被面朝下地投掷。

71　阿鲁（alû）魔鬼（像）衣服一样盖住我的身体，

72　睡眠像网一样罩住我。

73　我的眼睛盯着看，但是什么也看不见，

74　我的耳朵张开着，但是什么也听不见。

75　麻痹病控制了我的整个身体，

76　麻痹袭击了我的肉体。

77　我的胳膊麻痹了。

78　我的膝盖虚弱。

79　我的双脚忘记了移动。

80　疾病对准（我），突然它挡住了（我）。

81　死亡的泥土盖上我的脸。

82　解梦者召唤我，但是我不能回应，

83　我的［哀悼者］在哀悼，（但是）我不是我自己。

84　在我的嘴里，一座陷阱被设下了，

85　一个门闩封上了我的双唇。

86　我的门被关上了，我的饮水池被封上了，

87　我的饥饿被延长，我的喉咙被阻塞。

88　实际上，我吞咽谷物像吞咽臭草，

89　啤酒，民众的生命，让我生病。

90　这场病持续时间极长：

91　因为不吃饭，我的外表变了，

92　我的肉减少了，我的血离开了（我）；

93　骨头露出轮廓，（只）被皮肤包裹，

94　我的血管肿胀，颈背（？）遭受折磨。

95　我把床视作监禁（之所），睡眠是折磨，

96　房子变成了我的监狱。

97　我的胳膊戴着我的肉身的手铐，

98　我的双脚在我自己的脚镣（中）麻木。

99　我的心跳（让我）焦虑，呼吸是沉重的，

100　鞭子抽打着我，打击遍布全身，

101　棍棒正在刺透我，它的表面是荆棘。

102　白日里，它困扰缠着［我］，

103　晚上，它不让我放松哪怕片刻。

104　始终辗转反侧，我的关节变得虚弱，

105　我的四肢散了架。它们被扔到一边。

106　在我自己的排泄物里，我像阉牛一样度过夜晚；

107　我像绵羊一样与我自己的排泄物为伴。

108　当咒语祭司被我的疾病的症状吓走，

109　占卜者混淆了我的征兆。

110　咒语祭司不能揭示我的疾病的本质，

111　占卜者也不能说出我的疾病的病期。

112　（个人）男神既不来帮助我，也不握着我的手，

113　（个人）女神既不对我展示慈悲，也不走到我旁边。

114　墓穴打开了；我的（葬礼）装饰准备好了，
115　甚至在我死之前，对我的哀悼也完成了。
116　我所有的土地说："他真是被毁了！"
117　对我幸灾乐祸的男人听到（我重病），容光焕发，
118　当他们把消息带给对我幸灾乐祸的女人，她的心情如阳光般明媚。
119　我的整个家族的日子变得晦暗，
120　他让亲戚和熟人的太阳变暗。

**第三块泥板**

1　他的手是沉重的，我不能承受，
2　他的敬畏是可怕的，……
3　他的凶狠的惩罚是洪水［……］
4　他的方式是难解的，……
5　难解的重病，……
6　我忘记了我的感觉，他们让我徘徊……
7　白天与夜晚相似，我在悲号，
8　梦与醒时的梦［对我］同样难解。
9　一位年轻人，相貌出众，
10　体格魁梧，穿着新衣；
11　因为，在醒时的梦里，他侧面——身形——是瘦的，
12　他一定穿着令人惊叹的光辉——穿着敬畏。
13　［他走］进来，站在［我］旁边。
14　［当我看］到他，我的身体麻痹了。
15　［他说］："你的主人派我来。"
16　……他站着。焦虑……
17　［他说：］"来这里，我要说出他们的愿望。
18　"国王派来的人

19　"全都安静无语,没有[一个]回答我。

20　"我要调查[那些]听到我的人。"

21　第二次,我梦到做了一个梦:

22　在梦里,我在晚上做梦,

23　(我看见)一个净化祭司端着[一个水盆],

24　[他的手掌里]握着一枝净化的怪柳。

25　(说:)"拉卢拉利马,尼普尔的咒语祭司

26　"派我来净化你。"

27　他把端着的水洒到我身上。

28　他把生命的咒语抛到我身上,并且擦拭[我的身体]。

29　第三次,我梦到做了一个梦:

30　在梦里,我在晚上做梦,

31　(我看见)一个年轻的女人——[她的]面容闪闪发光。

32　她不是一个化装的人类表演者,[她]等同于神。

33　民众的王后……

34　她走进来,站在我旁边,

35　她说:"那就够了!他在极大的痛苦中。"

36　"不要害怕!"她对我说,她让[我有信心]。

37　"在每次梦中,他看见……"

38　她说:"那就够了,在巨大的痛苦中的是

39　"那个在夜间看见这个场景的人。"

40　在一次梦中,我[看见]乌尔宁提努加,一个巴比伦人,

41　一个有胡须的年轻人,戴着帽子,

42　一个咒语祭司,带着一块书写板。

43　(他说:)"马尔杜克派我来。

44　"给舒布西麦施瑞沙康,我带来了(治愈的)[膏药]。"

45　用他洁净的手,他带来了(治愈的)[膏药]。

46　他(马尔杜克)[把膏药]托付到我的侍奉者(即乌尔宁提努加)手中。

47　在醒时的梦里，他送来了这个信息，
48　他把他的好预兆［揭示给］我的人。
49　缠绕疾病的蛇离开了，
50　我的病突然好了，我的镣铐破碎了。

# 第二章　编年史

## 一、概述

　　古代美索不达米亚人没有给我们留下太多的历史资料，因此每一份都弥足珍贵。编年史或年代记更是极为珍贵的史料，它可以帮助历史学家更切实地进行断代研究，确定准确的时间，这对于历史学在某种意义上可以说是关于时间的科学来说，其价值不言自明。反映早期城邦历史的《苏美尔王表》和反映美索不达米亚文明鼎盛时期——古巴比伦时期的《巴比伦第一王朝年代记》，就是具有这样意义和价值的历史文献。

　　王表，通常是指按照年代次序罗列统治者名衔的文献，它是王权作为社会与文化记忆核心内容的历史呈现。《苏美尔王表》作为现存最完整的王表，是研究古代两河流域文明，特别是研究苏美尔人政治史的极为重要的历史文献；对我们理解古代两河流域各民族（苏美尔人、阿卡德人、古提人、阿摩利人等）关于王权起源、王位继承，人神关系思想，也大有裨益。

　　公元前1900年前后，苏美尔"历史学家"编写了一个"王表"，现代学者称之为《苏美尔王表》。《苏美尔王表》使用苏美尔语书写，是现存保存最完整的王表，记载的是从苏美尔人历史开端——从"王权"自天而降到伊新王朝期间苏美尔各邦大部分王的名字、他们统治的城邦的名称以及他们为王的时间，明显地分为"大洪水前"和"大洪水后"两个时期，前者指史前，后者才是历史时期，从基什第一王朝到伊新王朝。王表中有唯一一位女王：库巴巴（Kug-Baba），属于基什第三王朝，王表中记载她在位时长100年，在没有成为王之前，是一位卖酒妇。《苏美尔王表》虽然记载早期历史时过于夸大统治者的统治年代，但就各城邦国王名字和国王序列而言，王表的记载基本符合历史事实。

两河流域最早的居民是何种人，目前尚不清楚。早在旧石器时代，两河流域就有人居住，考古学家发现了许多属于这一时期的洞穴遗址。在公元前5000年代，两河流域的南部已经出现了金属器，人们发明了铜鱼叉等工具。埃利都是这里最古老的居住地，它是大约在公元前4300年至公元前3500年间欧贝德（Obeid）文化的发祥地。

大约在欧贝德文化的中期，约公元前3500年左右，苏美尔人部落来到两河流域南部，主要居住在苏美尔地区，他们说的是苏美尔语。欧贝德人与后来的苏美尔人的关系问题，以及与此次相关的谁是两河流域最早居民的问题，学者们的观点一直存在较大的分歧。大体说来，考古学家认为，苏美尔人可能就是两河流域史前文化创造者中的一员，欧贝德人可能就是苏美尔人。语言学家根据文字的出现判断，苏美尔人是外来民族。著名苏美尔学家、美国学者S. N. 克莱默教授著有《历史始于苏美尔》，她就认为，欧贝德人是与苏美尔人完全不同的民族，他们是两河流域最早的居民，在苏美尔人来到之前，他们已经在这里定居很久了。苏美尔人逐渐融合欧贝德人，成为南部两河流域的主要居民。造成学者们各执一词的主要原因在于，欧贝德人没有留下任何文字资料，而关于苏美尔人的来源及其语言归属问题，目前也难下断言。

苏美尔各城邦兴起后，为争夺土地和霸权而经常进行战争，"王权"即称霸国不断转换。基什、乌鲁克、乌尔、拉伽什、乌玛等城邦先后称霸。长期的战争在一定程度上影响了生产和社会经济的发展，从而奠定了城邦灭亡的基础。

比苏美尔人稍后，塞姆人的东支阿卡德人来到了两河流域南部苏美尔以北的阿卡德地区。阿卡德王国的创立者是萨尔贡，他击败苏美尔霸主，统一了苏美尔和阿卡德。纳拉姆新以后，阿卡德王国由盛转衰。阿卡德王国灭亡后，古提人趁机占领了两河流域南部。古提人在两河流域南部没有建立统一的国家，苏美尔各邦逐渐复兴，建立了乌尔第三王朝。在乌尔第三王朝时期，苏美尔人创造了属于他们的最后的历史辉煌，实现了苏美尔文明与文化的伟大复兴。在东南面的埃兰人和西面的阿摩利人的不断侵袭下，乌尔第三王朝覆灭。乌尔第三王朝的灭亡是古代两河流域历史与文明的重要转折点，它不仅敲响了一个古王朝的丧钟，而且标志着一个古老民族——苏美尔人在两河流域政治舞台上的终结。

《苏美尔王表》是可以信赖的史料，但在使用《苏美尔王表》时应注意：

（一）《苏美尔王表》材料具有神话性质，实际上是事实与幻想的混合体。当然，还有一种因素也不能忽视，即可能是我们对苏美尔人的纪年方法还缺乏认知，这一点尤其值得进一步深入研究，只因目前的材料实在是太过稀少，难度太大。

（二）《苏美尔王表》在年代学上有很大局限，一些王的在位时间，言过其实，年代具体数字不可信，使用时应参照其他铭文。王表中早先的君主大概都属神话人物，统治时间非常长。后来的许多君主是实际存在的历史人物（王表中，最早得到考古证实的国王是基什城邦的恩美巴拉格西，尼普尔等地出土了两件刻有此人名字的文物。吉尔伽美什在王表中榜上有名，是乌鲁克第一王朝的第五代国王。除《苏美尔王表》外也有其他铭文可以证明他是真实的历史人物。）但是王表也会将他们的统治时间说得很长。而且从王表的不同版本可以看到，有时可能是故意这么做的（编造自己是天上来的神，彰显自己的地位）。在古代美索不达米亚，向神奉献和敬修神庙都是十分重要的事情，而记载这些活动的铭文基本上是真实的，是珍贵的史料。参照这类铭文或类似的其他材料，将使《苏美尔王表》中的年代得到科学的校订。《吐马尔铭文》就是古代美索不达米亚历史上重要的建庙铭文（《吐马尔铭文》的英译，见 S. N. 克莱默 [ S. N. Kramer ] 所著《苏美尔人》[ The Sumerians, Their History, Culture and Character ]，1963 年版，第 47—49 页；汉译者吴宇虹，发表在《世界古代史论丛》第一集，三联书店 1982 年版，第 230—232 页）。

（三）按照王表，"王权"自天而降，然后从一个城邦转移到另一个城邦。《苏美尔王表》上所列的不同王朝是彼此相接的，实际上，在苏美尔时期，城邦并立，它们中的一些是处于同一时期的。

（四）苏美尔人在王表上写神一样的王的存在，是为了强调"王权神授"（Divine right of kings），也就是说王的权利是由天神一代代传下来的，所以是不可动摇的，这样可以更好地统治管理自己的子民。

（五）从《苏美尔王表》来看，王权与城邦息息相关，每个城邦有各自的统治权；后来出现某些霸主，要求所有管辖的城邦都必须承认自己，并同时向其进贡。

本译文根据的是美国著名亚述学家 Th. 雅各布森（Thorkild Jacobsen）的研究成果和英译本，从他的拉丁化了的苏美尔语译出。雅各布森的研究成果和英译（Thorkild Jacobsen, *The Sumerian King List*, Chicago: The University of Chicago Press, 1939）发表于芝加哥大学东方研究所《亚述学研究》(Assyriological Studies) 第 11 号，1939 年出版。其他英译文，如奥本海姆（A.Leo Oppenheim）的译文，见《古代近东文献》(*Ancient Near Eastern Texts Relating to Old Testament*, 1969 年版，第 265—266 页）；克莱默的译文见《苏美尔人》（第 328—331 页）。这些虽然出版较晚，但一般来说，雅各布森的译本功夫最深，一般认为最为可信。

据雅各布森的比较研究，大部分泥板和残片都是伊新王朝后期书写的，它们都是同一个原始版本的抄本，目前发现总共有十六份（一说约二十个左右，甚至更多），发现于美索不达米亚各地，尽管不同地区和时代有着细微的差别，但相互之间内容很大一部分基本相同。这个未保存下来的原始版本应是古提时期结束时，即乌鲁克王乌图赫伽时期编纂的。雅各布森的著作对各版本的不同点做出了解释，他的拉丁化苏美尔语版注明了各版本的相同与不同之处。雅各布森的英译王表，根据的是十五块楔形文字泥板及残片。

译文中的省略号表示原泥板铭文处完全破损或无法辨认的文字，圆括号表示里面的文字为译者所加。

## 二、苏美尔王表

Ⅰ

当王权自天而降，
王权在埃利都。
（在）埃利都，阿鲁利姆（Alulim）为王，王 28,800 年；
阿拉尔伽尔（Alalgar）王 36,000 年。
两王共王 64,800 年。
我放下埃利都，
王权被带到巴德提比拉。
（在）巴德提比拉，恩门鲁安那（En-men-lu-ana）王 43,200 年；
恩门伽尔安那（En-men-gal-ana）王 28,800 年；
杜牧兹（Dumuzi），一个牧羊人，王 36,000 年。
三王共王 108,000 年。
我放下巴德提比拉，
王权被带到拉拉克。
（在）拉拉克，恩西帕吉安那（En-sipad-zid-ana）王 28,800 年。
一王王 28,800 年。
我放下拉拉克，王权被带到西帕尔。
（在）西帕尔，恩门杜尔安那（En-men-dur-ana）为王，王 21,000 年。
一王王 21,000 年。
我放下西帕尔，王权被带到舒鲁帕克。
（在）舒鲁帕克，乌巴拉图图（Ubara-tutu）为王，王 18,600 年。
一王王 18,600 年。
五城，八王，王 211,200 年。
洪水冲过。
洪水冲过后，

当王权自天而降，

王权在基什。

（在）基什，伽……乌尔（Ga……ur）为王，王1,200年；

……① 王960年。

‖

帕拉吉那提姆（Palakinatim）王900年；

南基什里什玛（Nangislisma）王……年；

巴西那（？）王……年；

布安（？）乌姆（Buannum）王840年；

卡里布姆（Kalibum）王960年；

卡鲁姆（Kalumum）王840年；

祖卡吉布（Zuqaqip）王900年；

阿塔布（Atab）王600年；

阿塔布之子马什达（Mashda）王840年；

马什达之子阿尔维乌姆（Arwium）王720年；

埃塔那（Etana），一个牧人，上过天，平定四方的人，成为王，王1,500年；

埃塔那之子巴利赫（Balih）王400年；

恩美努那（En-me-nuna）王660年；

恩美努那之子美拉姆基什（Melem-kish）王900年；

恩美努那之子巴尔萨尔努那（Barsal-nuna）王1,200年；

巴尔萨尔努那之子萨姆哥（Samug）王140年；

萨姆哥之子提兹卡尔（Tizqar）王305年；

伊尔库（Ilku）王900年；

伊尔塔萨杜姆（Iltasadum）王1,200年；

---

① 苏美尔语"gul-la ᵈnidaba an-na[ da ]-sikil"，意思是："（这部分原文）毁了，（只有书写女神）尼达拔才清楚。"

恩美巴拉格西（En-me-barage-si），征服埃兰的人，成为王，王 900 年；

恩美巴拉格西之子阿伽（Aga）王 625 年；

二十三王共王 24,510 年，3 个月，3 天半。

基什被打败；

王权被带到埃安那①。

（在）埃安那，

## Ⅲ

麦什基阿伽舍尔（Mesh-ki-ang-gasher），乌图②之子，成为大祭司和王，王 324 年；——麦什基阿伽舍尔，曾下过大海，上过山③。

麦什基阿伽舍尔之子恩美卡（Enmerkar），乌鲁克之王，建乌鲁克城之人，成为王，王 420 年；

卢伽尔班达（Lugalbanda），一个牧人，王 1,200 年；

杜牧兹，一个渔夫（？），其城为库阿（KU·A）④，王 100 年；

吉尔伽美什（Gilgamesh）⑤，其父是利鲁（？），库拉巴⑥的大祭司，王 126 年；

吉尔伽美什之子乌尔努恩伽尔（Ur-nungal），王 30 年；

乌尔努恩伽尔之子乌图尔卡拉马（Udul-kalama），王 15 年；

拉巴舍尔（La-basher）王 9 年；

恩努恩塔拉哈那（En-nun-tarah-ana）王 8 年；

美什赫（Mesh-he），一个铜匠，王 36 年；

美莱姆安那（Melem-ana）王 6 年；

---

① 埃安那（E-anna）是乌鲁克的神庙，常用来代表乌鲁克城。
② 太阳神。
③ 可能指太阳的行程。
④ KU·A = kuar，位于埃利都附近。
⑤ 在美索不达米亚神话中，吉尔伽美什是拥有超人力量的半神（三分之二是神，三分之一是人），拥有超人的力量和智慧。吉尔伽美什的各种传奇故事以口头形式在民间流传了几个世纪，大约在公元前 1300 年前后，诞生了人类历史上第一部长篇史诗——十二块泥板的《吉尔伽美什史诗》。
⑥ 乌鲁克的一个地区，大概在埃安那神庙的外面。

卢伽尔吉吐恩（Lugal-kitun）王 36 年；

十二王共王 2,310 年。

乌鲁克被打败，

王权被带到乌尔。

（在）乌尔，美什安尼帕达（Mesh-Ane-pada）为王，王 80 年；

美什安尼帕达之子安尼帕达王 X 年[①]；

美什安尼帕达之子美什吉昂南那（Mesh-ki-ang-Nanna）为王，王 36 年；

## IV

埃鲁鲁（Elulu）王 25 年；

巴鲁鲁（Balulu）王 36 年；

四王共王 177 年。

乌尔被打败，

王权被带到阿旺。

（在）阿旺，……为王，王……年；

……王……年；

库尔……王 36 年。

三王共王 356 年。

阿旺被打败，

王权被带到基什。

（在）基什，苏苏达（Susuda）为王，王 201 +X 年；

达达西格（Dadasig）王……年；

马马伽尔（Mamagal），一个船夫（？），王 360 +X（？）年；

马马伽尔之子卡尔布姆（Kalbum）王 195 年；

舍埃王 360 年；

伽舒布努恩那王 180 年；

---

① 此句为 Th. 雅各布森所加。

恩比伊什塔尔（？）（Enbi-ishtar）王 290（？）年；

卢伽勒姆（Lugalngu）王 360 年。

八王共王 3,195 年。

基什被打败，

其王权被带到哈马奇。

（在）哈马奇，哈塔尼什（Hadanish）为王，王 6（？）年；

一王共王 6（？）年。

哈马奇被打败，

王权被带到乌鲁克。

在乌鲁克，恩沙库什安那（En-shakush-ana）为王，王 60 年；

卢伽尔吉尼什杜杜（Lugal-kinishe-dudu）为王，王 X+2 年；

卢伽尔吉尼什杜杜之子卢伽尔吉萨尔西为王，王 X+7 年；

三王共王……年。

## V

乌鲁克被打败；

王权被带到乌尔。

（在）乌尔，卢伽尔吉尼什杜杜为王，王……年；

卢伽勒吉尼什杜杜之子卢伽勒吉萨尔西王……年；

……吉（？）王……年；

……吉之子卡库王……年。

四王共王 116 年。

乌尔被打败，

王权被带到阿塔布。

（在）阿塔布，卢伽尔安尼姆恩都（Lugal-ane-mundu）为王，王 90 年。

一王共王 90 年。

阿塔布被打败，

王权被带到马里。

（在）马里，安苏为王，王 30 年；

安苏之子……奇王 17（？）年；

……卢伽尔王 30 年；

……卢伽尔王 20 年；

……比姆什玛什王 30 年；

……尼王 9 年；

六王共王 136 年。

马里被打败，

王权被带到基什。

（在）基什，库巴巴（Kubaba），一个卖酒妇，奠定基什基础的人，成为王，王 100 年。

一王共王 100 年。

基什被打败，

王权被带到阿克沙克。

（在）阿克沙克，温奇（Unzi）为王，王 30 年；

温达鲁鲁（Undalulu）王 12 年；

乌尔乌尔（Urur）王 6 年；

### VI

普祖尔尼拉赫（Puzur-nirah）王 20 年；

伊舒伊尔（Ishu-il）王 24 年；

伊舒伊尔之子舒辛（Shu-sin）王 7 年；

六王共王 99 年。

阿克沙克被打败，

王权被带到基什。

（在）基什，库巴巴之子普祖尔辛（Puzur-sin）为王，王 25 年；

普祖尔辛之子乌尔扎巴巴（Ur-zababa）王 400 年；

兹姆达尔（Zimudar）王 30 年；

（兹姆达尔之子）乌奇瓦塔尔（Usi-watar）王 7 年；

伊什塔尔木提（Ishtar-muti）王 11 年；

伊什美沙马什（Ishme-shamash）王 11 年；

南尼亚（Nanniya），一个石匠，王 7 年；

七王共王 491 年。

基什被打败，

王权被带到乌鲁克。

（在）乌鲁克，卢伽尔扎吉西（Lugal-zage-si）为王，王 25 年。

一王共王 25 年。

乌鲁克被打败，

王权被带到阿卡德。

（在）阿卡德，萨尔贡（Sargon）——其（父）是一个椰枣园丁，（他本人曾是）乌尔扎巴巴的斟酒人，阿卡德之王，建阿卡德城之人——成为王，王 56 年；

萨尔贡之子里姆什（Rimush）王 9 年；

里姆什之兄萨尔贡之子曼尼什吐苏（Man-ishtishu）[①] 王 15 年；

曼尼什吐苏之子纳拉姆辛（Naram-sin）王 37（?）年；

纳拉姆辛之子沙尔卡利沙里（Shar-kali-sharri）王 25 年。

## Ⅶ

谁是王？谁不是王？[②]

伊吉吉（Irgigi）为王；

南努姆（Nanum）为王；

伊米（Imi）为王；

埃鲁鲁（Ilulu）为王；

他们四人为王，（仅）王 3 年。

---

① 意为"谁和他在一起"。里姆什和他可能是孪生子。
② 这就是说，此时处于动荡时期。

杜杜（Dudu）王 21 年；

杜杜之子舒图鲁尔（Shu-durul）王 15 年；

十一王共王 181 年。

阿卡德被打败，

王权被带到乌鲁克。

（在）乌鲁克，乌尔尼金（U-ningin）为王，王 7 年；

乌尔尼金之子乌尔吉吉尔（Ur-gigir），王 6 年；

库达（Kuda）王 6 年；

普祖尔伊利（Puzu-ili）王 5 年；

乌尔乌图（Ur-utu）王 6 年；

五王共王 30 年。

乌鲁克被打败，

王权被带到古提部落①。

（在）古提部落，一个王没有名字！

伊姆塔为王，王 3 年；

因基舒什（Inkishush）王 6 年；

萨尔拉伽布（Zarlagab）王 6 年；

舒尔美（Shulme）王 6 年；

斯鲁鲁美什（Silulumesh）王 7 年；

伊尼玛巴基埃斯（Inimabakies）王 5 年；

伊格沙乌斯（Igeshaus）王 6 年；

伊阿尔拉伽布（Iarlangab）王 15 年；

伊巴特（Ibate）王 3 年；

伊阿尔兰伽布（Iarla-anngab）王 3 年；

库鲁姆（Kurum）王 1 年；

哈比尔金（？）王 3 年；

---

① 有的版本用 mada "国"。

拉埃拉布姆（？）王 2 年；

伊拉鲁姆（Irarum）王 2 年；

伊巴拉努姆（Ibranum）王 1 年；

哈布鲁姆（Hablum）王 2 年；

普祖尔辛（Puzur-sin）哈布鲁姆之子王 7 年；

伊阿尔拉干达（？）王 7 年；

西乌姆（？）王 7 年；

提利干王 40 天。

二十一王共王 91 年零 40 天。

Ⅷ

古提部落（被打败），

王权被带到乌鲁克。

（在）乌鲁克，乌图赫伽（Utuhega）为王，

王 7 年零 6 个月 15 天。

一王共王 7 年零 6 个月 15 天。

乌鲁克被打败，

王权被带到乌尔。

（在）乌尔，乌尔纳木（Ur-nammu）为王，王 18 年；

乌尔纳木之子舒尔吉（Shulgi）王 48 年；

舒尔吉之子布尔辛（Bursin）王 9 年；

布尔辛之子舒辛（Susin）王 9 年；

舒辛之子伊比辛（Ibisin）王 24 年。

五王共王 108 年。

乌尔被打败，

王权被带到伊新。

（在）伊新，伊什比埃拉（Ishbi-erra）为王，王 33 年；

伊什比埃拉之子舒伊里舒（Shu-ilishu）王 10 年；

舒伊里舒之子伊丁达干（Iddin-dagan）王 21 年；

伊丁达干之子伊什美达干（Isme-dagan）王 20 年；

伊什美达干之子神李必特伊什塔尔（Lipit-eshtar），王 11 年；

乌尔尼努尔塔（Ur-ninurta）王 28 年；

乌尔尼努尔塔之子布尔辛（Bur-sin）王 21 年；

布尔辛之子李必特恩利尔（Lipit-enlil）王 5 年；

埃拉伊米提（Irra-imitti）王 8 年；

恩利尔巴尼（Enlil-bani）王 24 年；

扎姆比阿（Zambiya）王 3 年；

伊特尔皮沙（Iter-pisa）王 4 年；

乌尔杜库伽（Urdukuga）王 4 年；

辛马吉尔（Sin-magir）王 11 年；

十四王共王 203 年。①

努尔宁苏布尔（Nurninsubur）。②

## 三、巴比伦第一王朝诸王年代记

### 1. 苏姆阿布姆（Sumu-Abum，公元前 1894—前 1881）

第 1 年　［在这一年，苏姆阿布姆成为国王……］。

第 2 年　［在这一年，……］。

第 3 年　在这一年，修建［……］城墙。

第 4 年　在这一年，修建宁辛纳（Nin-sinna）神庙。

第 5 年　在这一年，修建南纳尔（Nannar）大神庙。

---

① 根据其他一些文献，辛马吉尔的儿子是达米克伊利舒，在位 23 年，他是伊新王朝的最后一个王，所以伊新王朝应是十五王，共王 226 年。

② 最完整的版本属于努尔宁苏布尔，可能是一个书吏。

第 6 年　这一年，修建南纳尔大神庙后的一年。

第 7 年　南纳尔大神庙建成第 2 年。

第 8 年　在这一年，为南纳尔神庙制作雪松木大门。

第 9 年　在这一年，修建迪尔巴特城（Dilbat）之城墙。

第 10 年　在这一年，制作基什城（Kiš）尼神（NI）之皇冠。

第 11 年　在这一年，基什城尼神之皇冠制作完成。

第 12 年　在这一年，建造神庙种植园。

第 13 年　在这一年，卡苏萨鲁城（Kasallu）遭到废弃。

第 14 年　这一年，是卡苏萨鲁城遭到废弃后的一年。

苏姆阿布姆王在位 14 年。

## 2. 苏姆拉埃尔（Sumu-la-El，公元前 1880—前 1845）

第 1 年　在这一年，苏姆拉埃尔称王；修建沙马什赫加鲁（Šamaš-hegallu）运河。

第 2 年　这一年，修建沙马什赫加鲁（Šamaš-hegallu）运河后的一年。

第 3 年　在这一年，哈兰布（Halambū）遭到屠戮。

第 4 年　这一年，哈兰布（Halambū）遭到屠戮后的一年。

第 5 年　在这一年，修建巴比伦大城墙。

第 6 年　这一年，修建巴比伦大城墙后的一年。

第 7 年　在这一年，修建拉姆曼（Rammān）神庙。

第 8 年　这一年，修建拉姆曼神庙后的一年。

第 9 年　拉姆曼神庙修建完成第二年。

第 10 年　在这一年，[……]。

第 11 年　在这一年，苏姆拉埃尔[……]。

第 12 年　在这一年，修建苏姆拉埃尔运河[1]。

---

[1] 有学者认为，苏姆拉埃尔运河可能就是上面提到的沙马什赫加鲁运河。如果真是这样，这里的修建就应该理解为修复或扩建。

第 13 年　在这一年，基什城被摧毁。

第 14 年　这一年，基什城被摧毁后第一年。

第 15 年　这一年，基什城被摧毁后第二年。

第 16 年　这一年，基什城被摧毁后第三年。

第 17 年　这一年，基什城被摧毁后第四年。

第 18 年　在这一年，伊亚哈尔兹尔伊利（Iahar-zīr-ili）从卡萨鲁城逃出。①

第 19 年　基什城尼神庙的堡垒被摧毁。

第 20 年　卡萨鲁城之城墙被摧毁，其居民遭到屠戮。

第 21 年　卡萨鲁城之城墙被摧毁，其居民遭到屠戮后的一年。

第 22 年　在这一年，修建大神殿的金银宝座，用来供奉马尔杜克神。

第 23 年　在这一年，大神殿的金银宝座修建完成，用来供奉马尔杜克神。

第 24 年　在这一年，制作萨尔帕尼图姆女神（Sarpanitum）雕像。

第 25 年　在这一年，伊亚哈尔兹尔伊利被杀死。

第 26 年　在这一年，制作伊什塔尔和娜娜（Nana）女神（Sarpanitum）雕像。

第 27 年　在这一年，制作［……］和扎卡尔神（Zakar）的［……］

第 28 年　在这一年，苏姆拉埃尔进入巴尔兹城（Barzi）。

第 29 年　在这一年，修复西帕尔城墙。

第 30 年　在这一年，修建［……］卡拉杜（［……］-karradu）。

第 31 年　在这一年，修建［……］乌兹（［……］-uz）。

第 32 年　在这一年，［……］被处死；修复苏姆拉埃尔运河。

第 33 年　［……］被处死后的一年；苏姆拉埃尔运河修复完成。

第 34 年　在这一年，［……］被处死。

第 35 年　在这一年，［……］进入［……］。

第 36 年　这一年，是［……］进入［……］后第一年。

苏姆拉埃尔王统治 36 年。

---

① 卡萨鲁城发生叛乱，其首领伊亚哈尔兹尔伊利面对镇压出逃。

## 3. 萨比乌姆（Sabium，公元前 1844—前 1831）

第 1 年　在这一年，萨比乌姆称王。

第 2 年　萨比乌姆称王第 2 年。

（第 3—6 年文献空缺。）

第 7 年　在这一年，[……]。

第 8 年　在这一年，修建埃巴巴尔神庙（E-babbar）[……]。

第 9 年　在这一年，修建埃伊戛[……]神庙（E-iga[……]）。

第 10 年　在这一年，修建埃萨基尔[……]神庙（E-sagil[……]）。

第 11 年　在这一年，制作萨比乌姆雕像。

第 12 年　在这一年，卡萨鲁城墙被摧毁[……]。

第 13 年　在这一年，海湾丰（产）[……]。

第 14 年　海湾丰（产）[……]后第一年。

萨比乌姆王统治 14 年。

## 4. 阿匹尔辛（Apil-Sîn，公元前 1830—前 1813）

第 1 年　在这一年，阿匹尔辛称王；修复巴尔兹城墙。

第 2 年　修复巴比伦[……]城墙[……]。

第 3 年　在这一年，修建大神殿的金银宝座，用来供奉沙马什和[……]神。

第 4 年　在这一年，修建沙马什（？）运河。

第 5 年　在这一年，修建[……]。

第 6 年　在这一年，修复[……]。

第 7 年　在这一年，修复[……]。

第 8 年　在这一年，修建（名为）阿匹尔辛赫戛鲁之运河。

第 9 年　在这一年，为沙马什制作大[……]。

第 10 年　在这一年，完成[……]；该地的[……]被制作。

第 11 年　在这一年，修建[……]。

第 12 年　在这一年，[……]幼发拉底河[……]河口。

第 13 年　在这一年，[……] 该地 [……]。

第 14 年　在这一年，修建 [……]。

第 15 年　在这一年，[……]。

第 16 年　在这一年，在东边（由此）修建 [……] 城的大门。

第 17 年　在这一年，制作巴比伦城的沙马什大神殿的宝座。

第 18 年　这一年，制作巴比伦城的沙马什大神殿宝座后的第一年。

阿匹尔辛王在位 18 年。

## 5. 辛穆巴里特（Sîn-muballit，公元前 1812—前 1793）

第 1 年　在这一年，辛穆巴里特称王；修建茹巴图姆（Rubatum）城墙。

第 2 年　在这一年，修建辛穆巴里特运河。

第 3 年　在这一年，为沙马什和舒尼尔达（Šunirda）制作 [……] 石 [……]。

第 4 年　这一年，为沙马什和舒尼尔达（Šunirda）制作 [……] 石 [……] 后的一年。

第 5 年　在这一年，制作伊吉达达（Igidada）的 [……]。

第 6 年　这一年，制作伊吉达达（Igidada）的 [……] 后的一年。

第 7 年　在这一年，修建扎卡尔达达（Zakar-dada）的城墙。

第 8 年　在这一年，修建（名为）阿依赫戛鲁（Ai-hegallu）的运河。

第 9 年　这一年，修建（名为）阿依赫戛鲁（Ai-hegallu）的运河后的一年。

第 10 年　在这一年，修建辛穆巴里特城墙。

第 11 年　在这一年，修建穆茹（Muru）城墙。

第 12 年　在这一年，修建马腊德（Marad）城墙。

第 13 年　在这一年，开凿（名为）图图赫戛鲁（Tutu-hegallu）的运河。

第 14 年　在这一年，屠杀乌尔城人。

第 15 年　在这一年，修建艾瑞什（Ereš）城墙。

第 16 年　在这一年，为 [……] 制作大神殿宝座。

第 17 年　在这一年，占领伊新城（Isin）。

第 18 年　在这一年，[……] 城墙。

第 19 年　在这一年，沙马什和拉姆曼两位神灵［……］。

第 20 年　在这一年，［……］。

辛穆巴里特王在位 20 年。

## 6. 汉谟拉比（Hammurabi，公元前 1792—前 1750）

第 1 年　在这一年，汉谟拉比称王。

第 2 年　在这一年，建立［……］正义。

第 3 年　在这一年，（制作）南纳尔神庙的宝座。

第 4 年　在这一年，摧毁马尔戛（Malgā）的城墙。

第 5 年　在这一年，［……］神的［……］。

第 6 年　在这一年，修建［……］神庙的堡垒。

第 7 年　在这一年，伊新城的［……］，被［……］。

第 8 年　在这一年，在（名为）努胡斯尼仕（Nuhus-niši）的运河河岸［……］。

第 9 年　在这一年，汉谟拉比运河［……］。

第 10 年　在这一年，马尔基（Malgi）［……］的居民［……］。

第 11 年　在这一年，［……］城的［……］。

第 12 年　在这一年，制作萨尔帕尼图姆神庙的宝座。

第 13 年　在这一年，［……］极其［……］。

第 14 年　在这一年，（制作）巴比伦城的伊什塔尔女神宝座。

第 15 年　在这一年，（制作了）7 座雕像。

第 16 年　在这一年，（制作）纳布神（Nabū）的宝座。

第 17 年　在这一年，［……］雕像。

第 18 年　在这一年，为贝尔神（Bēl）（制作）［……］。

第 19 年　在这一年，［……］山的［……］。

第 20 年　在这一年，（制作）拉姆曼神庙的宝座。

第 21 年　在这一年，巴苏城（Basu）的城墙［……］。

第 22 年　在这一年，汉谟拉比的［……］。

第 23 年　在这一年，［……］城的［……］。

第 24 年　在这一年，为贝尔神（制作）［……］。

第 25 年　在这一年，修复西帕尔城墙。

第 26 年　在这一年，［……］被洪水（冲毁）。

第 27 年　在这一年，［……］。

第 28 年　在这一年，（修建）埃纳姆赫（E-namhe）神庙。

第 29 年　在这一年，（制作）莎拉女神（Šala）雕像。

第 30 年　在这一年，埃兰（Elam）军队［……］。

第 31 年　在这一年，埃穆特巴尔（Emutebal）地区（……）。

第 32 年　在这一年，［……］的军队［……］。

第 33 年　在这一年，汉谟拉比运河［……］。

第 34 年　在这一年，安努、伊什塔尔和娜娜（……）。

第 35 年　在这一年，［……］的城墙。

第 36 年　在这一年，［……］。

第 37 年　在这一年，［……］。

第 38 年　在这一年，乌姆利亚什（Umliaš）的城墙被洪水（冲毁）。

第 39 年　在这一年，［……］它的［……］。

（第 40—41 年缺失）

第 42 年　在这一年，［……］城的［……］被［……］。

第 43 年　在这一年，［……］。

汉谟拉比王在位 43 年。

## 7. 萨姆苏伊鲁纳（Samsu-iluna，公元前 1749—前 1712）

第 1 年　萨姆苏伊鲁纳称王。

第 2 年　在这一年，［……］在苏美尔（Sumēr）地区。

第 3 年　在这一年，（名为）纳戛波努赫什（Nagab-nuhši）的萨姆苏伊鲁纳运河（开凿）。

第 4 年　在这一年，名为赫加鲁（Hegallu）的萨姆苏伊鲁纳运河（开凿）。

第 5 年　在这一年，（制作）［……］神殿宝座。

第 6 年　在这一年，（制作）[……]神像（？）。

第 7 年　在这一年，[……]。

第 8 年　在这一年，[……]河[……]。

第 9 年　在这一年，喀西特人军队[……]。

第 10 年　在这一年，[……]军队[……]。

第 11 年　在这一年，修复乌尔和乌鲁克两城的城墙。

第 12 年　在这一年，[……]地区[……]。

第 13 年　在这一年，[……]和[……]。

第 14 年　在这一年，国王[……]。

第 15 年　在这一年，摧毁伊新城墙。

第 16 年　在这一年，（修建）达迪（Dadi）神庙围墙。

第 17 年　在这一年，（修建）大城墙（？）。

第 18 年　在这一年，为西帕尔城（？）的沙马什（修建）埃巴巴尔神庙。

第 19 年　在这一年，用金[……]（制作）[……]宝座。

第 20 年　在这一年，国中有灾害。

第 21 年　在这一年，（制作）[……]宝座。

第 22 年　在这一年，（修建）伊吉埃尼尔基杜尔马赫（Igi-e-nir-kidur-mah）。

第 23 年　在这一年，强大的[……]。

第 24 年　在这一年，（修复）基什城之城墙。

第 25 年　在这一年，（制作）[……]雕像。

第 26 年　在这一年，[……]山[……]。

第 27 年　在这一年，[……]。

第 28 年　在这一年，贝尔神（给出）神谕。

第 29 年　在这一年，贝尔神（给出）神谕后 1 年。

第 30 年　这一年，贝尔神（给出）神谕后 2 年。

第 31 年　在这一年，用[……]木制作他的雕像。

第 32 年　在这一年，[……]运河[……]。

第 33 年　在这一年，[……]城被[……]。

第 34 年　在这一年，修建主宫殿。

第 35 年　在这一年，……城市……。

第 36 年　在这一年，马尔图人……。

第 37 年　这一年，[……] 地区 [……]。

第 38 年　在这一年，[……] 没有 [……]。

萨姆苏伊鲁纳王在位 38 年。

## 8. 阿比舒（Abi-ešuh，公元前 1711—前 1684）

第 1 年　在这一年，[……]。

第 2 年　在这一年，[……] 繁荣 [……]。

（以下诸年缺失）

## 9. 阿米迪塔纳（Ammi-ditana，公元前 1683—前 1647）

（文献缺失）

在这一年，[……]。

在这一年，受沙马什宠爱的、杰出的牧人 [……]。

在这一年，通过众神高贵的决定，马尔杜克的威力 [……]。

在这一年，[……] 被修复。

在这一年，[……] 雕像 [……]。

在这一年，（修建）[……] 神庙。

第 22 年　在这一年，[……] 阿米迪塔纳运河 [……]。

第 23 年　在这一年，[……] 他的雕像 [……]。

第 24 年　在这一年，[……]。

第 25 年　在这一年，[……] 武器 [……]。

第 26 年　在这一年，他的雕像和 [……]。

第 27 年　在这一年，纳布神，英雄的威力 [……]。

第 28 年　在这一年，他的雕像 [……]。

第 29 年　在这一年，巨型雕像［……］。
第 30 年　在这一年，（制作）他的（王者）雕像。
第 31 年　在这一年，尼尼波（Ninib）［……］。
第 32 年　在这一年，（修建）伊什库恩（？）马尔杜克城（Iškun?-Marduk）之城墙。
第 33 年　在这一年，修复［……］城墙。
第 34 年　在这一年，［……］。
第 35 年　在这一年，（修建）杜尔阿米迪塔纳堡（Dūr-Ammiditana）。
第 36 年　在这一年，修复杜尔阿米迪塔纳堡。
第 37 年　在这一年，［……］城墙［……］。
阿米迪塔纳王在位 37 年。

## 10. 阿米萨杜卡（Ammi-saduqa，公元前 1646—前 1626）

（统治 7 年或 8 年的记录遗失）

在这一年，沙马什和马尔杜克的真正牧者和宠爱者［……］。

在这一年，［……］。

［……］。

阿米萨杜卡王在位 21 年。

# 第三章 王室铭文

美索不达米亚王室铭文是由美索不达米亚统治者、他们的配偶或其他王室家庭成员、他们的官员或其他仆从创作的写在黏土、石头或金属材料上的铭文，内容包括军事行动和其他政治历史事件的记录；修建和修复神庙、其他宗教建筑或城墙的纪念；雕像、石碑、门臼或地基文件等物的奉献；所谓的还愿礼物，如神庙或王宫使用的花瓶、碗或权标头。[1] 王室铭文是亚述学家较早进行整理翻译的一类文献，目前已结集出版多部美索不达米亚王室铭文系列，如：

RIME 1: The Royal Inscriptions of Mesopotamia. Early Periods. Vol. 1. Douglas R. Frayne. *Pre-Sargonic Period (2700-2350 BC)*. Toronto: University of Toronto Press, 1998.

RIME 2: The Royal Inscriptions of Mesopotamia. Early Periods. Vol. 2. Douglas R. Frayne. *Sargonic and Gutian Periods (2334-2113 BC)*. Toronto: University of Toronto Press, 1993.

RIME 3/1: The Royal Inscriptions of Mesopotamia. Early Periods. Vol. 3/1. Dietz Otto Edzard. *Gudea and His Dynasty*. Toronto: University of Toronto Press, 1997.

RIME 3/2: The Royal Inscriptions of Mesopotamia. Early Periods. Vol. 3/2. Douglas R. Frayne. *Ur III Period (2112-2004 BC）*. Toronto: University of Toronto Press, 1997.

---

[1] 加利福尼亚大学亚述学教授丹尼尔·A. 福克斯沃格（Daniel A. Foxvog）在2014年给出的定义，见加利福尼亚大学、牛津大学和马克斯·普朗克科学史研究所"楔形文字数字图书馆倡议"（Cuneiform Digital Library Initiative）联合项目网址：https://cdli.ucla.edu/projects/royal/royal_intro.html。

RIME 4: The Royal Inscriptions of Mesopotamia. Early Periods. Vol. 4. Douglas R. Frayne. *Old Babylonian Period (2003-1595 BC)*. Toronto: University of Toronto Press, 1990.

RIMB 2: The Royal Inscriptions of Mesopotamia. Babylonian Periods. Vol. 2. Grant Frame. *Rulers of Babylonia: From the Second Dynasty of Isin to the End of Assyrian Domination (1157-612 BC)*. Toronto: University of Toronto Press, 1995.

RIMA 1: The Royal Inscriptions of Mesopotamia. Assyrian Periods. Vol. 1. Grayson, A. Kirk. *Assyrian Rulers of the Third and Second Millennia BC (To 1115 BC)*. Toronto: University of Toronto Press, 1987.

RIMA 2: The Royal Inscriptions of Mesopotamia. Assyrian Periods. Vol. 2. Grayson, A. Kirk. *Assyrian Rulers of the Early First Millennium BC I (1114-859 BC)*. Toronto: University of Toronto Press, 1991.

RIMA 3: The Royal Inscriptions of Mesopotamia. Assyrian Periods. Vol. 3. Grayson, A. Kirk. *Assyrian Rulers of the Early First Millennium BC II (858-745 BC)*. Toronto: University of Toronto Press, 1996.

RINAP 1: The Royal Inscriptions of the Neo-Assyrian Period. Vol. 1. Hayim Tadmor and Shigeo Yamada. *The Royal Inscriptions of Tiglath-pileser III (744-727 BC) and Šalmaneser V (726-722 BC), Kings of Assyria*. Eisenbrauns, 2011.

RINAP 3/1: The Royal Inscriptions of the Neo-Assyrian Period. Vol. 3/1. A. Kirk Grayson and Jamie Novotny. The Royal Inscriptions of Sennacherib, King of Assyria (704-681 BC), Part 1. Eisenbrauns, 2012.

RINAP 3/2: The Royal Inscriptions of the Neo-Assyrian Period. Vol. 3/2. A. Kirk Grayson and Jamie Novotny. *The Royal Inscriptions of Sennacherib, King of Assyria (704-681 BC)*, Part 2. Eisenbrauns, 2014.

RINAP 4: The Royal Inscriptions of the Neo-Assyrian Period. Vol. 4. Erle V. Leichty. *The Royal Inscriptions of Esarhaddon, King of Assyria (680-669 BC)*. Eisenbrauns, 2011.

RIMS: The Royal Inscriptions of Mesopotamia. Supplements. Vol. 1. Veysel

Donbaz and A. Kirk Grayson. *Royal Inscriptions on Clay Cones from Ashur now in Istanbul*. Toronto: University of Toronto Press, 1984.

在这个系列列出的铭文之外,"楔形文字数字图书馆倡议"项目还在增补更多的铭文。

## 一、苏美尔早王朝时期

用苏美尔语书写的经济文献和词汇文献分别可以追溯到约公元前3400年和公元前3000年,但是已知最早的王室铭文出现在约公元前2600年,也就是写有基什之王恩美巴拉格西名字的铭文。在此之前可能也有城市统治者的铭文存在,但是目前为止还没有被发现。实际上,除了古代吉尔苏之外,其他地方很少有铭文留存下来,因此,有关这一时期历史,后世的史料和文学作品成为重要的补充,如《苏美尔王表》(见 RIME 1,第 5 页)。

### 1. 基什之王

出土地不明的一个雪花石膏器皿的碎片上写有恩美巴拉格西的苏美尔语铭文,提及他的头衔是"基什之王",因此几乎可以确定,他就是《苏美尔王表》中的同名国王。详见 RIME 1,第 57 页。

1)(恩)美巴拉格西,
2—3)基什之王。

出土于吉尔苏的一个石头权标头上写着稍晚一些的基什之王麦西里姆的苏美尔语铭文。详见 RIME 1,第 69—70 页。

1—3)麦西里姆,基什之王,
4)为宁吉尔苏神建神庙者,
5—6)为宁吉尔苏神竖起(?)这个权标头。
7—9)卢伽尔沙恩古尔(是)拉[伽什]的统治者。

## 2. 乌尔南什

乌尔南什是拉伽什第一位国王,活跃在公元前2500年前后。有关他的铭文大多涉及建筑活动。乌尔南什在很多铭文中提及他的父亲古尼都,但是并没有提及他父亲的身份,目前所知,古尼都是古尔萨尔的居民。

一块刻有人物的石灰岩牌匾记录了乌尔南什建造宁吉尔苏神庙的活动,描述了王室家族成员。详见RIME 1,第84—85页。

国王前面的铭文
1—3)乌尔南什,拉伽什国王,
国王后面的铭文
4)古尼都之子,
5—6)建造了宁吉尔苏神的神庙。
国王后面上排的人物,从右到左
1—2)卢伽尔埃泽姆;古拉。
国王后面下排的人物
1—3)阿尼塔;阿库尔伽尔,儿子;巴拉萨格努第。

一篇写在门臼上的铭文记录了乌尔南什在吉尔苏的建筑活动。详见RIME 1,第109—110页。

1—3)乌尔南什,拉伽什国王,
4)古尼都之子,
5)(古尼都是)古尔萨尔之子,
6—7)建造了宁吉尔苏神的神庙,
8—9)建造了南什女神的神庙,
10—11)建造了舍什伽尔,
12—13)建造了阿布祖班达,
14—15)建造了巴伽拉。

16—18）他让迪尔蒙的船只上交木材作为贡品。

## 3. 埃安纳吐姆

埃安纳吐姆是乌尔南什的孙子，但是他的名字并没有在《苏美尔王表》中出现。为纪念对邻邦乌玛（吉沙）统治者的胜利，他在吉尔苏立起一块巨大的石灰岩石碑，即著名的"鹫碑"，因为石碑上描绘了一群兀鹫吞食他在战斗中屠杀的敌人的尸体。除此之外，埃安纳吐姆还留下了许多记载他的各种军事胜利的铭文。

两块界石记录了埃安纳吐姆的各次战斗以及他挖掘水渠的活动。版本详情见 RIME 1，第 145—149 页。

i 1）为宁吉尔苏神，

i 2—4）埃安纳吐姆，拉伽什统治者，

i 5—6）恩利尔神选定的，

i 7—8）宁吉尔苏神给予力量的，

i 9–ii 1）南什女神在心中选定的，

ii 2—3）宁胡尔萨格女神用营养的乳汁滋养的，

ii 4—5）伊南娜女神给了好名字的，

ii 6—7）恩基神给予智慧的，

ii 8—9）杜牧兹阿布祖神所爱的，

ii 10—11）亨杜尔萨格女神信任的，

ii 12—13）卢伽尔乌鲁卡尔神所爱的朋友，

iii 1—3）拉伽什统治者阿库尔迦尔之子，

iii 4—6）为宁吉尔苏神修复了吉尔苏，

iii 7—8）（并）为他修建了圣区的围墙。

iii 9—11）为南什女神，他修建了尼金。

iii 12—16）埃安纳吐姆打败了埃兰，那高耸的山（国），并堆起了坟丘。

iii 17—20）他打败了为首的与（城市的）象征在一起的阿拉瓦的统治者，

iii 21—22）并堆起了坟丘。

iii 23–iv 1）他打败了吉沙（乌玛），并堆起了二十座坟丘。

iv 2—5）他把宁吉尔苏神所爱的田地古埃德那交还给他管理。

iv 6—7）他打败了乌鲁克，

iv 8—9）他打败了乌尔，

iv 10—11）他打败了基乌图。

iv 12—15）他摧毁了乌鲁阿兹并杀掉了它的统治者。

iv 16—17）他洗劫了米什梅，

iv 18—19）并摧毁了阿鲁阿。

iv 20—24）所有的外国在宁吉尔苏神任命的埃安纳吐姆面前发抖。

iv 25—26）在进攻阿克沙克那年，

iv 27—v 8）宁吉尔苏神任命的埃安纳吐姆，（一路）从宁吉尔苏神的安塔苏尔到阿克沙克，镇压了阿克沙克的国王祖祖并杀掉了他。

v 9—14）在那时，埃安纳吐姆，他的个人名是埃安纳吐姆，而他的战斗（？）名是卢玛，

v 15—17）为宁吉尔苏神挖掘了"新渠"，

v 18—19）并为它取名为卢玛吉姆杜（"像卢玛一样甜"）。

v 20—22）（对于）埃安纳吐姆，宁吉尔苏神任命的人，

v 23—vi 5）对于埃安纳吐姆，拉伽什的统治者，女神伊南娜，因为那样爱他，除了拉伽什的统治权，还把基什的王权给了他。

vi 6—7）埃兰在埃安纳吐姆面前发抖，

vi 8）他把埃兰人赶回自己的国家。

vi 9）基什在埃安纳吐姆面前发抖。

vi 10—11）他把阿克沙克的国王赶回他自己的国家。

vi 12—14）埃安纳吐姆，拉伽什的统治者，

vi 15—16）为宁吉尔苏神征服外国的人，

vi 17—20）在阿苏胡尔打败了埃兰、苏巴尔图和阿拉瓦。

vi 21—vii 2）他在宁吉尔苏神的安塔苏尔打败了基什、阿克沙克和马里。

vii 3—6）为宁吉尔苏神，他为他连接了卢玛吉姆杜（渠）。

vii 8—13）埃安纳吐姆，宁吉尔苏神给予力量的，（用）3,600gur-2-ul（约259,200升）[①]沥青建造了卢玛吉姆杜的蓄水池。

vii 14—18）埃安纳吐姆，宁吉尔苏神任命的人——他的个人神是舒尔穆什帕——

vii 19—20）为他（宁吉尔苏神）建造了提拉什王宫。

viii 1—3）（他是）拉伽什统治者阿库尔迦尔之子。

viii 4—7）他的祖父是拉伽什统治者乌尔南什。

### 4. 恩美特纳

恩美特纳是埃安纳吐姆的弟弟恩安纳吐姆的第三子，活跃在公元前2400年前后，他统治时期推动了拉伽什领土扩张。一篇铭文记录了拉伽什的恩美特纳与乌玛（吉沙）的统治者伊尔之间的边界争端。版本详情见RIME 1，第194—199页。

i 1—3）恩利尔神，众国之王，众神之父，

i 4—7）用他的权威命令，标出了宁吉尔苏神和沙拉神之间的界线。

i 8）麦西里姆，基什之王，

i 9—12）听从伊施塔兰神的命令，在地里展开测量绳，在那里立起一座碑。

i 13—15）乌什，吉沙（乌玛）之王，

i 16—21）举止傲慢；他拆除了（或击碎了）那座碑，进军拉伽什的伊登区。

i 22—23）宁吉尔苏神，恩利尔神的勇士，

i 24—27）听从他（恩利尔神）的公正的命令，与吉沙（乌玛）开战。

i 28—29）听从恩利尔神的命令，他向它投下巨大的战争罗网，

i 30—31）并在伊登堆起它的坟丘。

i 32—38）埃安纳吐姆，拉伽什统治者，拉伽什统治者恩美特纳的伯父，

---

① gur-2-ul：前萨尔贡时期吉尔苏的容量单位，相当于72 sila。1 sila 相当于1升。

i 39—42）与吉沙（乌玛）的统治者恩阿卡尔一起标出了边界。

ii 1—2）他挖掘了努恩水渠到古伊登纳区的（边界）渠，

ii 3）留出一块 215 宁丹（1,290 米）宁吉尔苏神的土地由吉沙（乌玛）控制，并在那里设立了一块无主区域。

ii 4—10）他在那边界堤上刻写（并立起）碑，并且修复了麦西里姆的碑，但是没有穿过吉沙（乌玛）的伊登（区）。

ii 11—18）在宁吉尔苏神的边界堤（名为）纳姆努恩达基加拉，他建造了一座恩利尔神的礼拜堂，一座宁胡尔萨格女神的礼拜堂，一座宁吉尔苏神的礼拜堂，和一座乌图神的礼拜堂。

ii 19—23）吉沙（乌玛）的首领可以使用 1 古尔（518,400 升）南什女神的大麦和宁吉尔苏神的大麦，作为有息贷款。

ii 24—26）它产生利息，增加 8,640,000 古鲁（4,478,976,000,000 升）。

ii 27）因为他不能偿还那个大麦，

ii 28—35）吉沙（乌玛）的统治者乌尔卢姆玛让宁吉尔苏神的边界渠和南什女神的边界渠的水流改道。

ii 36—38）他把他们的碑付之一炬，拆除了（或击碎了）它们，

ii 39—42）并且摧毁了建在（名为）纳姆努恩达基加拉（的边界堤）上献给众神的礼拜堂。

iii 1—4）他雇了外国（人）并且从上面（即北部）越过宁吉尔苏神的边界堤。

iii 5—10）恩安纳吐姆，拉伽什统治者，在宁吉尔苏神的土地乌吉加与他开战。

iii 11—14）恩美特纳，恩安纳吐姆所爱的儿子，打败了他。

iii 15—18）乌尔卢姆玛逃走了，但是在吉沙（乌玛）本地被杀。

iii 19—24）他的驴子——有 60 队（？）——他丢弃在卢姆玛吉尔努恩塔渠的岸边，让他的军队的尸骨遍布伊登区。

iii 25—27）他（恩美特纳）在五处堆起坟丘。

iii 28—33）在那时，伊尔，扎巴巴的神庙地产管理者，从吉尔苏撤军到吉

沙（乌玛）。

iii 34—37）他为自己取得了吉沙（乌玛）的统治权。

iii 38—iv 3）他让宁吉尔苏神的边界渠和南什女神的边界渠的水流改道，

iv 4—10）在吉尔苏地区的底格里斯河河岸方向的宁吉尔苏神的边界堤，恩利尔神、恩基神和宁胡尔萨格女神的纳姆努恩达基加拉。

iv 11—12）他只偿还（？）了 3600 古尔（1,866,240,000 升）拉伽什的大麦。

iv 13—18）当因为那些（边界）水渠，恩美特纳，拉伽什统治者，向吉沙（乌玛）的统治者伊尔派出使者，

iv 19—23）伊尔，吉沙（乌玛）的统治者，土地的窃贼，说出反对的话：

iv 24—29）"宁吉尔苏神的边界渠和南什女神的边界渠是我的！

iv 30—33）"从安塔苏尔（直到）蒂姆迦尔阿布祖神庙，我要让它们干涸。"他说。

iv 34—36）但是恩利尔神和宁胡尔萨格女神不允许他这样做。

v 1—3）恩美特纳，拉伽什统治者，

v 4—5）宁吉尔苏神选中的人，

v 6—8）听从恩利尔神正义的命令，听从宁吉尔苏神正义的命令，听从南什女神正义的命令，

v 9—11）修建了从底格里斯河到努恩水渠的（边界）堤。

v 12—13）他为他（宁吉尔苏神）用石头修建了纳姆努恩达基加拉的地基，

v 14—18）为爱他的主人宁吉尔苏神和爱他的女主人南什女神修复了它。

v 19—21）恩美特纳，拉伽什统治者，

v 22—23）被恩利尔神授予权杖者，

v 24—25）被恩基神给予智慧者，

v 26—29）宁吉尔苏神的首席统治者，

v 30）理解众神命令的人——

vi 1—8）愿他的个人神舒尔穆什帕为恩美特纳的生命永远站在宁吉尔苏神和南什女神面前！

vi 9—16）如果吉沙（乌玛）的首领越过宁吉尔苏神的边界渠和南什女神

的边界渠，用武力占有土地，

vi 17—18）无论他是吉沙（乌玛）的首领，还是任何其他首领，

vi 19—20）愿恩利尔神摧毁他！

vi 21—25）愿宁吉尔苏神，在向他投下他巨大的战争罗网之后，用他巨大的手和脚击打他！

vi 26—29）愿他自己的城市的民众，在起来反抗他之后，在他（自己的）城市杀掉他！

## 二、阿卡德王国

### 1. 阿卡德的萨尔贡

萨尔贡（公元前 2334—前 2279 年在位）是阿卡德王国的建立者。这里选译他的两篇铭文，一篇阿卡德语铭文最初刻写在一座雕像的底座上，铭文讲述的是萨尔贡对乌鲁克的卢伽尔扎吉西及其盟军的胜利；目前只保存在出土于尼普尔的两块古巴比伦时期的泥板上，版本详情见 RIME 2（第 13—15 页）。另一篇记述的是萨尔贡远征的事迹。译文参考 ANET；Burkhart Kienast 2003（第 243 页）。

铭文 A

萨尔贡，阿卡德之王，伊什塔尔女神的司法官，基什之王，为安努神庙的祭司涂圣油，他是整个国家之王，恩利尔神的大祭司[①]。用阿巴神的权杖，他……50 位城市的统治者，他击败了乌鲁克，摧毁了其城墙；在与乌鲁克居民的战斗中，他是胜利者。他在战斗中，俘获了卢加尔扎吉西，乌鲁克之王，他用（拴狗的）颈圈把他牵到了恩利尔神门前。萨尔贡，阿卡德之王，在与乌尔城居民的战斗中，他是胜利者，他击败了乌尔城，摧毁了其城墙。他征服了

---

① 恩西（Ensi）。

埃宁马尔（城），摧毁了其城墙，他（还）征服了从拉伽什一直到大海[①]的（全部）领土。（然后）他在海水中洗刷了他的刀剑。在与乌玛居民的战斗中，他成了胜利者，他征服了乌玛城，摧毁了其城墙。

恩利尔不允许任何人反对萨尔贡，他是整个国家之王。恩利尔把从上海[②]到下海[③]的（地区）都赠给了萨尔贡。从下海起，阿卡德的原住民享有统治权。马里和埃兰都在萨尔贡，整个国家之王面前（臣服）。萨尔贡，整个国家之王，重建了基什，他命令他们（重）掌他们的城市。

对于任何破坏此铭文的后来者，愿沙马什摧毁其能力，致其灭亡。

此铭文刻于萨尔贡，整个国家之王的（雕像）之基座上。

在卢伽尔扎吉西面前书写。[④]

铭文 B

……萨尔贡，基什之王，取得了 34 场战役的胜利，摧毁了（所有）城市，远至大海之滨。在阿卡德的码头，他让来自梅路哈（Meluhha）、马干（Magan）、迪尔蒙（Dilmun）的船只停泊。萨尔贡王俯伏在图图尔城的达干神前祈祷，达干神把上游地区，（即）马里（Mari）、伊阿尔穆提（Iarmuti）（和）埃博拉（Ibla），远至雪松森林和银山，赠予了萨尔贡。恩利尔神不允许任何人反对萨尔贡，萨尔贡王每天供养 5,400 名士兵在其宫中吃饭。

对于毁坏此铭文的任何后来人，愿安努神毁坏其名字、恩利尔神消灭其子嗣，伊南娜女神……

此铭文刻于一雕像的基座之上，并没有签名。

## 2. 纳拉姆辛

纳拉姆辛（公元前 2261—前 2224 年在位）是萨尔贡的孙子。这篇铭

---

① 即波斯湾。
② 即地中海。
③ 即波斯湾。
④ 本句为文末题署。

文保存在一座铜雕像的底座上，雕像发现于 1975 年，详情见 RIME 2（第 113—114 页）。铭文讲述的是纳拉姆辛神化的背景，以及他的庙在阿卡德的建成。自此之后，巴比伦尼亚的统治者经常把他们的名字加上神的表意符号，以强调对整个巴比伦尼亚的统治权，这个习俗流行到汉谟拉比时期。译文参考 Burkhart Kienast 2003（第 244 页）。

1—4）纳拉姆辛，强有力者，阿卡德之王。

5—19）当四方全都违抗他，凭借伊什塔尔女神显示给他的爱，他只在一年内就胜了九次战斗，他还俘虏了起来反抗他的众王。

20—56）因为在这些艰难时期，他加强了他的城市的根基，他的城市（的公民）向埃安纳的伊什塔尔女神，向尼普尔的恩利尔神，向图图尔的达干神，向凯什的宁胡尔萨格女神，向埃利都的恩基/埃阿神，向乌尔的辛神，向西帕尔的沙马什，（以及）向库塔的涅尔加尔神，请求让他成为他们城市的神，他们还在阿卡德的中央，为他建了一座庙。

57—74）对于去除这篇铭文的人，愿沙马什神和伊什塔尔女神和涅尔加尔神，国王的司法官，以及所有那些（提到的）神，拔出他的根，并拾起他的种子。

另一篇铭文最初刻写在一座雕像的底座上，目前保存在三块出土于乌尔的古巴比伦时期的泥板上，详情见 RIME 2（第 132—135 页）。铭文讲述的是纳拉姆辛对叙利亚北部的一次战役及其对阿马努姆和埃博拉的征服。译文参考 Burkhart Kienast 2003（第 244—246 页）。

1—60）鉴于自古以来，自创造人类以来，国王中没有一位打败过阿马努姆和埃博拉，借助涅尔加尔神的武器，纳拉姆辛，强有力者，打开了唯一的路，并且他（涅尔加尔神）给了他阿马努姆和埃博拉。他还授予他阿马努斯、雪松林和上海。实际上，借助达干神的武器，——他（达干神）让他的王权伟大，纳拉姆辛，强有力者，征服了阿马努姆和埃博拉。从幼发拉底河岸边直到乌里苏姆，他征服了达干神最近给他的那些人，并且他们现在敬奉他的神阿巴。最后，他完全控制了阿马努斯、雪松林。

61—81）当达干神为纳拉姆辛，强有力者，做出判决，并且把阿马努姆之王里什阿达德放到他手中，以便他（纳拉姆辛）自己能在他（里什阿达德）的"入口"中央俘虏他，他（纳拉姆辛）用闪长岩制作了他的雕像，并把它奉献给辛神。

82—118）纳拉姆辛，强有力者，四方之王，这样（说）："达干神给了我阿马努姆和埃博拉，我还俘虏了阿马努姆之王里什阿达德。在那时，我制作了我自己的一个雕像，并且把它奉献给辛神。愿没有人移除我的名字，愿我的雕像在辛神面前站立。无论他的神分配某人什么，愿他执行；我必须执行的任务是超常的。"

119—185）无论谁移除了纳拉姆辛，强有力者，四方之王的名字，并且把他的名字刻在纳拉姆辛，强有力者的雕像上，说"（它是）我的雕像"，或者把（这个雕像）展示给另外一个人，说"去掉他的名字，刻上我的名字"，愿辛神，这座雕像的主人，和伊什塔尔阿努尼图姆、安、恩利尔、阿巴、辛、沙马什、涅尔加尔、乌姆、宁卡拉克（以及）伟大的众神一起用一个邪恶的咒语诅咒他；他将不会为恩利尔神持权杖，也不会为伊什塔尔女神掌王权；他将不会在他的神面前持久；宁胡尔萨格女神和宁图女神将不会给他一个儿子或继承人；阿达德神和尼萨巴女神将不会让他的田地丰产；恩基/埃阿神将用泥浆填满他的（灌溉）渠并且不会增加他的领悟。……

抄本 A 的说明：对阿马努姆的描述

（a）从坚固的墙到巨大的墙：130 腕尺（是）山的高度，44 腕尺（是）墙的高度。

（b）从外墙到坚固的墙：180 腕尺（是）山的高度，30 腕尺（是）墙的高度。

（c）总共：从地面到墙头 404 腕尺高。

（d）他拆毁了（？）阿马努姆城。

文末题署 1

（雕像对着）新庭院那座庙的那一面（所写）的内容。

（e）从河到外墙：196 腕尺（是）山的高度，20 腕尺（是）墙的高度。

（f）从外墙到坚固的墙：156 腕尺（是）山的高度，30 腕尺（是）墙的高度。

文末题署 2

（雕像对着）辛伊利巴姆大雕像的那一面（所写）的内容。

纳拉姆辛在雪松山

UET 275

尽管自从有人类以来，未曾有国王摧毁过阿尔曼（Arman）和埃博拉（Ibla）（城），但（现在）内尔加尔（Nergal）神为强大的纳拉姆辛打开了通路，他把阿尔曼和埃博拉赠给了纳拉姆辛，他（还）把阿马努斯（Amanus），雪松山，和上海（地中海）赠给了纳拉姆辛。强大的纳拉姆辛用达干神之"剑"屠戮了阿尔曼和埃博拉，达干神扩大了其王国。（然后）他……达干神第一次把从幼发拉底河流域到远至乌利苏姆（Ulisum）的所有人民赠给了纳拉姆辛……徭役篮子给了他的阿马尔神（Amal）。他征服了阿马努斯雪松山。

## 三、苏美尔复兴王朝及乌尔第三王朝

### 1. 拉伽什的恩西古地亚

古地亚（公元前 2144—前 2124 年在位）是拉伽什第二王朝最引人注目的国王，我们对他的了解，得益于大量保存下来的他的铭文以及部分铭文中非常个人化的内容。他统治时期的重心在建造和宗教活动。

A

……从埃兰来了埃兰人，从苏撒来了苏撒人。从马干和梅路哈的山里，他收集了木材……为了建造宁吉尔苏神庙，古地亚把所有这一切汇集到了他的城市吉尔苏。

在宁扎加神（Ninzagga）给他下达了（适当的）命令后，他们为古地亚，神庙建筑师,带来了铜,仿佛它就是(NI.se.mah);在宁斯基拉神(Ninsikila)给他下达了(适当的)命令后,他们为这位恩西,神庙建筑师,带来了柳树原木、黑檀原木和阿巴原木(abba)。古地亚,宁吉尔苏伟大的恩祭司,开辟了通往雪松山之路,这条路以前未曾有人进入过;他用大斧头砍下雪松树,他用斧子把它们制成"拉伽什的右臂"(SÁR.ÚR),为他的国王制作抵御"暴风雨洪灾的武器"。像巨蟒一样,一排排雪松顺着(河)水从雪松山漂流而下,一排排松木从松山顺流而下,一排排扎巴鲁姆(zabalum)原木从扎巴鲁姆山漂流而下,顺流而下的还有一排排巨大的乌原木(U-wood)、图卢布姆原木(tulubum-wood)埃拉鲁姆原木(eralum-wood),在重要的卡苏拉(Kasurra)码头……

[在以前未曾有人进入过的采矿场,古地亚,]宁吉尔苏伟大的恩祭司,他开辟了通道,使石头得以大块大块地运送出去。船载着哈路那石头(haluna)、纳鲁石头(nalu),还有来自马德加山(Madga)的桶(装)沥青、伊吉恩古尔沥青(igi.engur)和石膏,他们运送给古地亚,宁吉尔苏的恩祭司,(它们仿佛就是)一艘艘船只从田地里运来大麦一样。很多其他珍贵的物资材料运送给这位恩西,宁努神庙(Ninnu-temple)的建造者:从基马什(Kimash)[①]铜山——(在)对土地进行(铜矿)勘探(之后),铜便得到了大批量的开采;金也从矿山中运送出来,如同沙土运送给这位恩西那样,他想为其主建造一座房屋,他们从矿山为古地亚开发银矿,从梅路哈(Melluha)[②]为古地亚运送回大量的红石。在施尔(šir-stone)矿场,他们为古地亚开采施尔石(雪花石膏)。

B

当他(古地亚)正在建造宁吉尔苏神庙之时,宁吉尔苏,他宠爱之主,为他打开了从上海到下海的(所有)(商)路。在阿马努斯雪松山,他组织了一排排的原木筏,雪松原木有长达60肘尺的,也有长达50肘尺的,库树(KU)

---

① 位于伊朗西部的山区。
② 位于印度河流域。

原木 25 肘尺长，（因而）他让这些木材从山而出。他（用这些木材）为他（即宁吉尔苏）制作了在战场上无坚不摧的武器（SÁR.ÚR, Floodstorm-Weapon），他用 7 块铜为宁吉尔苏制作了权杖（SÁR.GAZ-mace）。在埃博拉山区的乌尔苏城（Ursu），他组织了一排排的山区木材：扎巴鲁姆（zabalum）原木、大乌库原木（Ù.KU-wood）和图卢布姆原木（tulubum-wood）。他让它们成为宁努神庙（Ninnu-temple）的顶梁。在乌玛努姆（Umanum），在麦努阿山区，（还有）在巴萨拉（Basalla），在马尔图山区（Martu）（即西地），他采掘了大量的石材。他用这些石材制作了石碑，把它们竖立在宁努神庙的庭院中。从马尔图山区（西地）的泰达努姆（Tidanum），他带来了大量的雪花石膏，并把它们做成了石板（ur.pad.da-slabs），竖立在神庙中作为屏障。在卡加拉德（KÁ.GAL.AD），基马什的一个山（区），他开采了铜，并把它制作成了权杖（Mace-of-the-Relentless-Storm）。他从梅路哈山区引进了艾斯木（esi-wood），并建造了［……］。他引进了尼尔石（nir -stone），并用它制作了拥有三个狮头的权杖；他从哈胡姆（Hahhum）山区以沙土形式引进了金，并把它镶嵌在带有三个狮头的权杖上。从梅路哈山区，他以沙土的形式引进了金，并用它制作了一个（盛装权标）的容器。他（还）引进了阿波里（abri），从柳山的古宾（Gubin）引进了柳树原木，并用（它们）制作了（局部）具有飞鸟（造型）的权标（SÁR.ÚR-mace）。从鲁如达河（Luruda）流域山区的马德加（Madga），他引进了沥青，并（把它们）用于建造宁努神庙的承重墙（kisa）。他（还）引进了哈乌姆土（ha.um-earth）。从巴尔西普（Barsip）山区，他用一艘艘大船装载了纳鲁阿石料（nalua-stones），并（用它们）建造了宁努神庙的地基。

C

古地亚，拉伽什的恩西，为其主宁吉尔苏，恩利尔强大的英雄，从上海（地中海）的乌灵基拉兹山区（Uringiraz）开采并引进了大理石（šir.gal-stones），并用（其）制作了一个带有三个狮子头的权杖头，他将其献给了宁吉尔苏，祈求宁吉尔苏保佑其生命。

D

出土于吉尔苏的一座古地亚坐像把他扮作建筑师,从雕像上的苏美尔语铭文中得知,这座雕像是献给加图姆杜女神的。版本详情见 RIME 3/1,46—48。

(右上臂标题)

1—4)古地亚,拉伽什的统治者,加图姆杜女神的人。

(衣服上的铭文)

i 1—2)为加图姆杜女神,拉伽什之母,

i 3—8)古地亚,拉伽什的统治者,加图姆杜女神的人,你所爱的奴隶,让一切按它应该的那样进行的人,

i 9—11)修建了宁吉尔苏神的白色雷鸟埃宁努的人,

i 12—ii 1)加图姆杜女神,他的夫人,在拉伽什这座她所爱的城市,在这明亮的圣殿所生的他——

ii 2—5)为了修建他的夫人加图姆杜女神的屋宇,(古地亚)不眠不休。

ii 6—11)古地亚,拉伽什的统治者,有大智慧者,他的女主人恭敬的奴隶,

ii 12—15)在砖模的棚子里画下一个设计图。在黏土坑旁,他让它在(宁吉尔苏神的)旗帜上闪光。

ii 16—19)他在纯净的地方混合(做砖的)黏土,他在干净的地方做砖。

iii 1—2)他清理了基坑,让(净化的)火燎遍它。

iii 3—5)他用油和上好的香料涂抹地基。

iii 6—7)他在这座闪亮的城市,在一块绝对纯净的地方,修建了(她的)屋宇。

iii 8—9)他为她制作了与作为女主人的她相称的她的巨大的座椅。

iii 10—11)他为她制作了她的闪亮的珠宝箱(?)。

iii 12—15)(于是,)她把公牛放在轭下,让它们的赶牛农夫照料它们;

iii 16—19)她让健康的母牛生产许多健康的小牛,让它们的牧牛人照料它们;

iv 1—4)她让健康的母羊生产许多健康的羊羔,让它们的牧羊人照料它们;

iv 5—8）她让健康的山羊生产许多健康的幼崽，让它们的牧羊人照料它们；

iv 9—13）她让跑得飞快的公驴与母驴自由自在，让它们的牧驴人照料它们。

## 2. 乌尔纳木

乌尔纳木（公元前2112—前2095年在位）是乌尔第三王朝第一位国王。乌尔第三王朝时期，苏美尔语经历了一次复兴。乌尔纳木统治期间留下的文献显示，他曾与古提人作战，修建了城墙、神庙和水渠，颁布了《乌尔纳木法典》。

A

有关他修建乌尔城墙的事迹记录在一篇苏美尔语铭文中。版本详情见 RIME 3/2, 25—26。

1—2）为南纳神，他的主人，

3—4）乌尔纳木，乌尔国王

5—8）修建了他的神庙，修建了乌尔的墙。

另一篇苏美尔语铭文记录了他为女神宁埃加尔修建了一座神庙，铭文中他的头衔的变化也很值得注意。版本详情见 RIME 3/2, 37。

1—2）为女神宁埃加尔，他的夫人，

3—6）乌尔纳木，强有力的人，乌尔国王，苏美尔与阿卡德之王，

7—8）为她修建了她的神庙。

B

还有一篇苏美尔语铭文记录他修建了一条水渠作为边界。版本详情见 RIME 3/2, 63—64。

1—3）为南纳神，恩利尔神的头生子，他的主人，

4—7）乌尔纳木，强有力的人，乌尔国王，苏美尔与阿卡德之王，

8—9）当他修建了恩利尔神的神庙，

10—13）挖掘了名为"南纳古迦尔"的界渠，

14）他把它的出口拓展到"海"。

15—18）依照乌图神公正的判决，他清理并巩固了（边界）。

19—21）对于改变属于南纳神（边界）的人，

22—23）无论他是国王还是统治者，

24—26）愿他成为被南纳神诅咒的人，

27—28）愿南纳神的住处得到修复。

## 3. 舒尔吉

舒尔吉（公元前2094—前2047年在位）是乌尔第三王朝第二位国王，在位48年间，除了修建神庙、道路等国内设施之外，他还发动了多场战争。

一篇苏美尔语铭文记录他建造了恩基神的神庙。版本详情见 RIME 3/2，111。

1—2）为恩基神，他的主人，

3—6）舒尔吉，强有力的人，乌尔国王，苏美尔与阿卡德之王，

7—8）为他修建了他的神庙。

另一篇苏美尔语铭文记录他修复了伊南娜女神的神庙。版本详情见 RIME 3/2，116。

1—3）为女神伊南娜，埃安纳的夫人，他的夫人，

4—7）舒尔吉，强有力的人，乌尔国王，苏美尔与阿卡德之王，

8—9）为她修复了埃安纳（"天空之屋"），

10—11）为她修建了大墙。

一篇阿卡德语铭文间接提及他摧毁了基玛什和胡尔图姆。版本详情见 RIME 3/2，141。

1—6）舒尔吉，他的国家的神，强有力者，乌尔国王，四方之王，

7—10）当他摧毁了基玛什和胡尔图姆，

11—14）他建了一条护城河并堆起一堆尸体。

## 四、古巴比伦时期

随着乌尔第三王朝的瓦解，巴比伦尼亚出现了伊新和拉尔萨两个王朝，以及巴比伦第一王朝。这一时期通常称为古巴比伦时期。新的权力中心最早在伊新建立。伊新王朝大部分国王都留下了铭文。

### 1. 伊什比埃拉

伊什比埃拉（约公元前 2017—前 1985 年在位）是伊新王朝第一位国王。出土于尼普尔的一块同时代的泥板（编号 IM58336）用苏美尔语记录了这位国王为尼普尔的恩利尔神制作了一把里拉琴，版本详情见 RIME 4（第 6—7 页）。

译文参考 Douglas Frayne 2003（第 246 页）。

1—3）为恩利尔神，外国之主，他的主人，

4—6）伊什比埃拉，强有力的国王，<他的>国家的主人，

7—9）为他制作了一把极好的里拉琴，它……心。

10—11）他［为了他自己的］生命，献上它。

12—15）这把里拉琴的名字是"伊什比埃拉信任恩利尔神"。

## 2. 衮古努姆

在古巴比伦初期，拉尔萨与伊新争夺对苏美尔与阿卡德的控制权。拉尔萨王朝目前已知14位国王，衮古努姆（约公元前1931—前1906年在位）是拉尔萨王朝第五位统治者，也是这个王朝第一位事实上的国王。出土于乌尔的一篇苏美尔语铭文记录了月神南纳的恩女祭司恩阿娜图玛在乌尔为太阳神建造了一个储藏室。恩阿娜图玛是伊什美达干之女，被她父亲任命为南纳神的女祭司，拉尔萨控制乌尔之后允许她继续担任这一职位。太阳神是拉尔萨王朝首都的保护神。版本详情见 RIME 4（第115—117页）。译文参考 Douglas Frayne 2003（第249页）。

1—7）为乌图神，南纳神的后代，埃基什努伽尔……的儿子，她的主人宁伽尔女神所生，

8—11）为强有力的人、乌尔国王衮古努姆的生命，

12—17）恩阿娜图玛，兹尔茹（zirru）女祭司，乌尔的南纳神的恩女祭司，苏美尔与阿卡德之王伊什美达干之女，

18—20）建造了他的埃希里（"迷人的屋子"），为他建造了他的发光的储藏室。

21—22）她为了她自己的生命把它献给他。

## 3. 里姆辛

拉尔萨王朝第十四位国王里姆辛（约公元前1822—前1763年在位）的一篇苏美尔语铭文记录了他在乌尔为杜牧兹神建造了一座神庙。杜牧兹神是苏美尔人的牧神。铭文中提到里姆辛的父亲库杜尔马布克，表明这位阿摩利人的首领那时还在世。版本详情见 RIME 4（第275—276页）。译文参考 Douglas Frayne 2003（第252页）。

1—6）为杜牧兹神，祭品之主，女神伊南娜所爱的丈夫，广袤草原的牧者，适合照料（所有动物）者，他的主人，

7—11）里姆辛，尊崇尼普尔的王公，乌尔的供养人，拉尔萨国王，苏美

尔与阿卡德之王,

12—19）为他自己的生命以及为生他的父亲库杜尔马布克的生命，为将来建造了埃加拉苏（"装满乳脂的房子"），适于他居住的他所爱的居所，

20—24）因此，愿杜牧兹神，他的主人，从他那里得到快乐，并且为他在畜栏和羊栏中增加牛和羊。

### 4. 汉谟拉比

汉谟拉比（约公元前 1792—前 1750 年在位）是阿摩利人建立的巴比伦第一王朝的第六位国王。这篇铭文记录了他修建西帕尔城墙的情况，既有苏美尔语版本，也有阿卡德语版本，版本详情见 RIME 4（第 333—336 页）。译文根据阿卡德语版本，参考 Douglas Frayne 2003（第 256 页）。

1—12）当沙马什神，伟大的天与地之主，众神之王，用他明亮的脸，愉悦地看向我，汉谟拉比，王公，他的所爱，给我持久的王权（和）长久的统治，

13—27）为我加固他给我统治的国家的根基，用他不能被改变的纯净的话语对我说，把西帕尔和巴比伦的人们安置在和平的居所，（并且）委托我一项伟大的任务，修建西帕尔城墙（和）加高它的顶，

28—35）在那时，我，汉谟拉比，强有力的国王，巴比伦之王，虔诚的人，听从沙马什神的人，艾亚女神所爱者，使他的主人马尔杜克神满意的人，

36—45）凭借沙马什神给我的至高威力，用我国家的军队的税款，我用泥土加高了西帕尔城墙地基的顶，（直到它）像是一座山，我修建了（那座）高的城墙。

46—50）过去在国王中没有人修建的，为了我的主人沙马什神，我修建得高大雄伟。

51—55）城墙的名字是"根据沙马什神的敕令，愿汉谟拉比没有对手"。

56—61）在沙马什神指定的我的仁慈的统治下，为沙马什神，我取消了沙马什神古老的城市西帕尔的男人们的徭役。

62—69）我挖掘了它的水渠（并且）为它的土地提供了持续不断的水。我

堆积充裕和富足。我为西帕尔的人建造快乐。

70—81）他们为我的生命祈祷。我做了使我的主人沙马什神和我的夫人艾亚女神愉悦的事。我把我的善名放在人们口中，（以便）它们像（传扬）一位神（的名字）那样每天传扬它，它永远不被忘记。

汉谟拉比记录修缮西帕尔城的铭文

我是汉谟拉比，强大之王，巴比伦之王，世界四方之王，这片土地的开拓者，其业绩让沙马什和马尔杜克欢欣之王。

我用泥土把西帕尔城墙提升到了顶峰的高度，仿佛它建在了大山之上。我用一片沼泽地把它防护了起来。我把幼发拉底河引到了西帕尔，我为它建立了一道安全防卫墙。

我是汉谟拉比，这片土地的开拓者，其业绩让沙马什和马尔杜克欢欣之王。我让西帕尔和巴比伦成为永久的和平居所。

我是汉谟拉比，沙马什①的宠儿，马尔杜克神②的挚爱。从久远的年代开始，没有哪一位国王为这座城市的保护神，为我主太阳神沙马什进行修建，而我却荣耀地做到了。

汉谟拉比记录在拉尔萨修建太阳神沙马什神庙的铭文

汉谟拉比，天神安努之大臣，贝尔神之仆从，太阳神沙马什之挚爱，令马尔杜克神欢欣的牧者，强大之王，巴比伦之王，苏美尔和阿卡德之王，世界四方之王，为诸大神重修庙宇之王，——当沙马什把苏美尔和阿卡德的土地交予他管理，并把众神的权标交到他手里，于是（汉谟拉比）为沙马什，天地之主人，他的主宰之王，他生命的保护者，在拉尔萨城，他的统治之城，修建了埃巴巴尔（E-babbar）神庙，这是其最钟爱之神庙。

汉谟拉比记录为马尔杜克修建埃兹达神庙的铭文

汉谟拉比，天神安努之大臣，贝尔神之仆从，太阳神沙马什之挚爱，令马

---

① 太阳神沙马什是正义的象征，在刻写《汉谟拉比法典》的石碑上，我们看到他把象征正义的权标授予汉谟拉比。

② 马尔杜克是巴比伦城的保护神。

尔杜克神欢欣的牧者,强大之王,巴比伦之王,苏美尔和阿卡德之王,世界四方之王,——当贝尔神把这片土地人民交由他管理,并把众神的权标交到他手里,汉谟拉比为马尔杜克,伟大之主,丰产的给予者,埃萨基尔(E-sagil)和埃兹达(E-zida)之主宰,他自己的主人,生养他之神,在波尔西帕(Borsippa),其宠爱之城,修建了埃兹达神庙——其最宽敞明亮之庙宇。

### 5. 亚赫顿里姆

古代城市马里自早王朝时期到古巴比伦时期一直是美索不达米亚政治的重要参与者。在经过了一个由总督统治的时期之后,马里出现了一系列自称"王"的统治者。第一位是阿摩利人首领亚赫顿里姆。他是阿舒尔的沙姆西阿达德一世(公元前1809—前1776年在位)的同时代人。这篇阿卡德语铭文记录的是他打败了一个阿摩利人部落联盟以及他到地中海的旅行。版本详情见 RIME 4(第604—608页)。译文参考 Douglas Frayne 2003(第260—261页)。

1—16)致沙马什神,天与地之王,众神与人类的法官,他所关心是正义,真理被作为礼物送给他,黑头(人)的牧者,灿烂的神,那些被赋予生命者的法官,善意倾听祈求者,留心祈祷者,接受恳求者,给予崇敬他的人长久快乐生命者,马里的主人:

17—27)亚赫顿里姆,亚基德里姆之子,马里与哈纳之地的国王,水渠开凿者,城墙建造者,宣扬(他的)名声的石碑的设立者,为他的人民提供富足和充裕者,使任何(所需)在他的国家出现的人,强有力的国王,高贵的青年,

28—33)当沙马什神同意他的祈求并且倾听了他的话语,沙马什神立即到来,站在亚赫顿里姆这边。

34—40)自遥远的时代,厄尔神建造了马里,没有一位居于马里的国王到达过海边,到达过雪松和黄杨树的群山,那伟大的群山,并且砍伐它们的树,

41—50)但是亚赫顿里姆,亚基德里姆之子,强大的国王,国王中的野牛,凭借他的力量和极强大的威力到达海滨,向大海献上(与)他国王身份

（相称）的丰盛的祭品。他的军队在大海中沐浴。

51—66）（随后）他进入雪松和黄杨树的群山，那伟大的群山，砍伐它们的树——黄杨、雪松、柏树和elammakum。他立起一座纪念碑，确立了他的名声，宣扬了他的威力。他让海滨的那个国家屈服，让它服从他的敕令，让它追随他。因为给他们加了永久纳贡的义务，他们现在把他们的贡品带给他。

67—91）在那同一年，——拉乌姆，萨玛努姆和乌伯拉比乌姆之地的国王；巴鲁库里姆，图图和阿姆纳努姆之地的国王；艾亚鲁姆，阿巴图姆和拉布姆之地的国王——这些国王反叛了他。亚姆哈德之地的苏木埃普的军队作为后备军队来（营救他），在萨玛努姆城，部落集结在一起反对他，但是凭借（他的）强有力的武器，他打败了这三位……国王，他彻底击败他们的军队和他们的后备军队，让他们吃了败仗。他堆起他们的死尸。他拆毁他们的城墙，把它们变成碎石堆。

92—98）哈纳人部落的哈曼城，所有哈纳首领所建，他拆毁并把它变成碎石堆。现在，他击败了他们的国王，卡苏里哈拉。因为带走了他们的人口，他控制了幼发拉底河两岸。

99—107）为他自己的生命，他建造了他的主人沙马什神的神庙，一座其建筑因精湛工艺而完美的神庙，与他的神相称。他把他安顿在他雄伟的住所。他把那座庙称为埃吉尔扎安基（"房子——天与地的欢庆"）。

108—117）愿居住在那座神庙中的沙马什神，给予亚赫顿里姆，他的神庙的建造者，他的心所爱的国王，一件击败敌人的强有力的武器（和）一个长久的幸福的统治时期和快乐的富足之年，永远。

118—131）（对于）拆毁那座神庙的人，……恶行的人，不加固它的地基的人，不修葺已经坍塌部分的人，从中削减它的日常祭品的人，抹去我的名字或让人抹去我的名字并且把之前不在那里的他自己的名字写上的人，或者让人写在那里，或者由于（这些）咒语煽动另一个这样做的人，

132—136）那个人，无论他是国王、总督、市长，还是普通人，

137—157）愿恩利尔神，众神的法官，让他的王权比任何其他国王的王权都小。愿辛神，众神的兄长，让他的兄弟们对他施下重咒。愿涅尔加尔神，武

器之主，打碎他的武器，使他无法对抗勇士。愿埃阿神，命运之王，给他一个厄运，（并且）愿女神新娘艾亚，伟大的夫人，在沙马什神面前永远说他的坏话。愿布涅涅神，沙马什神伟大的大臣，割破他的喉咙；愿他带走他的子孙，愿他的子孙后代不在沙马什神面前行走。

## 五、亚述帝国时期

亚述王室铭文是研究亚述历史的重要资料，这些铭文是亚述统治者的宣言，详述了他们在城防建设和军事征服方面的丰功伟绩。

### 1. 阿达德尼拉里一世

亚述国王阿达德尼拉里一世（公元前1307—前1275年在位）的书吏首次在亚述王室铭文中加入对军事事件的详细描述。下面这篇铭文记述了阿达德尼拉里一世与哈尼加尔巴特的战争，尤其是对它的王城泰都的征服。版本详情见 RIMA 1，135—137。

1—3）阿达德尼拉里，世界之王，强有力的国王，亚述国王，亚述国王阿里克丁伊里之子，（阿里克丁伊里是）亚述国王恩利尔尼拉里之子：

4—14）当沙图阿拉，哈尼加尔巴特之王，反抗我并挑起战争，依照我的主人和同盟阿淑尔神的命令，以及（依照）决定支持我的伟大的众神（的命令），我捉住了他，并把他带到我的城市亚述城。我让他发誓，然后允许他返回他的国家。每一年，只要他活着，我定期在我的城市亚述城收到他的贡品。

15—51）在他死后，他的儿子乌阿萨沙塔叛乱了，反抗我并挑起战争。他去哈梯国寻求支持。赫梯人拿了他的贿赂，但是没有给他提供援助。用我的主人阿淑尔神强有力的武器，在我的主人们，最令人惊惧的神，众神中最强有力的安努、恩利尔、埃阿、辛、沙马什、阿达德、伊什塔尔和涅尔加尔的支持下，我通过征服占领了他伟大的王城泰都，（以及）阿玛萨库、卡哈特、舒鲁、纳布拉、胡拉、舒杜胡和瓦舒卡努各城。我取走那些城市的财物、他（乌阿萨沙塔）的父亲积累的（财富）以及他的王宫的财宝，运到了我的城市阿舒尔。我征服、焚烧、摧毁了伊瑞都城，并播种了盐生植物。伟大的众神让我统治从泰都城到伊瑞都城、埃卢哈特城和整座凯施埃里山、苏都城的要塞、哈拉努城的要塞，到幼发拉底河岸边（的区域）。对于他（乌阿萨沙塔）的人民中其余的人，我强迫（他们）劳役。但是对于他，我从伊瑞都城带走他的"王宫之妻"、他的儿子、他的女儿和他的人民。捆绑着，我把他们和他的财物带到我的城市阿舒尔。我征服、焚烧、摧毁了伊瑞都城以及在伊瑞都城地区的城市，并播种了盐生植物。

**提格拉特帕拉沙尔一世**

提格拉特帕拉沙尔一世（公元前1114—前1076年在位）统治时期，亚述在政治和军事上进入新阶段，亚述的政治影响力越来越强，亚述军队征服了比之前更远的地方。在他统治期间，王室铭文中出现了真正的年代记（annals）。下面这篇铭文出现在许多八边形黏土棱柱上，在铭文中，军事事件是按照时间顺序叙述的，而对每次战事的详细描述，让人如身临其境；对国内建设活动的陈述，也展示了亚述国王作为建设者的一面。版本详情见 RIMA 2，7—31。

i 1—14）阿淑尔神，伟大的主人，正确地管理所有神者，权杖与王冠的授予者，最高统治权的维护者；恩利尔神，主人，所有安努纳基神的王，众神之父，众国之主；辛神，智者，月盘的主人，高耸的神圣的新月；沙马什神，天界（和）地府的法官，瞥见敌人背叛者，揭发邪恶者；阿达德神，英雄，突袭敌对地区、群山（和）大海者；宁努尔塔神，勇敢者，罪犯和敌人的杀手，心中愿望的实现者；伊什塔尔女神，众神中最重要的，混乱的主宰者，装饰战斗者；

i 15—27）伟大的众神，天界（和）地府的管理者，他们的攻击意味着冲突和争斗，他们让提格拉特帕拉沙尔——得到爱戴的王子，你们选定者，专心的牧者，你们在你们坚定的心中所选者——的最高统治权伟大；你们把高贵的王冠给他戴上，你们隆重地确定了他对恩利尔神的国家的最高统治权，你们授予他领导才能、最高权威和英勇，你们宣布了他永远作为强有力者统治的命运和他担任祭司的子孙在埃胡尔萨格库尔库尔拉服务（的命运）；

i 28—45）提格拉特帕拉沙尔，强有力的国王，世界上没有对手的国王，四方之王，所有王子的国王，众主人之主，首席牧者，众王之王，专心的洁礼祭司，神圣的权杖依照沙马什神的命令被授予他，对人民有绝对权威者，恩利尔神的臣仆，忠诚的牧羊人，他的名字在王子之间流传，高贵的主教，他的武器阿淑尔神变锋利，他为控制四方不停地宣示他的名字，上下边界之外的遥远地区的捕获者，光芒笼罩各地的灿烂的白天，像暴风雨一样掠过敌对地区的壮丽的火焰，依照恩利尔神的命令，没有对手击败阿淑尔神的敌人；

i 46—61）增强我的最高统治权、把权力和力量作为我的命运授予我的阿淑尔神和伟大的众神命令我开拓他们的国家的边界。他们把他们强有力的武器、战斗中的洪水放在我手中，我控制了各国家、群山、城镇和敌视阿淑尔神的王子，我征服了他们的地区。我与60位君主竞争并在战斗中获胜。我既在冲突中没有对手，也在斗争中没有相当者。我为亚述扩充了领土，为它的居民增加了人口。我开拓了我的国家的边界，统治了所有他们的国家。

i 62—88）在我即位之年：20,000穆什库和他们的五位国王，他们已经控制阿尔祖和普如姆祖国——给我的主人阿淑尔神的贡品和税金的递送者——50年，（这些穆什库），没有国王在战斗中曾经击退，对他们的力量充满自信，他们冲下来并占领了卡特牧胡国。在我的主人阿淑尔神的支持下，我让我的战车兵和军队做好准备，（并且）没有等待我的后卫部队，我穿过卡什阿里山的崎岖地带。我在卡特牧胡国与他们20,000个全副武装的人及五位国王交战。我带来了他们的失败。像一个暴风雨魔鬼，我在战场上堆起他们的战士的尸体，让他们的血在山的谷地和平原流淌。我砍掉他们的头，把他们像谷堆一样码在他们的城市周边。我取走了他们无数的战利品、贵重物品（和）财物。我带走他们军队中的其余6,000人，（这些人）从我的武器下逃脱并归顺了我，我把他们视作我国的人民。

i 89—ii 35）在那时，我向没有顺从的卡特牧胡国前进，该国拒绝给我的主人阿淑尔神贡品和税金。我征服了整个卡特牧胡国。我取走了他们的战利品、贵重物品（和）财物。我焚烧、铲平（和）摧毁了他们的城市。那些从我的武器下逃脱并渡河到了底格里斯河对岸的舍里舒城的卡特牧胡国剩余的人，把那座城作为他们的据点。带着我的战车和战士，我用铜锄通过崎岖的山区和难行的路，为我的战车和军队开出一条好路。我渡过底格里斯河（并）征服了他们设防的城市舍里舒，在战斗中，我让他们全副武装的人（的尸体）像谷堆一样摊开。我让他们的血在山的谷地和平原流淌。在那时，卡特牧胡国的军队，前来帮助和支援卡特牧胡国的帕普胡的军队，我将他们像绵羊一样打倒。我在悬崖上用他们全副武装的人的尸体堆起小丘。我让那湄河把他们战士的尸体带到底格里斯河。我在战斗中俘虏了他们的国王——卡里泰舒布之子基里泰舒布，（他）被称为埃卢比。我掠走他的妻子、他的亲生儿子、他的部落、180个黄铜壶、5个青铜浴盆，还有他们的神、金和银、他们财物中最好的。我拿走了他们的战利品。我焚烧、铲平（和）摧毁了那座城市和它的王宫。

ii 36—57）关于乌拉提纳什城，他们的据点位于帕纳鲁国，我的主人阿淑尔神的恐怖、畏惧和雄伟征服了他们。为了挽救他们的生命，他们带着他们的神（和）贵重物品，像鸟一样逃到悬崖上。带着我的战车兵，我渡过底格里斯河。沙地泰舒布，哈图胡之子，乌拉提纳什王，在他自己的国家归顺了我。我带走了他的亲生儿子和他的家人作为人质。作为贡品和税金，他带给我60个黄铜壶，青铜瓮，以及巨大的青铜浴盆，还有120个男人，牛和羊。我接受了他的（贡品），宽恕了他，（并且）保留了他的生命。我强迫他永远臣服在我的统治的沉重枷锁之下。我彻底征服了广阔的卡特牧胡国并控制了它。

ii 58—62）在那时，我把卡特牧胡国战利品和贡品中的1个青铜瓮（和）1个青铜浴盆献给阿淑尔神。我把60个黄铜壶连同他们的神给了爱我的阿达德神。

ii 63—84）随着我凶猛的武器的攻击，运用主人阿淑尔神给予我的力量和卓越，我带着为胜利的战斗而训练的我的战士，我的30辆战车护送我的声势浩大的突击队。我向反叛的（和）不顺从的人（生活的）伊什迪施国前进。路平坦时，我驾驭我的战车，而路崎岖时，我步行，我穿越了大山的崎岖地带。

在阿卢玛山，一个我的战车不能通过的难行地带，我放弃了我的战车兵。带着我的战士的首领，我以蝰蛇的决心胜利地爬过危险的悬崖。我摧毁了伊什迪施国，（它看起来）像洪水（造成的）破败土墩。在战斗中，我把他们的战士像绵羊一样打倒。我带走了他们的战利品、贵重物品和财物。我焚毁了他们所有的城市。我强迫他们（提供）人质、贡品和税金。

ii 85—88）提格拉特帕拉沙尔，英勇的人，打开山中遥远地区的人，不顺从者的征服者，所有凶猛（敌人）的制服者：

ii 89—iii 6）我征服了反叛的和不顺从的舒巴鲁。我把我统治的沉重枷锁套在停止（送来）贡品和税金的阿尔祖和普如姆祖两国（身上），以至于他们每年要送贡品和税金到我所在的城市亚述城。因我的英勇，我的主人阿淑尔神把征服不顺从者的强有力的武器放在我手中，当他命令我拓展他的国家的边界时，4,000卡什库（和）乌鲁姆，哈梯的不顺从的军队——他们已经用武力占领了我的主人阿淑尔神的附属国舒巴尔图国的城市——得知我来舒巴尔图。我英勇的气势征服了他们，因恐惧战斗，他们归顺了我。我接纳了他们，连同他们的财物和120辆战车（和）套着挽具的马，并把他们视为我国的人民。

iii 7—31）随着我英勇的进攻，我第二次向卡特牧胡国进发。我征服了他们所有的城市（并）带走了他们无数的战利品、贵重物品（和）财物。我焚烧、铲平（和）摧毁了他们的城市。他们军队的其余人，因我凶猛的武器的攻击而受到惊吓，在我强有力的和挑衅的攻击前畏缩，（他们）为了挽救他们的生命而进入崎岖的山地安全的高处。我跟着他们向上爬到人不能行走的高山之巅和危险的悬崖。他们发动了与我之间的战争、战斗和较量，而我给他们带来了失败。像一个暴风雨魔鬼，我在悬崖上堆起他们的战士的尸体，让他们的血在山的谷地和平原流淌。我把他们的战利品、贵重物品（和）财物从大山高处拿下来。（这样）我成了整个卡特牧胡国的主人，把（它）并入我国的边界。

iii 32—34）提格拉特帕拉沙尔，强有力的国王，不顺从者的罗网，与罪犯较量的征服者：

iii 35—65）因我的主人阿淑尔神高昂的力量，（我的）主人阿淑尔神命令我向哈里亚国和高山中广阔的帕普鲁的军队进发，从来没有国王曾经去过那里。准备好我的战车兵和军队,我取埃特努山和艾亚山之间一条崎岖的路线。在像尖锐的匕首一样高耸的高山中,我的战车不能通行,我把战车放在(士兵们的)颈部,通过了难行的山区。帕普鲁的所有人,他们大量的军队,联合起来,气势汹汹,他们在阿祖山开始了与我之间的战争、战斗和较量。我在崎岖的山地与他们战斗,给他们带来了失败。我用他们战士的尸体在山的平原上建起小丘,让他们战士的血在山的谷地和平原流淌。我突袭在悬崖上的城市,征服了艾亚、舒伊拉、埃特努、舍祖、舍尔谷、阿尔扎尼比乌、乌鲁苏和阿尼特库山山脚的25座哈里亚国的城市。我带走了他们的战利品、贵重物品(和)财物。我焚烧、铲平(和)摧毁了他们的城市。

iii 66—72)阿尔达乌什国(的人)因我强有力的和挑衅的攻击受到惊吓,放弃了他们的领土。他们像鸟一样逃到高高的悬崖上。(但是)我的主人阿淑尔神的气势征服了他们,他们回到地面并归顺了我。我强迫他们缴纳贡品和税金。

iii 73—87)我摧毁了从古代就不知道恭顺的萨拉乌什(和)阿玛乌什国,(以至于它们看起来)像洪水(造成的)破败土墩。我在阿鲁玛山与他们的大量军队作战,给他们带来了失败。我让他们全副武装的人的尸体像谷堆一样在悬崖上摊开。我征服了他们的城市,带走了他们的神,取走了他们的战利品、贵重物品(和)财物。我焚烧、铲平(和)摧毁了他们的城市,把它们变成了破败土丘。我强迫它们臣服在我统治的沉重枷锁之下,让它们成为我的主人阿淑尔神的附属国。

iii 88—91)我征服了反叛的和不顺从的伊苏阿(和)达利亚国家。我强迫它们缴纳贡品和税金,让它们成为我的主人阿淑尔神的附属国。

iii 92—iv 4)由于我的英勇无畏,我用它征服了敌人,我带领我的战车兵和军队渡过下扎布。我征服了位于阿萨尼乌(和)阿图玛山崎岖地区的穆拉塔什(和)萨拉达乌什国。我屠杀他们的军队如绵羊。我在日出之后前三分之一天之内征服了他们设防的城市穆拉塔什。我带走了他们的神、他们的贵重物品、他们的财物、120个黄铜壶、30塔兰特黄铜条、他们王宫中的重要财产、他们的战利品。我焚烧、铲平(和)摧毁了那座城市。

iv 5—6）在那时，我把那黄铜给予爱我的阿达德神。

iv 7—31）因我的主人阿淑尔神高昂的力量，我向不顺从我的主人阿淑尔神的哈布胡国的苏谷国出发。我徒步与他们来自黑穆、鲁胡、阿瑞尔谷、阿拉穆恩、尼姆努和广阔的帕普胡全境的军队的6,000人战斗。（我与）黑瑞胡山的所有那些国家（战斗），崎岖的地势像尖锐的匕首一样高耸。我给他们带来了失败。我用他们全副武装的人（的尸体）在悬崖上建起小丘，我用他们的血把黑瑞胡山像羊毛一样染红。我征服了苏谷国全境。我带走了25个他们的神、他们的战利品、他们的贵重物品（和）他们的财物。我焚烧、铲平（和）摧毁了他们所有的城市。他们军队的其余人归顺了我，我宽恕了他们。我强迫它们缴纳贡品和税金，把它们视为我的主人阿淑尔的附属国。

iv 32—39）在那时，我捐献了这些国家的25个神——我取得的我自己的战利品，（他们）成为我的主人阿淑尔神所爱的首席配偶宁利尔女神的神庙、安努神（和）阿达德神（的神庙）、亚述的伊什塔尔女神（的神庙）、我的城市亚述城和我的国家的众位女神的神庙的守门人。

iv 40—42）提格拉特帕拉沙尔，强有力的国王，敌对地区的征服者，所有国王的对手：

iv 43—v 21）在那时，由于我的主人阿淑尔神高昂的力量，由于战士沙马什神明确的赞同（通过占卜），由于伟大的众神的支持——凭借这个支持，我正确地统治四方，在战斗中无人能敌，在冲突中无人可比——在我的主人阿淑尔神的命令下，我向纳伊里国家进发，在西边的上海海滨，他们远古的国王不知道屈服。我冲过崎岖的路和危险的山隘、此前没有国王知道的内部、阻塞的小径（和）没有打开的遥远地区。埃拉玛山、阿玛达努山、埃尔希什山、舍拉贝利山、塔尔胡那山、特尔卡胡里山、基斯拉山、塔尔哈纳贝山、埃卢拉山、哈施塔拉埃山、沙希沙拉山、乌贝拉山、米利阿德鲁尼山、舒利安兹山、努巴纳舍山和舍舍山，16座巨大的山——（我驾驭）我的战车越过平坦地带，我用铜锄开辟崎岖地带。我砍倒生长在山中的乌鲁姆树，建造了用于我的战车和军队通过的坚固的桥，渡过了幼发拉底河。图姆国国王、图努布国国王、图阿鲁国国王、达尔达鲁国国王、乌祖拉国国王、温扎姆努国国王、安迪阿布国国王、皮拉达尔努国国王、阿杜尔吉努国国王、库里巴尔兹努国国王、施尼比尔努国国王、西姆阿国国王、帕伊特鲁国国王、乌伊拉姆国国王、舒鲁里亚国国王、阿巴埃努国国王、阿达埃努国国王、基利努国国王、阿尔巴伊阿国国王、乌吉纳国国王、那扎比亚国国王、阿巴尔西乌努国国王、达伊埃努国国王，纳伊里国家的 23 个国王联合了在他们国家的他们的战车兵和军队，向前发动了与我之间的战争、争斗和较量。随着我凶猛的武器的进攻，我接近他们，像阿达德神的一阵暴风雨一样摧毁了他们的大量军队。我把他们战士的尸体像谷堆一样在旷野、山中平原和他们城市的周围摊开。在战斗中，我夺取了他们 120 辆带装备的战车，（俘虏了）纳伊里国家的 60 位国王，包括那些来帮助他们的，我像箭头一样追赶，直到上海。我征服了他们的大的城镇，取走了他们的战利品、贵重物品（和）财物。我焚烧、铲平（和）摧毁了他们的城市，把它们变成破败土丘。我带回了大量的马、骡子（和）驴——他们草原上的家畜——数不胜数。我生擒了纳伊里国家所有国王。我宽恕了那些国王，饶了他们的性命。在我的主人沙马什神面前，我把他们从桎梏中释放，让他们以我的伟大的众神的名义发誓成为永远的附庸。我留了他们亲生的王子作为人质。我强迫他们纳贡 1,200 匹马和 2,000 头牛。我允许他们返回他们的国家。

v 22—32）我把不归顺我的主人阿淑尔神的达伊埃努国国王塞尼在桎梏中带到我的城市亚述城。我宽恕了他，让他活着离开了我的城市亚述城，以宣扬伟大的众神的荣耀。我成了纳伊里辽阔的各个国家的主人。实际上，我征服了他们的所有国王。

v 33—41）在那次战役过程中，我向哈尼加尔巴特国反叛的和不顺从的城市米利迪亚进发。被我强有力的、挑衅的进攻惊吓，他们归顺了我，我宽恕了他们。我没有突袭那座城市，我接受了人质。我强迫他们每年不间断地缴纳贡品：一贺梅珥铅矿。

v 42—43）提格拉特帕拉沙尔，标枪（和）愤怒的火焰，战斗中的洪水：

v 44—63）有我主人阿淑尔神的支持，我带领我的战车和战士，动身去沙漠。我向我的主人阿淑尔神的敌人阿赫拉姆阿拉米人进军。我一天之内从苏胡国的边缘劫掠到哈梯国的卡尔开米什城。我屠杀他们，带回了他们的战利品、贵重物品和货物数不胜数。他们军队的残余，从我的主人阿淑尔神的武器下逃脱，渡过了幼发拉底河。我在山羊皮筏上跟随他们渡过幼发拉底河。我征服了他们在贝施里山下的六座城市，焚烧、铲平（和）摧毁了（它们），把他们的战利品、贵重物品和货物带到我的城市阿舒尔。

v 64—66）提格拉特帕拉沙尔，践踏危险敌人者，打倒不顺从者，所有反叛的平定者：

v 67—81）主人阿淑尔神命令我征服穆斯瑞国，我取埃拉穆尼山、塔拉山和哈鲁萨山之间的路。我征服了穆斯里国全境，打倒了他们的战士。我焚烧、铲平（和）摧毁了他们的城市。库马努的军队来援助穆斯里国。我在山中与他们作战，带来了他们的失败。我把他们包围在一座城市，位于埃萨山脚下的阿里努城。他们归顺了我，我饶恕了那座城市。我强迫他们缴纳人质、贡品、税金。

v 82—98）在那时，同意援助穆斯里国的所有库马努人集结他们全境的兵力，采取了战斗和冲突的立场。用我凶猛的武器的攻击，我在塔拉山与他们20,000人的军队作战，带来了他们的失败。我瓦解了他们强大的军队，在他们撤退时追击他们，直到穆斯里国前方的哈鲁萨山。我把他们战士的尸体像绵羊一样在悬崖上摊开，让他们的血在山的谷地和平原流淌。我征服了他们的大的城镇，焚烧、铲平（和）摧毁了（它们），把（它们）变成破败土丘。

v 99—vi 21）我征服了他们设防的城市胡努苏城，（以至于它看起来）像洪水（造成的）破败土丘。我与他们强大的军队在城市和山中激烈作战，带来了他们的失败。我把他们全副武装的人像绵羊一样在山中打倒，我把他们的头砍掉，像砍掉羊羔的头一样，让他们的血在山的谷地和平原流淌。我征服了那座城市。我带走了他们的神，取走了他们的战利品、贵重物品（和）财物。我焚烧了那座城。用烧砖建造的三面墙以及整座城市，我铲平、摧毁，将其变成一堆破败土丘，并在上面撒上西普石。我制作了青铜闪电弩箭，在上面刻写了我与我的主人阿淑尔神一起征服这些国家的过程，（以及）不要占用那座城和不要重建它的墙（的告诫）。在那里，我用烧砖建造了一座房子，把那些青铜闪电弩箭放在里面。

vi 22—38）有我主人阿淑尔神的支持，我带领我的战车兵和战士包围了他们的王城吉普舒那城。库马努国的国王害怕我强有力的和挑衅的攻击，归顺了我。我饶恕了那座城。我命令他摧毁他用烧砖建的巨大的墙和塔。他从上到下摧毁了，把它们变成一堆破败土丘。他移交给我300个家族，他的国家中不顺从我的主人阿淑尔神的反叛者。我从他那里带走了人质。我强迫他缴纳比之前更多的贡品和税金。我完全征服了广阔的库马努，控制了（它）。

vi 39—48）我总共征服了从位于遥远山区的下扎布的另一边到幼发拉底河的另一边的42个国家和他们的统治者，哈梯的人，以及西边的上海——从我即位之年到我统治第五年。我把他们控制在一个权力之下，从他们那里带走人质，强迫他们缴纳贡品和税金。

vi 49—54）与没有出现在我的胜利（描述）中（以及）我在通畅地带乘战车而在崎岖地带步行追击我的敌人的无数外国战役相比，这是特别的。我阻止了敌人踏足我的国家。

vi 55—57）提格拉特帕拉沙尔，英勇的人，佩带着无敌的弓，狩猎高手：

vi 58—69）宁努尔塔神和涅尔加尔神为我高傲的臂膀给了我他们凶猛的武器和他们高贵的弓。听从爱我的宁努尔塔神的命令，用我强壮的弓、铁箭头和锐利的箭，我在沙漠里、在米坦尼和在哈梯国前方的阿拉兹库城杀死4头极其强壮、精力充沛的野公牛。我把它们的皮和角带回我的城市阿舒尔。

vi 70—75）我在哈兰国和哈布尔河地区杀死了10头强壮的公象，我还捕获了4头活象。我把皮和象牙连同活象带回我的城市阿舒尔。

vi 76—84）听从爱我的宁努尔塔神的命令，在我猛烈的出色的袭击中，我徒步杀死了120头狮子。此外，我从我的轻战车上击倒了800头狮子。无论何时我射出一箭，我都会击落一种野兽和天空中有翅膀的鸟。

vi 85—vii 16）在我获得了对阿淑尔神的敌人的完全控制之后，我重建（和）完成了我的女主人，亚述的伊什塔尔女神神庙的被损坏的（部分）、阿穆鲁神的神庙、贝尔拉比拉神的神庙、十位神的神庙、我的城市阿舒尔的众神的神庙。我确定了这些神庙的通道，把我的主人们，那些伟大的神安置在里面。（这样）我使他们满意。我重建（和）完成了王宫，分布在我的整个国家的（各个）地区的大的城镇的王室住所，自从我的祖先时代，（它们）在艰难岁月中被放弃，变得破败不堪和腐朽。我修复了我的国家削弱的防御设施。我让犁在整个亚述拉起，（由此）堆起比我的祖先更多的谷物。在我的主人阿淑尔神的支持下，当我获得了对诸国的统治时，用我取得的战利品，我让马、牛（和）驴成群。此外，我控制了（和）组成了成群的那伊阿鲁鹿、阿伊阿鲁鹿、羚羊（和）羱羊，这些是在高山地区狩猎期间，爱我的神阿淑尔和宁努尔塔给我的。我给它们编号，像羊群一样。我每年都向我的主人阿淑尔神献上它们中的幼崽，作为自愿的祭品，与我的纯净的祭品放在一起。

vii 17—27）从我获得统治的国家，我取来雪松、黄杨、卡尼什栎树——这些树，没有一位先前的国王，我的祖先，曾经种过——我（把它们）种植在我的国家的花园中。我取来我国没有的稀有的果园水果（以此）充实亚述的果园。

vii 28—35）我致力于让我国的军队有比之前更多的战车和马队。我给亚述增加了国土，给它的人民增加了人民。我让我的人民满足，给他们提供了一个安全的住所。

vii 36—41）提格拉特帕拉沙尔，高贵的王子，无论他希望（去）哪里，阿淑尔神和宁努尔塔神都持续指引的人，追击阿淑尔神的每一个敌人并把所有反叛者击倒的人；

vii 42—44）强有力的王，敌人国土的征服者，所有凶猛（敌人）的征服者阿舒尔里沙伊什之子；

vii 45—48）伟大的主人阿淑尔神通过他坚定的心的挑选选中并坚决委以亚述牧者地位的穆塔基尔努斯库之孙；

vii 49—54）阿淑尔丹合法的继承人，神圣权杖的持有者，恩利尔神的臣民的指挥官，举止和祭祀让伟大的众神满意的人，活到高龄的人；

vii 55—59）宁努尔塔阿皮尔埃库尔的后代，尚武的君主，阿淑尔神所爱的人，羽翼像鹰一样遍布他的国家的人，仔细地照料亚述的人民的人。

vii 60—70）在那时，阿淑尔神的代理统治者沙姆西阿达德（三世），（他是）阿淑尔神的代理统治者伊什美达干（二世）之子，之前建造的我的主人们、伟大的神安努和阿达德的神庙，641年过去了，它变得荒废了，亚述国王阿淑尔丹（一世），（他是）亚述国王宁努尔塔阿皮尔埃库尔之子，拆毁了这座神庙，但是没有重建，60年里，它的地基没有重新铺。

vii 71—114）在我即位之年，我的主人，伟大的神安努和阿达德，爱我的祭司之才，命令我重建它们的神龛。我做砖。我绘制了这个区域，挖到它的基坑的底部，把它的地基建在基岩上。我用砖垒起整个区域，像一个烤炉，让它有50层砖的深度。我在那之上铺上我的主人，伟大的神安努和阿达德的神庙的石灰岩地基。我把它从上到下重建了，让它比之前更大。我建造了两座大的塔庙，以与他们的伟大相称。我规划（和）艰苦地重建（和）完成了纯净的庙、圣洁的神龛、他们快乐的住所，（以及）像天上的星星一样醒目、代表了建筑业上等技艺的他们的幸福的住所。它的内部，我像天空的内部一样装饰。我把它的墙装饰得像升起的星星的光辉一般壮观。我把它的塔和它的塔庙提高到天空，用烧砖使它的矮墙坚固。我在内部安装了一条（适合举行）它们的伟大的神的仪式的管道。我把我的主人，伟大的神安努和阿达德带到里面，把他们安放在他们高贵的宝座上。（这样）我让他们伟大的神性满意。

viii 1—10）我的主人阿达德神的哈姆鲁神庙——阿淑尔神的代理统治者沙姆西阿达德（三世），（他是）阿淑尔神的代理统治者伊什美达干（二世）之子建造的——荒废并倒塌了。我绘制了它的地址，用烧砖把它从上到下重建了。我装饰它，让它比之前更坚固。在内部，我向我的主人阿达德神奉献了纯净的祭品。

viii 11—16）在那时，我从在我的主人阿淑尔神的支持下征服的纳伊里国的山中运来黑曜石、哈尔图石和赤铁矿。我把它们永远存放在我的主人阿达德神的哈姆鲁神庙。

viii 17—38）因为我不停地做计划，在工作中不懈怠，（而）快速完成了纯净的庙、高贵的神龛，作为我的主人，伟大的神安努和阿达德的住所，（因此）让他们伟大的神性满意。愿安努神和阿达德神一如既往地怜悯我；愿他们爱我的祈祷；愿他们注意我热忱的请求；愿他们在我统治期间给予充足的雨水和格外富裕的年头；愿他们在战斗和冲突中安全地引导我；愿他们让所有敌人的国土、反叛的山区和敌视我的统治者由我控制；愿他们对我和我担任祭司的后代宣布支持的祝福；愿他们在阿淑尔神和他们伟大的神面前像一座山一样永远坚定地安顿我的祭司之位。

viii 39—49）我在我的纪念碑和黏土铭文中写下我英勇的胜利、我成功的战斗（以及）对阿淑尔神的敌人的镇压，这些都是安努神和阿达德神授予我的。我把（它们）永远存放在我的主人，伟大的神安努和阿达德的神庙中。此外，我的祖先沙姆西阿达德（三世）的纪念碑铭文，我涂了油，献了祭品，把它们放回它们的位置。

viii 50—62）在未来，在将来的日子，当我的主人，伟大的神安努和阿达德的神庙，以及那些塔庙变得老旧、废弃，愿后世的王子修复它们衰弱的（部分）。愿他用油涂我的纪念碑和黏土铭文，献祭品，把（它们）放回它们的位置。让他把他的名字与我的写在一起。愿我的主人，伟大的神安努和阿达德指引他像我一样快乐和成功。

viii 63—73）谁打碎（或）除掉我的纪念碑或黏土铭文，（把它们）扔到水中，焚烧（它们），用泥土包裹（它们），（把它们）秘密储藏在一个它们不能被人看到的禁屋，抹去刻在上面的我的名字并写上他（自己的）名字，或构想任何有害的事并付诸实施，对我的纪念碑铭文不利：

viii 74—88）愿我的主人，伟大的神安努和阿达德，对他怒目而视，给他施加一个邪恶的诅咒。愿他们推翻他的最高统治权。愿他们毁坏他的王座的根基。愿他们终结他的高贵的世系。愿他们打碎他的武器，带来他的军队的失败，让他被监禁着坐在他的敌人的面前。愿阿达德神用可怕的闪电袭击他的国家，给他的国家带来忧虑、饥荒、贫困和瘟疫。愿他把他的名字（和）他的种子从他的国家中毁掉。

viii 89—90）库扎鲁月，第 28 天，名年官伊那伊里亚阿拉克，首席执杯者。

**提格拉特帕拉沙尔一世（公元前 1114—前 1076）远征叙利亚、黎巴嫩和地中海**

A

提格拉特帕拉沙尔，合法之王，世界之王，亚述之王，宇宙四方之王，勇敢无畏的英雄，在其主和伟大之神阿淑尔和尼努尔塔的（指引）下，（因此）征服了其（所有）敌人；世界之王，亚述之王，阿淑尔瑞什伊什（Ashur-reshi-ishi）之子，同样是世界之王，亚述之王，穆塔基尔努斯库（Mutakkil-Nusku）之孙。

在我主阿淑尔神的指令下，我征服了从下扎布河到西部的上海①的广大地区。我曾三次向纳伊里（Nairi）诸国家进军。在幅员辽阔的纳伊里地区，我征服了图米国（Tumme），征服了较远的戴艾尼（Daiaeni）和西姆阿（Himua）国，甚至征服了更远的派特里（Paiteri）和哈布西（Habhi）国。我使纳伊里地区诸国的30多位国王匍匐在我的脚下，我从他们那里获取了人质。我收到了他们的贡马，打开了马的枷锁。我让他们（定期）纳贡和赠送礼品（tâmartu-gifts）。

我进入了黎巴嫩（Lab-na-a-ni）。我（在那里）为我主、伟大之神安努和阿达德神庙砍伐雪松木材，并（把它们）运送（至亚述城）。我继续向阿姆鲁（Amurru）国家（进军）。我征服了阿姆鲁整个国家。我收到了来自毕布洛斯（Gu-bal）、西顿（Si-du-ni）和阿尔瓦德（Ar-ma-da）的纳贡贡品。我乘坐（属于）阿尔瓦德的船只，从阿尔瓦德海岸出发，越海进入（位于阿姆鲁的）萨姆里城（Samuri），（这段距离）相当于陆上往返的三倍。在公海，我杀死了一头独角鲸，他们称它为"海马"。

并且（随后）在我返回（亚述城）的征途中，我使大哈梯（Great-Hatti）整个国家臣服，我迫使大哈梯国王伊利特舒普（Ili-Teshup）纳贡［……］塔兰特［的……］以及雪松梁木。

B

在我主、伟大之神安努和阿达德的指令下，我进军黎巴嫩山区（šadê Lab-na-ni），我为安努和阿达德神庙砍伐雪松梁木。

---

① 即地中海。

（我征战）阿赫拉姆（Ahlamu）人和阿拉米人 28 次，我甚至（曾）在一年之内两次渡过幼发拉底河。我在（位于）阿姆鲁地区的塔德马尔（Tadmar，帕尔米拉）打败他们，（位于）苏胡（Suhu）地区的阿纳特（Anat）打败他们，还在远至（位于）卡尔杜尼阿什（Kar-Duniash）（即巴比伦尼亚）的拉皮库（Rapiku）打败他们。我把他们的财产作为战利品带回了我的城市亚述城。

C

在我主、伟大之神，阿淑尔（和）沙马什的帮助下，我，亚述之王，吐库尔提亚帕拉沙尔拉（Tukultiapilesarra），亚述之王，阿淑尔瑞什伊什（Ashur-reshi-ishi）之子，同样是亚述之王的穆塔基尔努斯库（Mutakkil-Nusku）之孙，征服了从阿姆鲁国家的大海（the Great Sea）远至纳伊里国家的大海的（地区）。我曾三次远征纳伊里国家。

### 2. 阿淑尔纳西尔帕二世（公元前 883—前 859）

**远征卡尔凯美什和黎巴嫩**

我从比特阿迪尼国（Bit-Adini）出发，在洪峰时节，用（充气漂浮筏）羊皮（瓶）渡过幼发拉底河。我向卡尔凯美什（Karchemish）进军。（在那里）我收到了赫梯国王桑加拉（Sangara）亲自呈送的贡品（计有：）20 塔兰特银，一个金制的撒阿鲁（*sa'aru*）物品，一枚金戒指，数把金制短剑，100 塔兰特铜，250 塔兰特铁，（还有）数尊铜牛像，数套供洗涮用的铜盆和铜壶，一只大铜火盆，他自己用的（全部）家具，不能分开搬运的重物，——（还有）数张黄杨木床，数张黄杨木椅子（*ašti*-chairs），数张黄杨木桌子，（全部）用象牙镶嵌，还有 200 名青春少女，身穿亚麻外衣，佩戴有用深黑色的、紫红色的（染织的）羊毛制作的多彩服饰，（还有）石膏、象牙、（甚至还有）一驾发光的战车（和）一把尼玛图金座椅（*nimattu*-chair），座椅上带有镶嵌图案——他（自己）的皇家徽章标记。我接管了卡尔凯美什的战车（兵）、骑兵（和）步兵。（周围）国家的所有国王向我朝拜，拥抱我的双足，我从他们之中选出人质，他们组成了我的先头部队，（随我）向黎巴嫩进军。

我从卡尔凯美什离开，取道穆恩兹加尼（Munzigani）和哈姆尔卡（Hamurga）两山之间的道路，阿哈努国家（Ahanu）在我的左边。我从哈提纳（Hattina）向属于卢巴尔那（Lubarna）的哈扎祖城（Hazazu）进军。（在那里）我收到了由黄金和亚麻制成的长袍。

我继续前进，渡过了阿皮莱河（Apre），我（在那里）过了夜。我从阿皮莱河岸出发，向哈提纳的卢巴尔那皇室居住地库努鲁阿（Kunulua）进军。出于对我勇猛军队恐怖武器的畏惧，他匍匐在我脚下，祈求活命。我从他那里收到了贡品：20塔兰特银，（相当于）1塔兰特金，100塔兰特锡，100塔兰特铁，1,000（头大）牛，10,000只羊，1,000件带有五颜六色配饰的亚麻长袍，数把带有小镶嵌图案（和）镶嵌物的黄杨木休闲椅，数张黄杨木床，数张带有镶嵌图案的床，数张象牙（镶嵌）的黄杨木桌子，（全部）是他自己的家具，不能（分开）搬运的重物，还有一众女歌手，（带有）很多（kan）[……]，大型帕古图乐器（pagûtu-instruments），还有大的恩物品（EN-Objects）。我宽恕了他。我接管了哈提纳的战车（兵）、骑兵（和）步兵，我从他那里俘获了人质。

在那时，我（还）收到了伊阿哈尼（Iahani）的古斯（Gusi）的贡品（包括）：金、银、锡、[铁]、大大小小的牛、带有五颜六色配饰的亚麻长袍。从哈提纳的卢巴尔那皇室居住地库努鲁阿，我出发了；我渡过了奥伦特斯河（Orontes），并在河岸边过了夜。我从奥伦特斯河岸出发，取道伊阿拉齐（Iaraqi）和伊阿土里（Ia'turi）两山之间，穿过了[……]山，在桑古拉（Sangura）河岸过了[夜]。我从桑古拉河岸出发，取道萨拉提尼（Saratini）和杜帕尼（Duppani）两山之间，在……湖岸[过了夜]。我进入了阿里布阿（Aribua），哈提纳的卢巴尔那之要塞，我占领了（它）作为我自己的（城市）。我收割了鲁胡提（Luhuti）地区的粮食和秸秆，就地储存了（它们）。在他自己的宫中，我举行了塔什尔图（tašiltu）节庆，（然后）把亚述人安置在城中。在阿里布阿停留期间，我征服了鲁胡提的（其他）城镇，在很多场流血的战斗中，击败了他们的（居民）。我毁灭了（他们），摧毁了（城墙），用火焚烧了城池；我抓获了逃脱者，把（他们）刺穿在各自城前的木杆子上。在那时，我我攫取了整个黎巴嫩山区，并抵达了阿姆鲁地区的大海（the Great Sea）。我在深海中洗刷了我的武器，向（所有）神灵奉献了羊祭。海岸国家的贡品——来自推罗（Tyre）、西顿、毕布洛斯、马哈拉塔（Mahallata）、麦扎（Maiza）、凯扎（Kaiza）、阿姆鲁和海中的（一个岛屿）阿尔瓦德的居民，（包括）：金、银、锡、铜、铜容器、带有五颜六色配饰的亚麻长袍、大大小小的猴子、黑檀木、黄杨木、海象的象牙——（如此象牙）一种海产品。我收下了这些贡品，他们拥抱了我的双足。

我登上了阿马努斯（Amanus）山脉，（在那里）砍伐了雪松、石松、柏树（和）松林原木，并向我的众神奉献了羊祭。我制作了雕刻石碑，（纪念）我的英雄业绩，并把（它）竖立在那里。我把雪松梁木，从阿马努斯山运送至伊萨拉（Esarra）神庙，供（修建）一座伊阿斯马库（iasmaku）圣堂之用，该圣堂是用来为月神辛（Sin）和太阳神沙马什（Shamash），（给予）光的两位神灵之庙宇，举办节日庆典之所。

### 3. 提格拉特帕拉沙尔三世（公元前744—前727）

#### 远征叙利亚和巴勒斯坦

我收到的贡品来自科马基尼（Comagene）（Kummuhu）的库什塔什皮（Kushtashpi），大马士革（Damascus）（Šaimērišu）的莱宗（Rezon）（Ra-hi-a-nu），撒玛利亚（Samaria）的美纳海姆（Me-ni-hi-im-me $^{al}$Sa-me-ri-na-a-a），推罗的希拉姆（Hiram）（Hi-ru-um-mu），毕布洛斯的斯比提比利（Sibittibi'li），库伊（Qu'e）的乌里基（Urikki），卡尔凯美什的皮斯里斯（Pisiris），哈马斯（Hamath）的伊尼尔（I'nil），撒马尔（Sama'l）的帕纳姆（Panammu），古尔古姆（Gurgum）的塔尔胡拉拉（Tarhulara），米利特尼（Militene）的苏鲁马尔（Sulumal），卡斯卡（Kaska）的达迪鲁（Dadilu），塔巴尔（Tabal）的乌阿苏尔美（Uassurme），吐纳（Tuna）的乌什西提（Ushhiti），吐哈纳（Tuhana）的乌尔巴拉（Urballa），伊什吞达（Ishtunda）的图哈美（Tuhamme），阿拉伯女王、胡比什纳（Hubishna）（和）扎比贝（Zabibe）的乌丽美（Urimme），（即）金、银、锡、铁、象皮、象牙、带有染织蓝色和紫色羊毛彩饰的亚麻长袍、黑檀木、黄杨木、凡是（足够）珍贵的皇室财宝；还有小羊羔皮，有弹性，染成了紫色；（还有）野鸟，其展开的翅膀被染成了蓝色；（还有）马匹、骡子、大大小小的牛、（雄）骆驼、母骆驼和小骆驼驹子。

我包围和攻克了哈达拉城（Hadara），这是大马士革的莱宗继承的财产，是他出生［的地方］。我劫掠了（其）800 名居民作为俘虏，连带他们的财产，……他们大大小小的牛。我从库鲁萨（Kurussa）劫掠了 750 名俘虏，我从艾尔马（Irma）劫掠了［……俘虏］，我（还）从莫图纳（Mutuna）劫掠了 550 名俘虏。我摧毁了大马士革国家的 16 个地区的……592 座城镇，（被毁之后的城镇）（它们看起来）就像被洪水席卷之后留下的一座座小山丘。

萨姆丝（Samsi），阿拉伯女王，违背了太阳神沙马什的誓言，……城……到艾扎斯城（I'zasi）……在萨［巴］（Sa［ba］）国的阿拉伯……在她的营帐里……她开始害怕［我强大的军队］，然后她把［公骆驼和母骆驼］送给［我］，……［我］给她［派了一个摄政王］，（还）让比兰安人（the Bir'aians）匍匐在我的脚下。马萨（Mas'a）、特马（Tema）（和）萨巴（Saba'）、哈伊阿帕（Haiappa）、巴达纳（Badana）、哈梯（Hatti）的居民，伊迪巴伊利安人（Idiba'ileans）部落……其国家［很远］，位于西部，［听到］我统治的威名［……并带来］——没有例外——作为他们的贡品：金、银、［公和母］骆驼、全部各种香料给［我］，［并亲］吻了我的双足……我［在……］建立了一座王宫，［与我作为他们的国王之地位相匹配］，并且任命艾迪比卢（Idibi'lu）作为总督统治［穆斯鲁国家］（Musru）。在我以前的征战中，我曾把所有城市视［为……］，并且我作为战利品带走，然后……撒玛利亚城是我留下的唯一［例外……］他们的国王［……像一］浓雾／暴雪……比特（Bit-）国家的一些地区……［……］巴拉（bara）城的［俘虏］，……城的 625 名俘虏，奚那图纳城（Hinatuna）的……卡纳城（Qana）的 650 名俘虏［……城的……］伊尔［……］城（Ir……）的 650 名俘虏［……所有这些］人连带他们的财产［我带走……］阿茹马城（Aruma）、马茹姆城（Marum）［……（至于）］阿什科隆（Ashkelon）［的］米廷提（Mitinti），他［践踏了］对我的誓言，［起而造反］，（当）他听闻莱宗［遭受的败仗］（之时），他便［暴毙］于［精神崩溃中］。［茹基布图］（Rukibtu），［米廷提之子］，登上了王位。至于……他恳求我 500……我进入了他的城市。15 座城市……阿拉伯的艾迪比卢……

……哈塔里卡城（Hatarikka），远至萨乌阿山（Saua），[这些城市：]毕布[洛斯]，……斯米拉（Simirra）、阿尔卡（Arqa）、兹马拉（Zimarra）、乌兹努（Uznu），[斯安努][(Siannu)]，里拉巴（Ri'-raba）、里斯苏（Ri'-sisu），……上海的……诸多城市，我都纳入我的统治之下。我任命 6 位官员作为总督，统治它们。[……拉]什普纳[城]([R]ashpuna)，[位于]上海之滨，[这些城市……]奈特（nite）、戛尔扎（Gal'za）、阿比拉卡（Abilakka），比邻以色列（Israel）(*Bît Hu-um-ri-a*)，[这]广阔的[纳夫塔]里([Naphta]li)（土地），在其全部幅员之下，我把它与亚述统一起来。我任命了官员作为总督统治它们。

至于戛扎的汉诺（*Ha-a-nu-ú-nu al Ha-az-za-at-a-a*），他在我军队之前逃跑了，他逃到了埃及，[我征服了]戛扎城，……他的个人财产，他的肖像……[我竖立了（?）]（我的肖像），我的[……众神]和我的皇家肖像在他的宫殿里……（随后）宣布（它们）成为他们国家的主神。我强迫他[们纳贡]。[至于美纳海姆（Menahem），我]征服了他（像一场暴风雪），他……像鸟一样孤身逃跑了，[然后匍匐在我双脚之下（?）]。我恢复了他的原位，[向他强征贡品，计有：]金、银、带有多彩配饰的亚麻长袍，……大的……[我]从他那里收到。以色列……其所有居民（及）其财产，我运往亚述。他们推翻了他们的王佩卡赫（Pekah）(*Pa-qa-ha*)，我任命何细亚（Hoshea）(*A-ú-si-'*)为王统治他们。我从他们那里收到 10 塔兰特金、1,000（?）塔兰特银之贡品，我把它们运送到亚述。

至于萨姆丝，阿拉伯女王，……我杀了，1,100 名居民、30,000 头骆驼、20,000（头）牛[……]5,000（罐各种香料，11 图鲁碗（*tûlu*-bowls），她保护神的财产，……她（自己）的财产，我从她那里攫取，她像一头母驴一样，（自己）[逃]命到了巴祖城（Bazu），巴祖城是干旱缺水区，……她为饥饿所迫，她营地里的人……（然后）她开始恐惧我强大[军队]的[威力]，给我送来了公骆驼和母骆驼，……她的……[我在她之上，安置了一个摄政王]。我使得比拉伊（the Bir'ai）匍匐在我的双脚之下。马萨伊（Mas'ai）的居民、特马（Tema）的居民、萨巴伊安人（Sabaeans）、哈伊阿帕（Haiappa）的居民、巴达纳（Badana）的居民、哈提阿（Hattia）的居民、伊迪巴伊利安人，……来自西部地区的遥远国家［无人知晓，无人听到］我统治的威名，［然后］……他们跪服在我统治的枷锁下。［他们给我送来了］贡品——无一例外——公骆驼和母骆驼，还有各种各样的香料，亲吻了我的双脚……我任命了艾迪比卢（Idibi'lu）作为穆苏尔（Mu-su-ri）[①]边疆"行军监督局"的长官。

### 4. 萨尔贡二世（公元前721—前705）：攻陷撒玛利亚

A

（亚述之王萨尔贡）撒玛利亚和整个以色列（国家）的征服者，夺取了阿什多德（Ashdod）（和）施努赫提（Shinuhti），像捕鱼一样，在海域抓获了（生活在岛上的）希腊人，摧毁了卡斯库（Kasku）、塔巴里（Tabali）全地和西里西亚（Cilicia）（Hilakku），驱逐了穆斯库（Musku）之王米达斯（Midas）（Mi-ta-a），在拉皮胡（Rapihu）击败了穆苏尔，把戛扎之王汉诺宣布为战利品，使艾阿国（Ia'），塞浦路斯（Cyplus）（Ia-ad-na-na）的一个地区之七王臣服，他们居住在大海中（的一个岛屿上），有7天航程的（距离）。

我犹如暴风雨，席卷［了］哈马斯国家（Hamath）（A-ma-at-tu）全境。我给其国王艾奥比迪（Iaubi'di）及其家人、武士戴上桎梏，作为其国家的（一众）俘虏，运送至亚述。从这些（俘虏）中，我建立［起一支军队］，包括300辆战车、600名配备有皮质盾牌和长矛的骑［兵］，把他们充实进我的皇家军队中。我在哈马斯国家，安置了6,300名（忠实）可靠的亚述人，我任命了我的一名官员作为总督管理他们，并向他［们］强征贡［赋］。

塞浦路斯的一个地区，艾阿国之［七］王，［位居］西海之中，有7天之距离，其位置是如此之远，我的皇父皇族中无人［曾］听见他们国家的名字（被提到过），［鉴于这么］遥远的距离亚述都知晓了，遥远至大海之中，［我］在迦勒底（Chaldea）和哈梯（Hatti）［取得的（业绩）］，他们的心脏开始狂

---

[①] 前文中提到的是穆斯鲁（Musru）。

跳，[恐惧]笼罩着他们。他们把金、银以及黑檀木和黄杨木制品，送（至）巴比伦给我，（它们都是）他们国家的财宝，他们亲吻了我的双脚。

B

在我的皇家统治之始，我……[撒玛]利亚人之城[我包围了，攻克了]（毁坏2行）（为了神……他让）我取得我的（这场）胜利……我领走了其27,290名居民作为俘虏，（并且）从[他们，从士兵到成年男子]之中，[装备]了50辆战车，充实到我的皇家军队中……[我]重建[之城]胜过（其）从前的样子，我把我亲自从各个国家征服来的人民[安置]在这里。我任命了我的官员作为总督管理他们，向他们为亚述公民征收贡赋（形成惯例）。

我包围并攻克了撒玛利亚，领走了其27,290名居民作为战利品。我从他们之中组织了一支50辆战车队，为剩余的（居民）安排了（社会）职位。我任命了我的一名官员管理他们，向他们征收前任国王应缴纳的贡赋。汉诺，戛扎国之王，还有斯贝（Sib'e），埃及（Mu-su-ri）的副王（the turtan）从拉皮胡出发，向我发起了一场具有决定意义的战役。我击败了他们；斯贝企图逃跑，当他的耳畔（只能）听见我的军队（不断靠近的）喧闹之声时，他害怕了，然后就失踪了。至于汉诺，我亲手活捉了他。我收到了来自穆苏茹（Musuru）的皮茹（Pir'u）、阿拉伯女王萨姆丝和萨巴伊安人（the Sabaean）艾塔马尔（It'amar）的贡品，即粉末形式的金、马匹（和）骆驼等。

阿什多德的艾阿马尼（Iamani），畏惧于我的军事力量，弃妻与子，逃到了属于梅路哈①的穆斯鲁（[M]usru），像一个盗贼一样隐藏在那里。我任命了我的一名官员作为总督管理其庞大的国家和富庶的居民，（因此）又一次扩大了众神之王阿淑尔的领地。（然而）我主阿淑尔神的魔力（激发）的恐惧，压倒了梅路哈国王，他把他（即艾阿马尼）的手脚都铐上枷锁，送到我面前，送到亚述。我征服和劫掠了施努赫图城（Shinuhtu）（和）撒玛利亚城，以及整个以色列。我像捕鱼一样，抓获了生活在西海（岛屿上）的希腊人（爱奥尼亚人）。

在我统治的第二年，[来自哈马斯]的艾卢比[迪]（Ilubi'[di]）……他

---

① 有学者认为梅路哈位于今埃塞俄比亚。

在卡尔卡尔城（Qarqar）集结了一支庞大的（军队），［忘记了］（他们曾经立下的）誓言……［阿尔帕德（Arpad）、斯米拉（Simirra）、］大马士革（D-maš-[qaki]）和撒玛利亚等城都起而反叛我。（此后缺文）他（即戛扎的汉诺）与［他（即法老）结成了同盟］，他（即法老）召唤他的副王（turtan）斯贝援助他（即汉诺），他（即斯贝）向我进军，发动了一场具有决定意义的战役。根据我主阿淑尔（做出）的（神谕）安排，我让他们（即汉诺和斯贝）遭受了一场败仗。斯贝像一位牧人，在羊群被偷以后，独自逃跑，而后销声匿迹。（然而）汉诺，我亲手活捉了他，并把他放入牢笼之中，（亲自）押送他回到我的亚述城。我摧毁了拉皮胡城，摧毁并焚烧了（其城墙）。我领走了9,033名居民作为战俘，还有他们无数的财产。

哈马斯的艾奥比迪，一名未经法律程序宣布登上王位的平民，一名遭受诅咒的赫梯人，图谋成为哈马斯之王。他勾结阿尔瓦德、斯米拉、大马士革和撒玛利亚等城离弃我，他们联合起来，组成了一支军队。我召集了亚述大军，把他及其军队包围在他心爱的城市卡尔卡尔。我攻克了（它），并焚烧了（它）。至于他本人，我剥了他的皮；我把所有反叛者都处死在他们的城市中，（重新）建立了和平与和谐。我从哈马斯的居民中（挑选人），组成了一支军队，由200辆战车和600名骑兵组成，我将其纳入我的皇家军队中。

在我统治的第5年，卡尔凯美什的皮斯里（Pisiri）打破了对众神的誓言，写信给穆斯基（Muski）的国王米达斯（Midas）（Mi-ta-a），内容（全）是关于反抗亚述的敌对计划。我举起双手，向我主阿淑尔（祈祷），（结果是）我（很快）使他，还有他的家人投降，交出了（卡尔凯美什），金、银以及他的个人财产，我给［他们所有人］都戴上枷锁。卡尔凯美什（支持）他的叛民，我把他们作为俘虏迁出，并把（他们）送往亚述。我从他们之中挑选人，组成了一支军队，由50辆战车、200名骑兵（和）3,000名步兵组成，我将［其］纳入我的皇家军队中。（然后）我在卡尔凯美什城安置了亚述居民，在他们的（脖颈）上套上了我主阿淑尔神的枷锁①。

---

① 可能意味着亚述移民的某种特殊地位。

在我主阿淑尔神谕显灵的［激发］下，我击溃了塔木德（Tamud）、艾巴迪迪（Ibadidi）、马尔斯马努（Marsimanu）和哈伊阿帕诸部落，击溃了生活在遥远沙漠中的阿拉伯人，他们未曾知晓有管理者和官员，未［曾］向任何国王纳过贡。我把残留者驱逐出境，把（他们）安置在撒玛利亚。

穆斯茹国王皮茹（Pir'u）、阿拉伯女王萨姆丝和萨巴伊安人艾塔马尔——他们都是来自海滨和沙漠的国王——我从他们那里收到了贡品，包括粉末形式的黄金、宝石、象牙、黑檀木籽、各种香料、马匹（和）骆驼等。

阿什多德之王阿祖里（Azuri）图谋不（再）向亚述纳贡，写信给他的邻居国王们，内容（充满）对亚述的敌意。鉴于他的不轨之举，（因此）犯下的罪行，我剥夺了他对其国家居民的统治权，让他的弟弟阿西米提（Ahimiti）当国王，进行统治。但是这（些）（总是）图谋造反的赫梯人，痛恨他（即阿西米提）的统治，选拔了一名希腊人统治他们，这位希腊人没有经过法律程序就登上了王位，就像他们自己一样，不尊重权威。[盛怒之下]，我快速进军——（甚至）只依靠我自己的国家的战车队和骑兵，绝无友军相随——直逼阿什多德和他的皇家官邸，我包围并攻克了阿什多德、戛斯（Gath）(*Gi-im-tu*)（和）阿斯杜迪姆（Asdudimmu）等城市。我宣布了诸神归位，宣布他本人、他国家的居民、金、银、（和）他的个人财产等成为我的战利品。我重组了这些城市的［管理机构］，任命了我的一位长官作为总督统治他们，宣布了他们成为亚述公民，他们（一样）戴上了我的枷锁。

阿什多德之王阿祖里（Azuri）图谋不（再）向亚述纳贡，写信给他的邻居国王们，内容（充满）对亚述的敌意。鉴于他的不轨之举，（因此）犯下的罪行，我剥夺了他对其国家居民的统治权，让他的弟弟阿西米提（Ahimiti）当国王，进行统治。但是这（些）（总是）图谋造反的赫梯人，痛恨他（即阿西米提）的统治，选拔了一名希腊人统治他们，这位希腊人没有经过法律程序就登上了王位，就像他们自己一样，不尊重权威。盛怒之下，我（等）不及集合我的全部军事力量，或者准备宿［营装备］，就向阿什多德进军了，（只）带了我的战车兵，绝无友军相随，但是这位希腊人在远处就听到了我远征前进的消息，逃跑至穆斯茹——（现在）属于埃塞俄比亚——境内，他的（藏身）之处未能查到。我包围并攻克了阿什多德、戛斯（和）阿斯杜迪姆等城市；我宣布他的塑像、他的妻子、他的子女、他宫中的所有财产和珍宝以及他国家的居民等成为我的战利品。我重组了这些城市的［管理机构］，并把我所亲自征服的东方［地区］的居民安置于此，我任命了我的一位长官作为总督统治他们，宣布了他们成为亚述公民，他们（一样）戴上了［我的枷锁］的布带子。［居住］在［遥远国度］、不可接近地区的埃塞俄比亚国王，道路［通往它……］其父辈们从未——从遥远的过去到现在——派使者向我的皇父皇祖们问好致意，即便［距离］遥远，他也一定对阿淑尔、尼波（Nebo）和马尔杜克（Marduk）诸神的威名有所耳闻。对我王位魔力激起的敬畏让他目眩，恐惧压倒了他。他把他（即那位希腊人）投入枷锁之中，给他戴上手铐脚镣和铁箍，他们把他运往亚述，这是一个长远的旅途。

## 5. 辛那赫里布（公元前 704—前 681）

### 围攻耶路撒冷

在我的第三场战役中，我向哈梯进军。卢力（Luli），西顿之王，我的权威魔力所激起的恐惧压倒了他，他渡海远逃而亡。我主阿淑尔神"武器"令人敬佩的威仪，压倒了其强大的城市，（诸如）大西顿（Great Sidon）、小西顿（Little Sidon）、比特兹提（Bit-Zitti）、扎里布图（Zaribtu）、马哈利巴（Mahalliba）、乌舒（Ushu）（即推罗的大陆居民区）、阿克兹布（Akzib）、（和）阿科（Akko），其所有的要塞堡垒城市，有城墙防护，并且驻军粮水供应（充足），然而他们跪服在我的双脚之下。我任命伊思巴尔（Ethba'al）（*Tuba'lu*）为他们的国王登上宝座，强迫他向我纳贡，（作为其）领主地位每年（应支付的），不得间断。

至于阿姆鲁的所有国王——萨姆斯穆茹纳（Samsimuruna）的美纳海姆（Menahem）（*Mi-in-hi-im-mu*）、西顿的图巴鲁（Tuba'lu）、阿尔瓦德的阿布迪力提（Abdili'ti）、毕布洛斯的乌茹米尔基（Urumilki）、阿什多德的米廷提、贝思阿蒙（Beth-Ammon）的布都伊利（Buduili）、莫阿布（Moab）的卡姆苏纳德比（Kammusunadbi）（和）伊多姆（Edom）的阿伊亚拉姆（Aiarammu），他们都给我带来奢侈的礼物（*Igisû*）和——四倍的——他们厚重的塔马尔图礼物（*tâmartu*-presents），并且亲吻了我的双脚。然而，阿斯科隆国王斯德奇亚（Sidqia），他不肯跪倒在我的枷锁之下，我把他的家族保护神、他本人、他的妻子、他的子女、他的弟兄、所有他家族的男性后裔，全部驱逐出去，押送到亚述。我安排了他们前任国王茹基布图（Rukibtu）之子沙茹鲁达里（Sharruludari），统治阿斯科隆的居民，强迫他向我缴纳贡赋（和）卡特如礼物（*katrû*-presents），（作为）领主——他（现在）戴上了（我枷锁的）布带！

在接下来的战役中，我包围了贝思达贡（Beth-Dagon）、乔帕（Joppa）、巴纳伊巴尔卡（Banai-Barqa）和阿祖茹（Azuru），这些城市都属于斯德奇亚王，他没有（足够）快地跪倒在我的双脚之下；我征服了（它们），并带走了战利品。伊科戎（Ekron）的官员、贵族和（平）民——把他们的国王帕迪（Padi）投入牢笼之中，（因为他）忠实信守他向阿淑尔神（立下）的神圣的誓言，并把他交给了犹太人（the Jew）希西家（Hezekiah）（*Ha-za-qi-(i) a-ú amella-ú-da-ai*）——他（希西家）把他非法地投入监狱，仿佛他（帕迪）是个敌人——处于恐惧，他向埃及（穆苏尔）（*Mus(u)ri*）的国王们求（援），梅路哈的弓箭手、战车（兵）和骑兵，一支数不尽的大军——他们（采取实际行动）实施其援助。在伊尔特克赫（Eltekeh）（*Al-ta-qu-ú*）平原，他们拉开了向我进攻的战线，他们磨刀霍霍。在我主阿淑尔神谕显灵的（鼓舞）下，我与他们开战，并让他们遭受了失败。在混战中，我亲手活捉了多名埃及的战车手和他们的多位王子，（还有）梅路哈国王的多名战车手。我对伊尔特克赫和提姆纳赫（Timnah）（*Ta-am-na-a*）形成了围攻，并最终攻克了（它们），带走了战利品。我向伊科戎发起了猛烈的进攻，屠杀了犯下罪状的官员和贵族，并把他们的尸体悬挂在环城的柱子上。对于罪状稍小的（平）民，我把他们当作战俘处理。对于剩余的、没有犯下罪状、没有不当行为之人，我予以释放。我让他们的国王帕迪，从耶路撒冷（*Ur-sa-li-im-mu*）返回，并把他安置在了王位之上，向他征收（作为）领主［应］向我缴纳的贡赋。

至于希西家，这位犹太人，他并没有向我的枷锁屈服，我向他的46座强大的城市展开了围攻，这些城市都有城墙堡垒防护，我还对城市周围数不尽的小村庄进行了围攻。我采用修建实（土）坡道，（因此）把攻城锤运到靠近（城墙）的方法，并有步兵的进攻（相配合），（还利用）地雷、breeches 和工程兵等。我从（它们）当中缴获了老老少少、男男女女 200,150 人，还有难以计数的马匹、骡子、驴、骆驼、大牛和小牛等，（这些）都是我的战利品。我让他本人成为耶路撒冷的一名囚徒，这里是他的皇家官邸所在地，他俨然一只笼中之鸟。我在他周围修建了防御工事，用来攻击那些企图离开城门之人。我劫掠的城市，我从他的国家移走，把（它们）分配给阿什多德之王米廷提、伊科戎之王帕迪和戛扎之王西里贝尔（Sillibel）。我缩小了他的国家，但仍然增加了［他］作为领主［应］向我缴纳的贡赋和卡特如礼物（*katrû*-presents），即我将来向他征收的贡赋要超过以前的贡赋，按年缴纳。至于希西家本人，我主宰地位令人恐惧的威仪压倒了他，他把他的非正规军和精锐部队带到了耶路撒冷，他的皇家官邸所在地，他的目的是为了是加强（它），但他们却遗弃了他，给我送来贡品，这些贡品后来又送到了我主之城尼尼微。总计有 30 塔兰特金、800 塔兰特银、宝石、锑、大块切割的红宝石、象牙［镶嵌］的长沙发、象牙［镶嵌］的尼美都椅子（*nîmedu*）、象皮、黑檀木、黄杨木，（以及）各种很值钱的珠宝，还有他（自己）的女儿们、宠妾们和男女乐师们。为了运送这些贡品，也为了表达他作为一名奴隶的忠顺，他派出了他（个人的）信使。

然而，西顿之王卢力（Luli）惧怕与我交战，逃到了塞浦路斯（*Iadnana*）国家，它是位于海中的［一个岛屿］，寻求（在那儿）庇护。但是，即使是在这个岛屿上，面对我主阿淑尔"武器"令人敬畏的恢宏气势，他还是遭受了声名狼藉的死亡。我安排伊思巴尔登上了他的王位，向他征收（他）作为领主（应向）我缴纳的贡赋。我把犹大（*Ia-ú-di*）的大片地区夷为平地，迫使其国王、飞扬跋扈、骄傲自大的希西家俯首称臣。

我剥夺了西顿之王卢力在其王国的王权。我安排伊思巴尔登上其王位，我向他征收［作为］领主他［应向］我缴纳的贡赋。我把犹大的大片土地夷为平地，给其王希西家套上我的（枷锁）布带（*abšāni*）。

辛那赫里布，世界之王，亚述之王，坐上了尼美都王位（*nîmedu*-throne），他盘点了从拉吉城（Lachish）（*La-ki-su*）［缴获］的战利品。

111

## 6. 埃塞尔哈顿（公元前 680—前 669）：王位之战

埃塞尔哈顿的所有，伟大之王，合法之王，世界之王，亚述之王，巴比伦的摄政王，苏美尔和阿卡德之王，（宇宙）四方之王，真正的牧者，伟大的众神之宠爱者，阿淑尔、沙马什、贝尔（Bel）和尼波（Nebo）、尼尼微的伊什塔尔（和）阿尔贝拉（Arbela）的伊什塔尔，在他［还］是少年之时，便宣布他为亚述之王。

我（确实）是我的兄长中最年幼的（弟弟），（但是）我的生身父亲，在阿淑尔、辛、沙马什、贝尔和尼波、尼尼微的伊什塔尔（和）阿尔贝拉（Arbela）的伊什塔尔众神的指令下，选择我——以适当的形式并在我所有的兄长面前——宣告："这个儿子是将来要［被提升］到我的继承者位子上的人。"（然后）他通过神谕的方式，把这个问题提交到了沙马什和阿达德（Adad）面前，他们回答他说："他（正是）你的接替者。"他（即辛那赫里布）听从了众神的重要宣告，把老老少少的亚述人、我的兄长们（和所有）我父亲（家族的）男性后裔召集在一起，让他们在亚述众神（的雕像）前立下庄严神圣的誓言，以保证我顺利继承王位，亚述众神如下：阿淑尔、辛、沙马什、尼波（和）马尔杜克（Marduk），（以及）（所有）居住在天庭和地府的（其他）神灵。

在一个吉月吉日，我——根据（神谕）的提升指令——入住了王储宫，这是受到高度尊敬的地方，居住在此宫（之人），注定要继承王位。（当）我的兄长们意识到（此举）的真正意义（时），他们放弃了对神灵的虔敬，寄希望于鲁莽冒险的行动，筹划邪恶的阴谋。他们发起对我的诽谤、虚假指控，以及（一切）神灵不喜欢的事情，不停地在我背后散播邪恶的、错误的和敌对的（谣言）。（因此）他们疏远我——违背神的意志——我父亲的心愿——（以前）他们对此是友善的，（尽管）在我父亲的心底，（总有）一种（对我）的宠爱，他的心思（总是）让我成为国王。我开始有些疑虑，反问我自己："他们的冒险行为是基于对自己意愿的笃信吗？或者说，他们能够违背神意采取（那样）邪恶的行动吗？"我通过祷告、哀求和跪拜的方式，向众神之王阿淑尔和仁慈的马尔杜克求助，对他们而言，下贱是令人讨厌的事情，他们（终于）同意（给出）（神谕）答案，（即我兄长们的行为）是否遵循了我主众神的决定。面对（这些）邪恶的阴谋，他们（两位神灵）让我躲藏在一个隐蔽之处，他们把他们芬芳的保护影子散布在我全身之上，（因此）保护住了我的王权。

于是，我的兄长们丧失了理智，做尽一切在众神和人类（眼中）邪恶的事情，并且（继续）他们邪恶的阴谋活动。他们（甚至）在尼尼微的市中心拔出了武器，（这是）违背神［意］的行为，相互之间用头顶撞——像小孩子一样——来接管王权。阿淑尔、辛、沙马什、贝尔和尼波、尼尼微的伊什塔尔（和）阿尔贝拉（Arbela）的伊什塔尔众神，面带不悦的神情，看着这些篡权者的所作所为，他们的所作所为是违背神意的，众神没有对他们伸出援助之手。（相反），众神把他们的强势变成了弱势，（因此）（最终）让他们跪拜在我身下。（还有）向众神立下誓言的亚述人民，借助于水和油，来保护我宣誓登基，并没有对他们施以援手。但是，我，埃塞尔哈顿，从不会在一场战斗中转身离去，对众神保持虔信，很快听到了这些不幸事情的发生，我放声高喊："糟糕！"撕开了我的皇袍，放声痛哭。我变得像狮子一样疯狂，我的灵魂在燃烧，我拍拍双手，（召唤众神），告诉他们我的（想法），我想登上王位，那是我父亲的遗产。我向阿淑尔、辛、沙马什、贝尔、尼波和涅尔加尔（Nergal），（向）尼尼微的伊什塔尔和阿尔贝拉（Arbela）的伊什塔尔众神祈祷，他们同意给出一个（神谕）的答案。他们通过正确（和）肯定的答案，给我发送了（如下）由占卜（收到）的神谕："前（进），不要犹豫！我们将与你同行，杀死你的敌人们！"我甚至没有等到第二天，也没有等待我的军队，没有（片刻）后悔，没有集合打碎了枷锁的马队，没有集中战斗装备，我（甚至）没有征集远征所需要的给养，我不畏惧大雪和沙巴图月（Šabatu）的寒冷，（这个月）的冬天是最寒冷难挨的——但是我展开了我的翅膀，像（迅捷）飞翔的风暴（鸟）一样，压倒了我的敌人。我走的是通往尼尼微之路，它虽然是艰难的旅行，但路途较短。在我面前，在汉尼戛尔巴特（Hanigalbat）地区，他们（即我的兄长们）的全部精锐部队阻碍了我远征军的前进，他们磨砺武器（准备开战）。但是，我主众神令人恐惧的威仪，压倒了他们，他们在我强大队列的进攻之下，变得像发疯了一样。伊什塔尔，战争女神，喜欢我（做）她的高级祭司，她站在我一边，她摧毁了他们的弓箭，让他们本来有序的战列逃散了。于是，他们在他们自己的队伍中高喊："这就是我们的国王！"在她高贵的指令下，他们大量地向我聚集而来，在身后支持我。他们像小羊羔一样，欢快地蹦跳，（承认）我作为他们的主人，（向我）祈祷。用生命向众神立下誓言、站在我这边的亚述人民，前来迎接我，并亲吻了我的双足。但是，他们，发动了反叛战争的企图篡权者，在听到我的远征军逼近之时，却离弃了他们（最）可信的部队，逃得不知去向。

我到达了底格里斯河堤岸，在辛和沙马什的（神谕）指令下——这（两位）神主的（天体之光）照亮了堤岸——我让我的所有部队跳进了底格里斯河，仿佛它就是一条小河沟。

在阿达尔月（Addar），一个吉利的月份，在第8日，这是尼波神节之日，我兴致盎然地进入了尼尼微，在这座城市，我（行使了）我的君主权利，高兴地坐在了我父亲的宝座之上。南风，埃亚神（Ea）（主宰的）和煦之风，（就在这时）徐徐吹来，预示着这是适合登基的好时日，恰是为我而来的好时辰。所有（其他）在天上和地上发生的吉兆，对其的解释是观察者的事情，众神和众女神的讯息不停地传达给我，让我充满了自信。为我兄长们图谋亚述统治权的军队，难辞其咎，我将其视为集体犯罪，对他们施以酷刑；我（甚至）灭绝了他们的男性后裔。

### 7. 亚述巴尼拔（公元前668—前633）

征战埃及、叙利亚和巴勒斯坦

我的第一次战役是进军马干（埃及）和梅路哈（埃塞俄比亚）。埃及（穆苏尔）和努比亚（库苏）（*Kúsu*）之王提尔哈卡赫（Tirhakah）（*Tarqú*），埃塞尔哈顿，亚述之王，我的亲生父亲，曾经击败过他，就是这（同一位）提尔哈卡赫，忘记了我主阿淑尔、伊什塔尔和（其他）众神的神威，相信他自身的实力。他转而反对我父亲在埃及任命的国王（和）摄政王。他进入并入住了孟斐斯城（Memphis）（*Me-im-pi*），我父亲曾经征服过这座城市，并将其纳入亚述疆土。一位飞马信使来到尼尼微，向我报告了此事。我对所发生的事情感到非常气愤，我的灵魂在燃烧。我举起双手，向阿淑尔神和亚述的伊什塔尔神祈祷。（然后）我召集了阿淑尔和伊什塔尔委托给我的强大的武装军队，选取最近的道路，兵发埃及（穆苏尔）和努比亚。在我这次（对埃及）的远征中，有来自海滨、岛屿和大陆的22位国王，他们都是我的仆从，给我带来了厚重的礼物（tâ-mar-tu），并亲吻了我的双足。我让这些国王带上他们各自的武装部队和船只，陪伴着我的军队走过陆上和海上行军线。很快地，我前进到了遥远的卡尔巴尼提（Kar-Baniti），这很快给埃及的国王和摄政王——我的仆从，带来了宽慰。提尔哈卡赫，埃及（穆苏尔）和努比亚之王，在孟斐斯听到了我远征军的到来，召集了他的军队，欲与我展开决战。在我主大神阿淑尔、贝尔和尼波等神谕显灵的（鼓舞）下，他们（总是）陪伴在我身边，在一片开阔的战场上，我击败了他（久经）沙场的军队。在孟斐斯的提尔哈卡赫，听到了他军队战败的消息，阿淑尔和伊什塔尔（令人恐惧）的威仪压倒了他，（因此）他变得像发疯了一样。天庭和地府众神赋予我的王权之魔力，把他搞得晕头转向，为了活命，他弃城而逃，逃到了底比斯（Thebes）（Ni'）。我（也）攻克了底比斯城，带领我的军队进城，并（在此）停歇。

尼科（Necho）（Ni-ku-ú），孟斐斯和舍易斯（Sais）（Sa-a-a）之王，沙尔茹鲁达里（Sharruludari），斯努（Si'nu）之王，皮山胡茹（Pishanhuru），纳特胡（Nathu）之王，帕克茹茹（Pakruru），（皮）莎普图（Pi）(shaptu）之王，布库南尼皮（Bukkunanni'pi），阿思力比斯（Athribis）（Ha-at-hi-ri-bi）之王，纳赫科（Nahke），希宁师（Hininshi）之王，普图比什提（Putubishti），塔尼斯（Tanis）（Sa-'-nu）之王，乌那穆努（Unamunu），纳特胡之王，哈尔斯艾舒（Harsiaeshu），萨波努提（Sabnuti）之王，布艾玛（Buaima），皮廷提（Pitinti）之王，施沙克（Shishak）（Su-si-in-qu），布斯里斯（Busiris）（Bu-ši-ru）之王，塔波纳赫提（Tabnahti），普努布（Punubu）之王，布卡南尼皮（Bukkananni'pi），阿赫尼（Ahni）之王，艾皮提哈尔德舒（Iptihardeshu），皮哈提胡闰皮（基）（Pihattihurunpi（ki））之王，纳赫提胡茹安斯尼（Nahtihuruansini），皮沙波迪（Pishabdi'a）之王，布库尔尼尼皮（Bukurninip），

帕赫努提（Pahnuti）之王，斯哈（Siha），（Siut）（*Si-ia-a-ú-tú*）斯乌特之王，拉门图（Lamentu），希姆尼（Himuni）（赫尔摩坡利斯）（Hermopolis）之王，艾什皮马图（Ishpimatu），塔艾尼（Taini）之王，曼提曼赫（Mantimanhe），底比斯之王，这些国王、总督和摄政王，是我父亲在埃及任命的，他们在提尔哈卡赫叛乱之时弃位而去，散落到了开放的地区，我重新安排了他们留下的位子，以及他们（前任）留下的位子。（因此）我重新攫取（控制）了我的父王（已经）征服过的埃及（穆苏尔）和努比亚；我让这里的驻防比以前更强大，对他们的规章制度管控更严厉。带着很多战俘和沉重的战利品，我安全地返回了尼尼微。

（然而）后来，所有我任命的国王，都违背了对我的誓言，没有履行在众大神面前立下的盟约，他们忘记了我曾和善地对待他们，密谋一场邪恶的（政变）。他们商量造反，并且达成了一个渎神的决定："（现在甚至在）提尔哈卡赫被驱逐出埃及（穆苏尔）（之时），我们自己（指望）如何生存？"然后，他们派飞马信使到努比亚之王提尔哈卡赫处，他们建立了这样的盟誓："让我们和平相处，让我们达成相互理解；我们的土地，由我们分享，我们不需要外国统治者！"他们继续谋划对抗亚述军队，亚述军队是我统治的（根基），我派驻（在埃及）的部队，本来是用来支持他们（自己）的。（但是）我的军官们听到了这些事情，抓住了他们的飞马信使，截获了他们的情报，（因此）获悉了他们的反叛行径。他们逮捕了这些国王，给他们戴上了铁制的手铐和脚镣，（打破）向众神之王阿淑尔（立下）誓言的（后果），降临到他们头上，我宣布对那些冒犯神圣誓言、犯下罪过的人们进行清算，我（以前）曾经仁慈地对待（他们）。他们（军官们）则屠杀了舍易斯、品迪迪（Pindidi）、塔尼斯和其他所有参与密谋造反城市的老老少少居民，他们没有放过（他们之中的）任何一个人。对于那些反复密谋的国王们，他们将其活捉到我面前，我把他们送往了尼尼微。在他们所有人当中，我唯一赦免了尼科，让他活了下来。我与他订立了一个受誓言（保护）的（条约），这个条约大大地胜过（以前的条约）。我给他穿上带有多彩配饰的长袍，给他戴上了金链子，（作为）他王权的标记，给他的双手戴上了金戒指；我在（佩带在）他裙裾里的短剑上，刻上了我的名字

（音译），披金的坐骑，我给了他。我（还）赠给他战车，以及用于交通运输的马匹和骡子，以与他作为统治者的地位（相匹配）。我还派去了我的一些军官作为总督，去辅佐他。我把舍易斯还给他，作为他的官邸所在地，（这里是）我父王曾经任命他为王的地方。他的儿子，纳布舍兹班尼（Nabushezibanni），我把他任命到了阿思力比斯，（因此）我对待他比我父王当年对待他更友好、更宠爱。对我主阿淑尔（神圣）武器的恐惧，压倒了提尔哈卡赫，在他寻求避难之地，再也没有他的音信。后来，乌尔达马尼（Urdamane），沙巴库（Shabaku）之子（另一说法：他姐姐之子），坐在了其王国的宝座之上。他使底比斯和赫尔摩坡利斯成了他的堡垒要塞，在那里集结他的（武装）力量。他召集了他（久经）沙场的（士兵），向我驻扎在孟斐斯的军队发起进攻。他把我的亚述驻军包围起来，并且扼守住（所有出口）。一位飞马信使赶到了尼尼微，告诉我所发生的一切。

在我的第二次战役中，我直接向埃及（穆苏尔）和努比亚进军。乌尔达马尼听闻我远征军逼近的消息，（只是在）我（已经）进入埃及境内之后。为了活命，他弃孟斐斯而去，逃到了底比斯。我在埃及任命的国王、总督和摄政王们，前来会见我，并亲吻了我的双足。我追击乌尔达马尼，远至其堡垒要塞底比斯。他一见我的强大战斗队列逼近，便逃离底比斯，到了基颇基皮（Kipkipi）。在阿淑尔和伊什塔尔显灵神谕（鼓舞）下，我，亲自，彻底征服了底比斯。在底比斯，我带走了大量的战利品，简直无法计数：银、金、宝石、他的全部个人财产、带有多彩配饰的亚麻长袍、宝马良驹，以及男男女女的居民。我从其基座上，拖下了两个高大的方尖碑，由发光铜（*zahalû*）铸模而成，重达2,500塔兰特，矗立在神庙大门前，并把（它们）运到亚述。（因此）我从底比斯获得了大量的战利品，无以计数。我让埃及（穆苏尔）和努比亚感受到我武器的痛楚，我庆祝了我的胜利。我满载而归，安全地返回了尼尼微，我在这座城市（行使）我的统治权。

我的第三次战役，是向推罗国王巴依尔（Ba'il）进军，他居住在大海之中（的一个岛屿上），因为他不听从我的皇家命令，不听从我的个人指挥。我包围了他的藏身之处，扼守住了通往海上和陆路的各条道路。我切断了他的粮食供给，迫使他们向我投降。他把自己的女儿和他兄弟的女儿们带到我面前，给我做用人服务。与此同时，他带着他的儿子、（还没有）穿越过海洋的艾阿希米尔基（Iahimilki），来欢迎我，作为（我的）奴隶。我从他那里收到了他的女儿、他兄弟们的女儿，还有她们盛大的嫁妆。我宽恕了他，把他的儿子、他的后代，还给了他。艾阿钦路（Iakinlu）阿尔瓦德之王，（也）居住在岛屿之上，还未曾屈服过我家族（任何）一位先王，（现在）屈服在我的枷锁之下，把他的女儿，连带大笔嫁妆，送到尼尼微，做用人服务，他亲吻了我的双足。

在阿尔瓦德之王艾阿钦路死后，（阿兹巴尔（Aziba'l）、阿比巴尔（Abiba'l）、阿杜尼巴尔（Aduniba'l）、萨帕提巴尔（Sapatiba'l）、布迪巴尔（Budiba'l）、巴利阿舒普（Ba'liashupu）、巴尔哈努努（Ba'lhanunu）、巴尔马鲁库（Ba'lmaluku）、阿比米尔基（Abimilki）和阿希米尔基（Ahimilki），仍然居住在大海之中岛屿之上的、艾阿钦路的这些儿子们，从海上来见我，他们带来了厚重的礼物（tâmartu），并且亲吻了我的双足。我喜欢阿兹巴尔，让他做阿尔瓦德之王。我为阿比巴尔、阿杜尼巴尔、萨帕提巴尔、布迪巴尔、巴利阿舒普、巴尔哈努努、巴尔马鲁库、阿比米尔基和阿希米尔基，穿上多彩的长袍，为他们的双手戴上金戒指，让他们在我的宫廷里服务。

# 第四章　契约文书

古代美索不达米亚文明最显著的特征之一就是尊重法律，法律的发展构成了该文明的重要内容之一。据英国学者 H.W.F. 萨格斯估算，在迄今所发现的楔形文字文献中，有关法律方面的内容在苏美尔文献中占 95% 左右，在阿卡德文献中所占的比例不会少很多[1]。其中包括一些"松散"的契约，尽管实际上主要是一些各种财产的收据、记账单和有关登记记录。在没有文书记录的情况下，任何形式的财产买卖和转让都是无效的。任意伪造和更改文书的行为一定要受到严厉的惩罚。每位国王上任后的第一件事就是颁布新法律，宣布自己建立了秩序和正义。在古代苏美尔的书吏学校中，高年级的学生要花相当多的时间学习法律方面的专业知识。他们必须反复地练习和抄写高度专业化的法律术语以及法典和一些具体案例的法庭判决书等。由此可见，法律在美索不达米亚人的日常生活中占有多么重要的地位。最初的具有法律性质的文书大部分涉及的是有关经济方面的内容，如各种买卖和转让财产的契约和各类账单等。

在阿卡德语中，用来表示一般意义上的"契约"的词是 riksatum。riksatum 一般用于财产交易中，比如涉及物品的买卖、保管与储存，雇佣服务、代理、委托及婚姻等。[2] 这类公民共同体成员之间的契约，其内容多数都是记载公民之间的经济活动的，目前发现较多的有商业契约、土地买卖契约、土地和房屋租赁契约、其他各种租赁契约、雇工契约和借贷契约等。

---

[1] H.W.F.Saggs, *The Greatness That Was Babylon*, London:Sidgwick and Jackson,1962,p.196.

[2] Russ Versteeg, *Early Mesopotamian Law*, Durham,North Carolina:Carolina Academic Press,p.169.

## 一、婚姻契约

### BE 6/2 No.40

恩利尔伊德祖（Enlil-idzu），恩利尔神庙的祭司，卢加尔阿兹达之子，娶了阿玛苏卡尔（Ama-sukkal）为妻。阿玛苏卡尔带了19舍克勒[①]之银的嫁妆到恩利尔伊德祖家。日后，当恩利尔伊德祖对阿玛苏卡尔说，"你不是我妻子"，他应归还19舍克勒银之嫁妆。此外，他还应赔付½明那[②]之银，作为离婚补偿。如果阿玛苏卡尔对她的丈夫恩利尔伊德祖说，"你不是我丈夫"，她应丧失那19舍克勒银之嫁妆。此外，她还应赔偿½明那之银。双方应签署协议，并以国王的名义起誓。

### BE 6/2 No.48

阿维利亚（Awilia），瓦拉德辛（Warad-Sin）之子，娶了娜拉穆图姆（Naramtum），辛那图姆（Sinatum）之女为妻。他给她带来了三个儿子[③]作为子嗣：长子、继承人伊比恩利尔（Ibi-Enlil）；次子伊路舒伊巴尼舒（Ilushu-ibanishu）；三子伊利玛阿比（Ilima-abi）。（在分财产时，）长子、继承人优先获得一定份额后，再由长子伊比恩利尔、次子伊路舒伊巴尼舒和三子伊利玛阿比平均分配阿维利亚家现有的房屋、田地、果园、女奴隶、男奴隶和其他财产。当阿维利亚对他妻子娜拉穆图姆说，"你不是我妻子"，他应赔偿½明那之银。当娜拉穆图姆对她丈夫阿维利亚说，"你不是我丈夫"，他们应给她标以拇指甲（？）记号，把她卖了。当伊比恩利尔、伊路舒伊巴尼舒和伊利玛阿比三兄弟对他们的母亲娜拉穆图姆说，"你不是我们的母亲"，他们将丧失对其父亲财产的继承权。当娜拉穆图姆对她的三个儿子说，"你们不是我的儿子"，她将丧失对她丈夫的财产继承权。娜拉穆图姆……在这一年，长子、继承人伊

---

① 1舍克勒等于180舍，等于 $3/10$ 盎司。
② 1明那（mana）等于60舍克勒（shiklu），等于18盎司。
③ 阿维利亚应该是二婚，这三个儿子应该是前妻所生。

比恩利尔、次子伊路舒伊巴尼舒和三子伊利玛阿比应给他们的母亲娜拉穆图姆 2⅔ 古尔谷物、6 明那羊毛和……卡之油，作为赡养费。如果有哪个儿子没有按期给他母亲支付谷物、油和羊毛等赡养费，他将丧失对其父亲的财产继承权。双方应签订契约，并以国王的名义起誓。

## BE 6/1 11

一名女奴贝拉达图姆（Belladatum）（？），一名女奴沙拉特斯帕尔娜（Sharrat-Sippar-na）（？）……，6 舍克勒金用于耳环，1 舍克勒金用于挂在胸前的项链（？），2……银，（每个？）重 4 舍克勒，4 枚银戒指，（每枚）重 4 舍克勒，10 件大衣，20 件腰带，1 件鲁姆扎（*LUM-ZA*）大衣，2 件纳赫拉图姆（*nahlatum*）大衣，1 件马瑞乌姆（*mariuum*）皮衣，1 头牛，2 头 3 岁母牛，30 只羊，20……，一件（DUB（？）SHIT-TA GAL），一件哈尔库古（HAR-KU-GU）宝石，一件哈尔库舍（HAR-KU-SHE）宝石，1 张麦阿尔图（maialtu）床，5 把椅子，1 件（GI-MAL of the gallabum），1 件（GI-MAL of nushahum），1 件（GI-MAL-HAR）（？），1 件（GI-MAL-DUB-SHAL（？）-SAG），1 件（GI-MAL）(garru)，一件（装）油的容器，一件（装）香油的容器，一件（SHAGAN）（？）容器，一件（SHID）（？）头饰，一件大的（SHID）（？），2 gasu tapu（？），3gasu for the head，3 个小的 itgultu（？），2 GISH asu，1 bit pilaqqi malû（？），一个（小的）gannum，一个妇女 Shana‥tum，他的妻子（妹妹？），（和）一个男人 Qishti（？）-NIN-SHAH——所有这些都是黎维尔艾萨基拉（Liwir-E-SAG-ILA），马尔杜克神庙女祭司和（zêrmash-shîtum），阿维尔辛（Awil-Sin）之女的嫁妆，她的父亲阿维尔辛，伊姆古尔辛（Imgur-Sin）之子，给了她这些嫁妆——（然后）他把她送到了伊什塔尔神庙祭司乌图尔伊什塔尔（Utul-Ishtar），阿扎戈伊什塔尔（AZAG-Ishtar）之子的家中，给他的儿子瓦拉德沙马什（Warad-Shamash）（做妻子）。鉴于半明那之银作为她的 terhatu 已经限定在 gannu 之中，并且已经返还给她公公乌图尔伊什塔尔了，将来她的孩子永远都是继承人（？）。沙马什和马尔杜克神的意志，以及国王阿米迪塔纳（Ammî-ditâna）的意志，成为他们的法律依据。

以下是 6 名男证人和书吏的名字。还有很多人的印章，但几乎全被抹掉。

## SAOC 44 1[①]

达米克伊利舒（Damiq-ilišu），伊颇库沙（Ipquša）之子，娶了萨尔卡拉（Sal-kala），丁格尔库塔（Dingir-kuta）之女为妻，并以国王的名义立下誓言。萨尔卡拉把她的三个孩子努尔卡波塔（Nur-Kabta）、伊利图拉姆（Ili-turam）和阿里阿布沙（Ali-abuša）过继给达米克伊利舒，达米克伊利舒成为三个孩子的父亲。如果达米克伊利舒对他的妻子萨尔卡拉和三个孩子努尔卡波塔、伊利图拉姆和阿里阿布沙说，"你不是我的妻子，你们不是我的孩子"，他将赔偿⅓明那之银。如果萨尔卡拉对其丈夫达米克伊利舒说，"你不是我的丈夫"，努尔卡波塔、伊利图拉姆（和）阿里阿布沙对他们的父亲说，"你不是我们的父亲"，他将把他们出售。[②]

## PBS 8/2 155

伊尔舒巴尼（Ilšu-bani）娶了穆哈迪图姆（Muhadditum）为妻。伊尔舒巴尼从穆哈迪图姆那里过继了她的三个儿子（作为子嗣／儿子）：尼努尔塔穆巴里特（Ninurta-muballit）、西里伊什塔尔（Silli-Ištar）和吉尔尼伊沙（Girni-iša）。[……]沙尔（sar）面积的房屋[③]，一面毗邻伊颇库达姆（Ipqu-Damu），纳拉姆辛（Naram-Sin）之子之房屋，一面毗邻伊利伊丁那姆（Ili-iddinam），卢姆尔伊利（Lumur-ili）之子之房屋；一块［……］伊库（iku）[④]之耕田，连同田里正在生长的庄稼，该耕田毗邻伊颇库沙（Ipquša），辛马吉尔（Sin-magir）之子之（田地）；一块［……］沙尔面积的果园地，连同果园里正在生长的果树，这是王室的（财产），位于［……］纳（-na）灌溉区，毗邻伊

---

① 出自古巴比伦时期的尼普尔。
② 指的是出售为奴。
③ 1 沙尔（sar）等于 27 ½ 平方码。
④ 1 伊库（iku）等于 ⅝ 英亩。

达图姆（Iddatum），布尔［……］（Bur-［……］）之子（之果园地）；一块［……］伊库 10 沙尔的果园地，连同果园里正在生长的果树，位于运河旁，一边毗邻伊利伊帕尔萨（Ili-ippalsa），［……］之子（之果园地），一边毗邻伊颇库沙，辛马吉尔之子（之果园地）；一块［……］沙尔面积果园地，位于南夏（Nanga）灌溉区的牧场前，一边毗邻伊利伊帕尔萨（之果园地），一边毗邻伊颇库沙，辛马吉尔之子（之果园地）——（所有这一切）他都移交给他的妻子穆哈迪图姆和尼努尔塔穆巴里特、西里伊什塔尔和吉尔尼伊沙。在长子尼努尔塔穆巴里特拿取了他的优先份额之后，他们将通过抓阄的方式平均分配。如果穆哈迪图姆对她的丈夫伊尔舒巴尼说，"你不是我的丈夫"，或者（如果）她的任何一个儿子尼努尔塔穆巴里特、西里伊什塔尔和吉尔尼伊沙对伊尔舒巴尼说，"你不是我的父亲"，他们将丧失房屋、田地和果园等财产。如果伊尔舒巴尼对他的妻子［穆哈迪图姆］说，"你不是我的（妻子）"，或者对尼努尔塔穆巴里特、［西里伊什塔尔］和吉尔尼伊沙说，"你们不是［我的儿子］"，他将丧失［房屋、田地和果园等财产。双方缔结合约］，他们以国王的名义立下誓言。

## 二、收养契约

### BE 6/1 12

一名男孩，名叫沙马什图库尔提（Shamash-tukulti），沙马什神庙女祭司胡扎拉图姆（Huzalatum）之子。他的母亲胡扎拉图姆是苏姆布尔（Sumu-bul）之女……她把他送给马提伊路（Mati-ilu）和艾丽诗图姆（Erishtum）夫妇作为养子。沙马什图库尔提将成为马提伊路和艾丽诗图姆之子。如果沙马什图库尔提对其父亲马提伊路说，"你不是我父亲"，或者对其母亲艾丽诗图姆说，"你不是我母亲"，那么他们将他做上标记（？）卖钱。然而，如果马提伊路和艾丽诗图姆对他们的儿子沙马什图库尔提说，"你不是我们的（？）（我的）（？）儿子"，那么他们仍然要给他 dullu（？），并且他将获得自由。任何人不得对他提起控诉。沙马什、阿加和马尔杜克神的意志，以及（国王）阿比尔辛（Abil-Sin）的意志作为保证。任何改变泥板内容之人，都将受到神的惩罚。

下面是4名男证人和10名女证人的名字。

## BE 6/ 1 13

苏拉图姆（Surratum）是沙马什神庙女祭司艾丽诗提阿加（Erishti-Aja）之女，她的母亲、沙马什神庙的女祭司艾丽诗提阿加为她"净身"，并收养了她和（她）处于哺乳期的女儿。……沙马什神庙女祭司艾丽诗提阿加，沙茹姆蓝曼（Sharrum-Rammân）之女，为她施行了"圣洁"礼，并把她的面庞转向了正在升起的太阳。只要她的母亲、沙马什神庙女祭司艾丽诗提阿加活在人世，她（被收养者）就要赡养她。如果她的母亲、沙马什神庙女祭司艾丽诗提阿加受到神灵的召唤而去（即逝世），她（即苏拉图姆）"圣洁的"。她将获得独立。她达成了所有愿望。将来沙马什神庙女祭司、沙茹姆蓝曼之女艾丽诗提阿加的孩子们，以及其兄弟卡鲁穆姆（Kalûmum）的孩子们，无论是男孩还是女孩，无论是现在已经出生的，还是未来出生的，都不得向艾丽诗提阿加收养的女儿苏拉图姆及其乳女提起控诉。

下面是证人的名字，几乎无法辨认；还有相关人员的印章。

## BE 6/2 24

埃亚伊丁那姆（Ea-idinnam），伊波库伊什塔尔（Ibku-Ishtar）之子，和他的妻子库里图姆（Kuritum），收养伊利伊丁那姆（Ili-idinnam），长兄，伊利乌马提（Iliummati），其弟，作为他的孩子；他使这两个孩子成为他的子嗣继承人。在兄长优先获得他的份额之后，房屋、田地和所有其他财产将平均分配。将来，只要兄长伊利伊丁那姆和弟弟伊利乌马提（任何一人）对其父埃亚伊丁那姆和其母库里图姆说，"你不是我父亲"或"你不是我母亲"，他们将丧失（继承的）房屋、田地和其他所有财产，他们将被变卖为钱。但是，如果埃亚伊丁那姆或其妻子库里图姆对（两个孩子之中的任何一位）伊利伊丁那姆或其弟伊利乌马提说，"你不是我们的孩子"，他们将丧失房屋、田地和其他所有财产，此外，还要赔偿1明那之银。双方同意，他们以国王的名义起誓。

## PBS No.28

伊波库沙（Ibkusha），阿那扎格沙（Anazagsha）之子，收养了埃亚泰伊阿尔（Ea-taiiar），（？）之子，为子嗣继承人。当他收养埃亚泰伊阿尔作为子嗣继承人之时，作为其父，伊波库沙，……给了（？）埃亚泰伊阿尔4加尔（gar）谷物作为好处。还有，父亲伊波库沙向亲生子埃亚图拉姆（Ea-turam）和养子埃亚泰伊阿尔分配可继承的财产。亲生子埃亚图拉姆得到的份额如下：已经建好的房屋15金（gin），一边比邻伊波库埃亚（Ibku-Ea），安扎格沙（Anzagsha）之子之房屋；1亩（Enlil-garra）田地，纵向比邻伊波库埃亚（之田地）；家中其他财产的一半。养子埃亚泰伊阿尔得到的份额如下：已经建好的房屋15金（gin），纵向比邻埃亚图拉姆，他哥哥（之房屋）；1亩（Enlil-garra）田地，纵向比邻埃亚图拉姆，他哥哥（之田地）；家中其他财产的一半。埃亚图拉姆和埃亚泰伊阿尔每年各自需向他们的父亲伊波库沙支付2⅔古尔（gur）谷物、3明那羊毛和3卡（qa）油，如果谁不向父亲支付上述赡养费，他将丧失继承权。双方同意，他们以国王的名义起誓。

## BE 6/2 57

塔布巴拉图（Tab-balatu），伊特尔比沙马什（Etel-bi-Shamash）之子，（和）贝尔提亚（Beltia），他的妻子，收养了哈比尔阿希（Habil-ahi）为养子。房屋、田地以及家中所有财产，在长兄宁伊布加米尔（NinIB-gamil）优先取得一份后，他们将均分其余部分。根据有关子嗣地位的法律文件（Ablum），卡鲁祭司（kalu-priest），神庙收入，哈比尔阿希的田地、房屋和果园，其兄宁伊布加米尔无权索要。当塔布巴拉图及其妻子贝尔提亚对他们的儿子哈比尔阿希说，"你不是我们的儿子"，他们将赔偿半明那银子。但是当哈比尔阿希对塔布巴拉图和贝尔提亚说，"你不是我的父亲，你不是我的母亲"，他们将给他做上拇指甲标记（？），做上不可以买卖的奴隶标记，甚至把他变卖为银钱。双方同意，他们以国王的名义起誓。

### BE 6/2 4

沙鲁尔图姆（Shalurtum），艾（尼姆）南纳尔（I（nim）-Nannar）之妻，从其父胡帕图姆（Hupatum）和其母鲁巴图姆（Rubatum）那里，收养了阿维尔图姆（Awirtum），胡帕图姆之女，作为自己的女儿。沙鲁尔图姆应该向胡帕图姆支付1⅔舍克勒银，作为收养补偿金。阿维尔图姆将成为神庙信徒（votary），她将允许其养母沙鲁尔图姆享受她的神庙俸禄（prebend）。当阿维尔图姆对其养母沙鲁尔图姆说，"你不是我母亲"，她将被变卖为银钱。但是当沙鲁尔图姆对养女阿维尔图姆说，"你不是我女儿"，她要赔偿10舍克勒银钱，并将丧失她已经支付的收养补偿金。她以国王的名义起誓。

### TIM 4 14[①]

舒曼（Šumman），作为父亲收养了乌尔杜库戛（Ur-dukuga）作为养子。将来如果乌尔杜库戛对其父舒曼说，"你不是我的父亲"，他将丧失所有的房屋、田地和果园，并支付⅓明那之银。而将来如果舒曼对其子乌尔杜库戛说，"你不是我儿子"，他将丧失所有的房屋、田地和果园，并支付⅓明那之银。乌尔杜库戛将与他的女儿阿哈舒努（Ahassunu）达成双方合约，他们通过抓阄的方式分配这些财产。因此，他们以国王的名义起誓。

[7位证人]。

乌尔杜库戛每年向鲁里亚（Luliya）支付4皮（pi）[②]谷物、3西拉（silà）[③]油和价值¼（舍克勒？）银之羊毛。

---

① 这是出自古巴比伦时期尼普尔的文献。
② 1皮（pi）等于60西拉（silà）或卡（qa），等于1⅓蒲式耳。
③ 1西拉（silà）或卡（qa）等于1½品脱。

## BE 6/2 28[①]

伊颇库沙（Ipquša），丁格尔库塔（Dingir-kuta）之子，收养了埃亚塔雅尔（Ea-tayyar），库［……］（Ku［……］）之子，作为子嗣。在收养之日，埃亚塔雅尔偿还了其父伊颇库沙所欠的 4 古尔（*gur*）[②] 大麦债务。在伊颇库沙有生之年，儿子埃亚图拉姆（Ea-turam）及其妻子和养子埃亚塔雅尔要重新分配所继承财产的份额。15 金（*gin*）大小的房屋，比邻伊颇库埃亚（Ipqu-Ea），丁格尔库塔之子的房屋，1 伊库（*iku*）田地，位于恩利尔戛拉（Enlil-gara）田区，比邻伊颇库埃亚之田地，现有一半的家产——（以上是）埃亚图拉姆的（继承）份额。15 金（*gin*）大小的宅基地，比邻其兄弟埃亚图拉姆，1 伊库之田地，位于恩利尔戛拉田区，比邻其兄弟埃亚图拉姆之田地，现有一半的家产——（以上是）埃亚塔雅尔的（继承）份额。埃亚图拉姆和埃亚塔雅尔每年分别向其父支付 2 古尔（*gur*）2 皮（*pi*）大麦、3 明那（*mana*）之羊毛和 3 西拉（*silà*）之油。谁没有履行对其父的以上赡养义务，他将丧失继承权。他们两个人都以国王的名义起誓。

## PBS 8/2 153[③]

艾拉布拉特塔雅尔（Ilabrat-tayyar）收养了帕提亚（Patiya）作为养子。房屋、田地和果园——艾拉布拉特塔雅尔把现有的所有这一切都给予了他的儿子帕提亚。如果帕提亚对他的父亲艾拉布拉特塔雅尔说，"你不是我的父亲"，他将支付 1/3 明那之银；如果艾拉布拉特塔雅尔对帕提亚说，"你不是我的儿子"，那么他将支付［……］明那之银，并丧失他的房屋和所有财产。帕提亚将向艾拉布拉特塔雅尔每年支付 1 古尔 1 皮之大麦、［……］明那羊毛和 6 西拉之油，这些赡养物品按月提供。

---

① 这是出自古巴比伦时期尼普尔的文献。
② 1 古尔（*gur*）等于 180 西拉（*silà*）或卡（*qa*），等于 4 1/10 蒲式耳。
③ 这是出自古巴比伦时期尼普尔的文献。

## ARN 45[①]

达米克伊利舒（Damiq-ilišu），伊丁亚（Iddinya）之子，收养了大哥伊鲁姆戛米尔（Ilum-gamil）、二弟马尔艾尔塞提姆（Mar-ersetim）和三弟伊尔舒巴尼（Ilšu-bani）作为子嗣继承人。他们将通过抓阄的方式，平均分配达米克伊利舒的房产、田地（和）果园——其所有现有财产。如果达米克伊利舒对伊鲁姆戛米尔、马尔艾尔塞提姆和伊尔舒巴尼三个儿子说，"你们不是我的儿子"，他将丧失他作为父亲［……?］的财产；如果伊鲁姆戛米尔、马尔艾尔塞提姆和伊尔舒巴尼对他们的父亲达米克伊利舒说，"你不是我们的父亲"，［他们将赔偿］½ 明那之银。双方自愿签订契约，并以国王的名义起誓。

## ARN 65[②]

达米克伊利舒（Damiq-ilišu），［从］其父辛艾利巴姆（Sin-eribam）［那里］，收养了伊鲁姆戛米尔（Ilum-gamil）、马尔艾尔塞提姆（Mar-ersetim）和伊尔舒巴尼（Ilšu-bani）三兄弟，作为子嗣继承人。在其有生之年，达米克伊利舒应将其田产移交给伊鲁姆戛米尔、马尔艾尔塞提姆和伊尔舒巴尼三兄弟，包括 1 伊库果园，连同果园中正在生长的农作物；一处位于希里亚（Hilia）田区的王室果园，该果园一边毗邻辛伊奇沙姆（Sin-iqišam），库戛图姆（Kugatum）之子之果园，一边毗邻其兄弟卢伊吉（Lu-igi）之果园；2 伊库位于美阿特卢丁吉拉（Meat-Lu-dingira）的耕田，连同正在生长的庄稼。将来如果伊鲁姆戛米尔、马尔艾尔塞提姆和伊尔舒巴尼对他们的父亲达米克伊利舒说，"你不是我们的父亲"，他们将被削发为奴，在他们身上将标上奴隶的记号，他们将被作为奴隶出售。如果达米克伊利舒对伊鲁姆戛米尔、马尔艾尔塞提姆和伊尔舒巴尼三个儿子说，"［你们不是我的儿子］"，他将丧失［……］，并将赔偿［……明那之银］。因此，他们以国王的名义起誓。

---

① 这是出自古巴比伦时期尼普尔的文献。
② 这是出自古巴比伦时期尼普尔的文献。

## PBS 8/2 107[①]

雅斯茹姆（Yasirum）和阿玛苏恩（Ama-Suen）收养了一名处于哺乳期的婴儿作为养子，这名婴儿名叫伊利阿维力（Ili-awili），是阿雅尔图姆（Ayartum）之子。雅斯茹姆和阿玛苏恩是从其母阿雅尔图姆和其丈夫艾瑞什图姆（Erištum）那里收养此婴儿的。作为生养婴儿的补偿，雅斯茹姆和阿玛苏恩向阿雅尔图姆和艾瑞什图姆支付［……］舍克勒之银和2明那羊毛。雅斯茹姆和阿玛苏恩（将从阿雅尔图姆和艾瑞什图姆处抱上）伊利阿维力，然后离开。

## BE 6/2 46[②]

盖了印章的［收养］文件：拉玛苏（Lamassum），尼努尔塔（Ninurta）神庙的纳第吐女祭司，恩利尔曼苏姆（Enlil-mansum）之女，收养了沙特沙马什（Šat-ŠamaŠ），［……］艾利巴姆（［……］-eribam）之妻作为养女……

## OECT 8 20[③]

乌尔卢玛（Ur-Lumma），农民卢伊南娜（Lu-Inanna）之子，收养了卢巴乌（Lu-Bau），艾路提（Eluti）之子，作为自己的子嗣继承人。乌尔卢玛为卢巴乌提供恩利尔神庙埃古拉（Egula）大门的看门人岗位1个月15天；提供宁戛基亚（Ningagia）大门看门人岗位22 ½ 天；提供Aba-Enlil-gim的 *gudu-ship*，［岗位］和［……］的 *buršuma*；给予他房屋、田地和动产——所有现在能给予的财产。现在，只要乌尔卢玛活在世上，他（即卢巴乌）就要每月向他提供40西拉大麦和4（西拉）油，每年向他提供4明那羊毛。将来乌尔卢玛和他的子嗣们，无论有多少子嗣，都不能提起诉讼索要所有这些财产。因此，他们以国王的名义立下誓言。

下面是两个人的印章。

---

① 出自古巴比伦时期的尼普尔。
② 出自古巴比伦时期的尼普尔。
③ 出自古巴比伦时期的尼普尔。

## 三、继承与买卖契约

### OECT 8 17[①]

　　一处面积 1⅓ 沙尔的房屋，毗邻卡库戛（尼）（Kakuga [ni]）之房屋，出口临街；一处 3 沙尔的未经维护的居住房产，毗邻穆尼基恩吉（Munikiengi）的房屋；一处 4 沙尔未经维护的居住房产，毗邻卢苏恩（Lu-Suen）的房屋；庭院中的一扇用一块块小木板做成的木门；祠堂中一扇用一块块小木板做成的木门；一扇用椰枣木做成的木门；一块 1 伊库田地，（位于）乌扎（Uzza）（灌溉区），毗邻卢加尔阿玛如（Lugal-amaru）的田地；一块 1 伊库田地，（位于）乌扎（灌溉区），湿地，毗邻阿玛达卡拉（Amada-kala）的（田地）；一块 2 伊库的田地，（位于）吉尔塔巴雷（Girtabale）运河（灌溉区），毗邻捕鱼人艾路提（Eluti）的（田地）；每年恩利拉（Enlila）老大门看门人岗位 22½ 天；每年伊戛尔马赫（Egalmah）大门看门人岗位 22½ 天；每年乌斯吉达（Usgida）大门看门人岗位 22½ 天；每年宁利尔（Ninlil）大神门看门人岗位 22½ 天；每年工匠人大门看门人岗位 22½ 天；每年宁戛基亚（Ningagia）大门看门人岗位 11 ½ 天；每年杜库（Duku）大门看门人岗位 22 ½ 天；每年在恩利尔和宁利尔神庙任职（*edadi*）6 天；他们把乌尔卢玛（Ur-Lumma）在佩茹茹图姆（Perurutum）果园份地的其余部分分成若干小块；1 份沥青砂浆，1 [x] 四轮车，1 辆四轮车，2 辆两轮车？——（以上就是）长子南纳梅沙（Nanna-meša）的（继承）份额。

　　一处面积 1⅓ 沙尔之房屋，卧室，毗邻宁杜戛（Nin-duga）之房屋；一处 3 沙尔的未经维护的居住房产，毗邻南纳梅沙的房屋；一处 4 沙尔未经维护的居住房产，毗邻卢苏恩（Lu-Suen）的房屋；卧室中一扇用一块块小木板做成的木门；卧室中一扇用木板做成的木门；一扇用椰枣木做成的木门；一块（1）伊库田地，（位于）乌扎（Uzza）（灌溉区），毗邻南纳梅沙的田地；一块 ½ 伊

---

[①] 出自古巴比伦时期的尼普尔。

库 10 沙尔田地,（位于）乌扎（灌溉区）,湿地,毗邻南纳梅沙的（田地）；一块 2 伊库的田地,（位于）吉尔塔巴雷（Girtabale）运河（灌溉区）,毗邻南纳梅沙的（田地）；每年恩利拉（Enlila）老大门看门人岗位剩余的时间；每年伊戛尔马赫（Egalmah）大门看门人岗位 22½ 天；每年乌斯吉达大门看门人岗位 22½ 天；每年宁利尔（Ninlil）大神门看门人岗位 22½ 天；每年工匠人大门看门人岗位 22½ 天；每年宁戛基亚（Ningagia）大门看门人岗位 11½ 天；每年杜库（Duku）大门看门人岗位 22½ 天；每年在恩利尔和宁利尔神庙任职（*edadi*）6 天；他们把乌尔卢玛（Ur-Lumma）在佩茹茹图姆（Perurutum）果园份地的其余部分分成若干小块；2 辆四轮车,1 套四轮车的轮毂,1 把椅子——（以上就是）阿达卡拉（Adda-kala）的（继承）份额。

他们一致同意以上分配。将来任何一方不得向另一方提起诉讼。因此,他们以国王的名义立下誓言。

下面是 3 个人的印章。

## OECT 8 19[①]

每年在恩利尔和宁利尔神庙担任宗教职务（*edadi*-ship）10 天；每年宁戛基亚（Ningagia）大门看门人岗位 6 天——（这是）所有现在神庙能提供职位的优先选择——每年（在）乌斯吉达乌如马赫（Usgida Urumah）神庙担任宗教职务（*edadi*-ship）20 天；每年在宁利拉（Ninlila）神庙大门看门人岗位 12½ 天——（以上是）尼努尔塔穆什塔尔（Ninurta-muštal）的（继承）份额。

每年在恩利尔和宁利尔神庙担任宗教职务（*edadi*-ship）20 天；每年工匠人大门看门人岗位 12½ 天；由于该神庙的任职岗位不充裕,每年杜库（Duku）大门看门人岗位 12 天（是后来补充进去的）；（以上是）纳马尔舒卢姆尔（Namaršu-lumur）的（继承）份额。

每年在恩利尔和宁利尔神庙担任宗教职务（*edadi*-ship）20 天；每年大神门看门人岗位 12½ 天；（以上是）穆纳维茹姆（Munawirum）的（继承）份额。伊

---

① 出自古巴比伦时期的尼普尔。

比恩利尔的子嗣们达成了相互的合约，他们通过抓阄的方式分配（继承物）。

## OECT 8 21[①]

伊利伊帕尔萨（Ili-ippalsa），辛马吉尔之子，和他的妻子艾尔梅舒姆（Elmešum）收养了阿维利亚（Awiliya）之子尼努尔塔穆巴里特（Ninurta-muballit）作为子嗣继承人。他们把房屋、田地、果园和神庙任职等财产，（以及）现有的所有家产，都移交给了尼努尔塔穆巴里特。然后，他们的儿子尼努尔塔穆巴里特向他的父亲伊利伊帕尔萨和母亲艾尔梅舒姆支付2舍克勒之银。如果伊利伊帕尔萨及其妻子艾尔梅舒姆（对尼努尔塔穆巴里特）说，"你不是我的儿子"，他们将丧失房屋、田地、果园和宗教职务等财产，以及现有的家产，并且他们将赔偿（他）½明那之银。如果尼努尔塔穆巴里特对他的父亲伊利伊帕尔萨和母亲艾尔梅舒姆说，"你不是我的父亲，你不是我的母亲"，他将丧失房屋、田地、果园和宗教职务等财产，以及现有的家产，并且他将赔偿（他们）1/2明那之银。

下面是伊利伊帕尔萨，辛马吉尔之子之印章。

## Cornell 6

每年edadi岗位工作［……］天；每年大神门看门人岗位［……］天；每年乌斯吉达（Usgida）大门看门人岗位2½天；每年工匠人大门看门人岗位2½天；每年宁夏基亚（Ningagia）大门看门人岗位2天；一处8金（gin）大小的房屋，毗邻乌巴茹姆儿子们之房屋；一块16沙尔田地，（位于）乌扎（Uzza）（灌溉区），毗邻伊丁辛（Iddin-Sin）儿子们的田地；一块20沙尔的田地，（位于）吉尔塔巴雷（Girtabale）运河（灌溉区）——（以上）构成分配给长子的份额。

每年edadi岗位工作2个月21天；每年大神门看门人岗位3½天；每年乌斯吉达（Usgida）大门看门人岗位和宁利拉（Ninlila）大神门看门人岗位10

---

[①] 出自古巴比伦时期的尼普尔。

天；每年工匠人大门看门人岗位 10 天；每年杜库戛（Dukuga）大门看门人岗位 3 ½ 天；每年宁戛基亚（Ningagia）大门看门人岗位 6 天；一处 ½ 沙尔 6 金（gin）大小的房屋，毗邻已分配出去之房屋；一块 ½ 伊库 30 沙尔之田地，（位于）吉尔塔巴雷（Girtabale）运河（灌溉区）——（以上所有）是分配给哥哥伊比恩利尔（Ibbi-Enlil）（继承）的份额。

每年 edadi 岗位工作 2 个月 21 天；每年大神门看门人岗位 10 天；每年乌斯吉达（Usgida）大门看门人岗位和宁利拉（Ninlila）大神门看门人岗位 10 天；每年工匠人大门看门人岗位 10 天；每年杜库戛（Dukuga）大门看门人岗位 10 天；每年宁戛基亚（Ningagia）大门看门人岗位 6 天；一处 ½ 沙尔 6 金（gin）大小的房屋，毗邻他哥哥之房屋；一块 ½ 伊库 22 沙尔之田地，（位于）乌扎（Uzza）（灌溉区），毗邻他哥哥之田地；一块 ½ 伊库 30 沙尔之田地，（位于）吉尔塔巴雷（Girtabale）运河（灌溉区）——（以上所有）是分配给其弟弟南纳阿亚（Nanna-aya）（继承）的份额。辛伊奇沙姆（Sin-iqišam）的继承人，父辈的伊利阿维力（Ili-awili），他们的父亲的兄弟，也获得了（他的）一份继承份额。于是，将来无论是伊比恩利尔，还是南纳阿亚，都不得向伊利阿维力的继承权发起诉讼。他们以国王的名义立下誓言。根据盖了印章的（继承）分配泥板文书，伊利阿维力和辛舍米（Sin-šemi）的继承事项，他们将平均分配。

## Cornell 4

拉玛苏（Lamassu），伊颇库埃阿之女，嫁给了南纳阿亚（Nanna-aya）。他立曼努姆梅舒里苏尔（Mannum-mešu-lissur）、尼努尔塔穆巴里特（Ninurta-muballit）、辛马吉尔（Sin-magir）和伊纳埃库尔拉比（Ina-ekur-rabi）作为他的子嗣继承人。房屋、田地、果园、神庙职务，以及他现有的所有动产——所有这些财产的分配，都要立下文字的泥板契约。（对于）拉玛苏，南纳阿亚（的妻子），曼努姆梅舒里苏尔、尼努尔塔穆巴里特、辛马吉尔和伊纳埃库尔拉比，他们的父亲南纳阿亚 10 舍克勒之银［……］。如果曼努姆梅舒里苏尔、尼努尔塔穆巴里特、辛马吉尔和伊纳埃库尔拉比对南纳阿亚的妻子拉玛苏说，"你不是他的妻子"，那么，他们将丧失房屋、田地，［……］，并且他们将赔偿½明那之银。

下面是6个人的印章。

## BE 6/ 1 14

10干（gan）梯田，位于瓦拉德南纳尔（Warad-Nannar）田地旁边，8干（?）田地，位于扎瑞库姆（Zarikum）和运河旁边（?），10干（?）田地，位于沙马什纳西尔（Shamash-nâsir）地区（?）——古尔闰杜姆（Gurrundum）所耕种（?）的总计26干田地，1干花园地，属于布图（Butu）地，位于运河和瓦拉德伊什塔尔（Warad-Ishtar）之女的田地旁边，7沙尔 *E-RU-A* 房屋，2沙尔"大房子"，其父斯里沙马什（Sili-Shamash）之住房，3沙尔 *E-KI-GAL* 房屋，位于马塔图姆（Mattatum）房屋旁边，1名男奴隶，（名叫）卡鲁穆姆（Kalûmum），1名男奴隶，扎福利福尔（名叫）（Zaphu-liphur），1名女奴隶，（名叫）伊丽杜姆琪（Ilî-dumqi），1名女奴隶，（名叫）阿丽阿布莎（Ali-abusha），1辆战车 sha i-na ba lik，2库姆（?）（KUM）（?）容器——所有这些是伊（路）比沙马什（Il（u）-bî-Shamash），斯里沙马什之子，所继承的（父亲财产）的一份儿，参与分配的有他的兄弟伊比沙马什（Ibi-Shamash）、伊比克伊尔图姆（Ibiq-iltum）和阿瓦特沙马什（Awât-Shamash）。他们分配了，完成了。所有财产都应落实，他们应该均分财产。将来他们不能彼此相互投诉。沙马什和马尔杜克神的意志，以及国王汉谟拉比的意志作为保证。

下面是9名证人和书吏的名字。辛伊丁那姆（Sin-idinnam）、伊丁辛（Idin-Sin）和沙马加图姆（Shamajatum）的印章。

## OECT 8 16[①]

曼努姆梅舒里苏尔（Mannum-mešu-lissur）把他继承的遗产，用来与穆纳维茹姆（Munawirum）进行交换。曼努姆梅舒里苏尔的遗产继承物既包括他

---

① 出自古巴比伦时期的尼普尔。

正常的继承物，也包括他优先获得的份额。他用此交换获得的是每年在古拉（Gula）神庙看守大门岗位 10 ½ 天；每年在宁夏基亚（Ningagia）神庙看守大门岗位 5 天；每年在宁利尔（Ninlil）神庙看守大门岗位 1 ½ 天。他们用房产与神庙任职进行交换。将来任何一方不得向另一方提起诉讼。为此，他们以国王萨姆苏伊鲁纳（Samsu-ilunna）的名义立下誓言。

下面是 2 个人的印章。

## Cornell 12[①]

曼努姆梅舒里苏尔（Mannum-mešu-lissur）从伊比恩利尔（Ibbi-Enlil）之子尼努尔塔穆什塔尔（Ninurta-muštal）那里，购买了每年在基萨尔艾戛尔马赫（Kisal-egalmah）的恩利尔和宁利尔神庙担任宗教职务（*edadi*-ship）20 天的资格，每年在乌斯吉达（Usgida）神庙和宁利拉神庙（看守大门）12 [½] 天的（资格），每年在宁夏基亚（Ningagia）神庙（看守大门）6 天的（资格），以及尼努尔塔穆什塔尔在神庙供职的俸禄。他支付了 3 ½ 舍克勒之银，作为上述购买的全部价格。将来尼努尔塔穆什塔尔及其子嗣，无论有多少子嗣，都不得就在基萨尔艾戛尔马赫的神庙担任宗教职务（*edadi*-ship），或者在乌斯吉达、宁利拉和宁夏基亚神庙担任（守门人）职务提起诉讼。为此，他们以国王萨姆苏伊鲁纳（Samsu-ilunna）的名义立下誓言。

下面是伊比恩利尔之子尼努尔塔穆什塔尔的印章。

## OECT 8 6[②]

曼努姆梅舒里苏尔（Mannum-mešu-lissur）从辛马吉尔（Sin-magir）之子伊利伊帕尔萨（Ili-ippalsa）那里，购买了每年在恩利尔和宁利尔神庙担任宗教职务（*edadi*-ship）1 个月的资格，以及辛马吉尔之子伊利伊帕尔萨在神庙供职的俸禄。他支付了 3 ½ 舍克勒之银，作为上述购买的全部价格。将来伊利伊帕

---

① 出自古巴比伦时期的尼普尔。
② 出自古巴比伦时期的尼普尔。

尔萨及其子嗣，无论有多少子嗣，同意不得就每年在恩利尔和宁利尔神庙担任宗教职务（*edadi*-ship）1个月，向曼努姆梅舒里苏尔提起诉讼。为此，他以国王萨姆苏伊鲁纳（Samsu-ilunna）的名义立下誓言。

下面是辛马吉尔之子伊利伊帕尔萨的印章。

### OECT 8 7①

曼努姆梅舒里苏尔（Mannum-mešu-lissur）从南纳曼苏姆（Nanna-mansum）之子尼努尔塔拉西姆赛里姆（Ninurta-rahim-serim）那里，购买了每年在宁利尔·埃古拉（Ninlil-Egula）神庙的基萨尔大门担任守门人岗位1个月的资格，以及尼努尔塔拉西姆赛里姆在神庙供职的俸禄。他支付了9舍克勒之银，作为上述购买的全部价格。将来尼努尔塔拉西姆赛里姆及其子嗣，不得就每年在基萨尔大门担任守门人岗位事宜提起诉讼。为此，他以国王的名义立下誓言。

下面是南纳曼苏姆之子尼努尔塔拉西姆赛里姆的印章。

### OECT 8 8②

曼努姆梅舒里苏尔（Mannum-mešu-lissur）从尼努尔塔曼苏姆（Ninurta-mansum）那里，购买了每年在宁利尔神庙、乌斯吉达神庙和艾戛尔马赫神庙担任守门人岗位20天的资格，（以及）每年在工匠部（the House of the Craftsmen）担任守门人岗位20天的资格，还有塔里布姆（Taribum）之子尼努尔塔曼苏姆在神庙供职的俸禄，这是尼努尔塔曼苏姆用银钱从（Ninšubur-mansum）手中买得的。曼努姆梅舒里苏尔支付了［……］舍克勒之银，作为上述购买的全部价格。将来尼努尔塔曼苏姆及其子嗣，无论他有多少子嗣，都不得就上述每年在宁利尔神庙、乌斯吉达神庙和艾戛尔马赫神庙担任守门人岗位20天的资格，（以及）每年在工匠部（the House of the Craftsmen）担任守门人

---

① 出自古巴比伦时期的尼普尔。
② 出自古巴比伦时期的尼普尔。

岗位 20 天的资格，向曼努姆梅舒里苏尔提起诉讼。为此，他以国王萨姆苏伊鲁纳的名义立下誓言。

下面是塔里布姆之子尼努尔塔曼苏姆的印章。

### Cornell 8[①]

曼努姆梅舒里苏尔（Mannum-mešu-lissur），阿维利亚（Awiliya）之子，从伊颇卡图姆（Ipqatum）之子尼努尔塔艾瑞什（Ninurta-eriš）那里，购买了每年在基萨尔宁加尔埃古拉（Kisal Ningal Egula）神庙看守大门的职务、看守基萨尔艾戛尔马赫（Kisal-egalmah）神庙长门和宁利拉神庙大神门（1）个月 20 天的资格，每年看守工匠门 1 个月 20 天的资格，以及尼努尔塔艾瑞什在神庙供职的俸禄。他支付了 4 ½ 舍克勒之银，作为上述购买的全部价格。将来尼努尔塔艾瑞什及其子嗣，无论有多少子嗣，不得就这些宗教职务提起诉讼。为此，他以国王萨姆苏伊鲁纳（Samsu-iluna）的名义立下誓言。

下面是伊颇卡图姆之子尼努尔塔艾瑞什的印章。

### Cornell 11[②]

曼努姆梅舒里苏尔（Mannum-mešu-lissur），阿维利亚（Awiliya）之子，从伊利哈兹里（Ili-haziri）和阿皮尔辛（Apil-Sin）那里，购买了每年在宁利尔埃古拉（Ninlil-Egula）神庙的基萨尔大门担任守门人岗位 7 ½ 天的资格，以及阿维亚图姆（Awiyatum）之子伊利哈兹里和阿里瓦克茹姆（Ali-waqrum）之子阿皮尔辛在神庙供职的俸禄。他支付了 2 1/10 舍克勒之银，作为上述购买的全部价格。将来伊利哈兹里和阿皮尔辛及其子嗣，无论他们有多少子嗣，都不得就每年在基萨尔大门担任守门人岗位 7 ½ 天之资格，向曼努姆梅舒里苏尔提起诉讼。为此，他们以国王的名义立下誓言。

---

① 出自古巴比伦时期的尼普尔。
② 出自古巴比伦时期的尼普尔。

下面是阿维亚图姆之子伊利哈兹里和阿里瓦克茹姆之子阿皮尔辛的印t章。

### Cornell 19[①]

曼努姆梅舒里苏尔（Mannum-mešu-lissur），从拉鲁姆（Lalum）之子尼努尔塔艾瑞什（Ninurta-eriš）和他的母亲阿里阿布莎（Ali-abuša）那里，购买了每年在基萨尔·宁利拉（Kisal Ninlila）神庙、乌斯吉达吉达（Usgidagida）神庙、宁利拉神庙和基萨尔艾戛尔马赫神庙看守大门职务——总计每年20天——其食物配给，一碗芝麻油——所有这些是阿里阿布莎之子尼努尔塔艾瑞什在神庙供职的俸禄。（泥板剩余部分损毁）

### Cornell 20[②]

曼努姆梅舒里苏尔（Mannum-mešu-lissur），阿维利亚（Awiliya）之子，从因比伊利舒（Inbi-ilišu）和他的母亲拉马萨图姆（Lamassatum）那里，买得尼努尔塔穆什塔尔（Ninurta-muštal）之子因比伊利舒在神庙供职的俸禄。他为这次购买，支付了全额2舍克勒之银。将来因比伊利舒和他的子嗣，无论有多少子嗣，都不得就为恩基神庙供职的（薪俸）事宜提起诉讼。为此，他以国王萨姆苏伊鲁纳（Samsu-iluna）的名义立下誓言。

下面是尼努尔塔穆什塔尔之子因比伊利舒的印章。

### Cornell 23[③]

一处1金（gin）的房屋，毗邻（Imgur-Ninurta）之房屋；每年古拉（Gula）神庙守门人岗位2天；每年艾戛尔马赫（Egalmah）神庙守门人岗位2天；每年乌斯吉达（Usgida）神庙守门人岗位2天；每年宁利尔神庙大神门守门人岗位2天；每年工匠部（the House of the Craftsmen）大门守门人岗位2天；每年

---

① 出自古巴比伦时期的尼普尔。
② 出自古巴比伦时期的尼普尔。
③ 出自古巴比伦时期的尼普尔。

宁夏基亚（Ningagia）神庙大门守门人岗位1天；每年担任恩利尔和宁利尔神庙宗教职务（*edadi*-ship）18天；每年担任恩利尔（和？）乌图（Utu）的乌如马赫（urumah）神庙宗教职务（*gudu*-ship?）4天；（以及）1张在家庭举行仪式用的供桌——这是长子优先选择的份额。

一处［……］金的房屋，毗邻伊姆古尔尼努尔塔（Imgur-Ninurta）之房屋；每年古拉（Gula）神庙守门人岗位10天；每年艾戛尔马赫（Egalmah）神庙守门人岗位10天；每年乌斯吉达（Usgida）神庙守门人岗位10天；每年宁利尔神庙大神门守门人岗位10天；每年工匠部（the House of the Craftsmen）大门守门人岗位10天；每年宁夏基亚（Ningagia）神庙大门守门人岗位5天；每年杜库夏（Dukuga）神庙大门守门人岗位10天；每年担任恩利尔和宁利尔神庙宗教职务（*edadi*-ship）1天；每年担任拉马萨图姆（Lamassatum）神庙［……］宗教职务2½天；每年担任恩利尔和宁利尔神庙［……］宗教职务21天；每年担任恩利尔（和？）乌图（Utu）的乌如马赫（urumah）神庙宗教职务（*gudu*-ship）18天；每年尼乌拉（Niura）神庙守门人岗位12天——（以上是）曼努姆梅舒里苏尔（Mannum-mešu-lissur）的（继承）份额。

一处［……］金的房屋，毗邻他哥哥之房屋；每年古拉（Gula）神庙守门人岗位10天；每年艾戛尔马赫（Egalmah）神庙守门人岗位10天；每年乌斯吉达（Usgida）神庙守门人岗位10天；每年宁利尔神庙大神门守门人岗位10天；每年工匠部（the House of the Craftsmen）大门守门人岗位10天；每年宁夏基亚（Ningagia）神庙大门守门人岗位5天；每年杜库夏（Dukuga）神庙大门守门人岗位18天；每年担任恩利尔（和？）乌图（Utu）的乌如马赫（urumah）神庙宗教职务（*gudu*-ship）18天；每年担任恩利尔和宁利尔神庙宗教职务（*edadi*-ship）［……］天；每年担任拉马萨图姆（Lamassatum）神庙［……］宗教职务2½天；每年担任［……］职务［……］天；每年担任［……］职务21天；每年担任［……］职务10天——（以上是）穆纳维茹姆（Munawirum）的（继承）份额。努斯卡马赫（Nuskamah）的子嗣们根据此契约分得了各自的继承份额。为此，他们以国王萨姆苏伊鲁纳（Samsu-iluna）的名义立下誓言。

下面是阿维利亚（Awiliya）之子曼努姆梅舒里苏尔（Mannum-mešu-lissur）、努斯卡［马赫］之子穆纳维茹姆和［……］的印章。

## 四、奴隶买卖与解放契约

### BE 6/1 1

一名奴隶，名叫伊纳戛提沙马什（Ina-gâti-Shamash），他是戛尔沙格戛（GAL-SHAG-GA）的奴隶。阿达加图姆（Adajatum），阿布瓦（加）卡尔（Abu-w(j)aqar）之子，从其主人戛尔沙格戛手中买得。他支付了全额的款项。交易完成（Bukanu）。将来他们双方永远不得反悔。马尔杜克神的意志、辛穆巴里特（Sin-Muballiṭ）王的意志、贝尔塔比（Bel-ṭâbi）及其配偶的意志作为保证。

以下是 5 位证人的名字。

### CT48 66

［明那］4 舍克勒之银，用于购买 2 名一等的来自美索不达米亚的苏巴鲁人（Subarian）奴隶。伊库恩皮辛（Ikūn-pî-Sîn），伊颇库沙（Ipquša）之子，从书吏乌图尔伊什塔尔（Utul-Ištar）[1] 手中收到了这笔钱。他应该在 1 个月之内，把 2 名苏巴鲁人奴隶交给书吏乌图尔伊什塔尔；他的泥板将被毁掉[2]。

### CT33 31[3]

一定数量的芝麻油，根据沙马什的 *sūtu* 计算，相当于 7⅚ 舍克勒之银，瓦拉德马尔杜克（Warad-Marduk），伊波尼马尔杜克（Ibni-Marduk）之子，从书吏乌图尔伊什塔尔的（机构）收到，办理人是乌图尔伊什塔尔的（副手）卢伊什库拉（Lu-Iškurra），伊利乌萨提（Ili-usāti）之子，这是用来购买 2 名第一

---

[1] 在其他文献中，同名的乌图尔伊什塔尔的身份是商人塔木卡。商人塔木卡的一项重要经营活动，就是买卖奴隶，尤其是跨境买卖奴隶，这一点在《汉谟拉比法典》中就清晰可见。

[2] 指的是 1 个月之内把 2 名奴隶交付后，人钱两清，相当于欠条的泥板文件将被毁掉。

[3] 严格说，这不是一份契约，而是一份管理文书，但具有契约性质。

等级的古提人奴隶的。在1个月之内，瓦拉德马尔杜克应当交付2名古提人奴隶。如果他届时不能把（2名奴隶）带给卢伊什库拉，伊利乌萨提之子，他将赔付银钱给泥板①持有者。

### BE 6/ 2 No.8

杜淑巴图姆（Dushubatum），舒兹安纳（Shuzi-anna）的女祭司，杜加（Dugga）之女，释放了她的女奴隶伊什塔尔拉比亚特（Ishtar-rabiat）。她清除了她女奴额头上的奴隶标记；她宣布了女奴奴隶地位的……她给她出具了一份关于清除奴隶标记的文件。伊什塔尔拉比亚特向她的女主人杜淑巴图姆支付了10舍克勒之银。在将来，南纳（尔）兹穆［Nanna（r）zimu］和杜淑巴图姆的子嗣，伊比恩利尔（Ibi-Enlil），及其妹妹阿美尔图姆（Amertum）不得起诉伊什塔尔拉比亚特主张其主人权利。他们以国王的名义起誓。

## 五、借贷契约

### BE 6/ 2 No.16

哈巴那图姆（Habanatum）及其子达姆（Damu-……）从宁伊波曼斯（NinIB-mansi），达米克伊利舒（Damiq-Ilishu）之子处贷得25古尔大麦，利息为15舍克勒之银。在丰收时节……他们应向他支付大麦以及利银。

### BE 6/ 2 No.21

1金（gin）½沙尔（sar）之砖，这些那比沙马什之砖是伊吉南纳尔舒阿尔金（Igi-Nannar-shu-algin）从那比沙马什（Nabi-Shamash）借得的。在斯望月（Siwan）之初，他应归还同等数量的砖。

---

① 即契约。

## BE 6/1 9

伊丁沙马什（Idin-Shamash）从沙马什神（即从沙马什神庙的管理机构）借得 5½ 舍克勒之银。在丰收之时，他将还回沙马什神庙本金，并支付利息。

下面是 2 名证人的名字。

## BE 6/1 10

伊比克沙（Ibiqsha），贾希尔（Jasi-il）之子，从沙马什女祭司伊丽艾瑞扎（Eli-êrizza），阿维尔伊利（Awil-ili）之女，手中借得 10 古尔谷物，以 1 古尔（gur）1 皮（pi）40 卡（qa）计算利息。在丰收之时，在沙杜图月（Šadûtu），他将还回所借谷物及其利息。

下面是 2 名证人的名字。

## UET 5 367

2 明那之银，5 古尔之芝麻油，30 件大衣，给一个商队去迪尔蒙，为的是在那里购买铜。这是卢麦什拉姆泰（Lu-Mešlamtaē）和尼哥斯萨纳波萨（Nigsisanabsa）的合伙资金，他们从乌尔宁马尔（Ur-Ninmar）那里借得。在商队安全返回之时，他（债权人）不承担商业损失。他们（债务人）一致同意，以公平价（？）每舍克勒（银）向乌尔宁马尔支付 4 明那铜。他们共同以国王的名义立下誓言。

以下是 5 名证人的名字及其印章。

时间：他①修建扎尔比鲁姆（Zarbilum）城墙之年②12 月。

## UET 5 428

5 舍克勒之银，作为借贷款（tadmiqtu），[……] 从 [……] 处借得，他将在某一（确定？）的时间归还所借银两。他以国王的名义立下誓言。

---

① 指国王。
② 伊新拉尔萨时期拉尔萨王朝国王里姆辛（Rim-Sin，公元前 1822—前 1763）统治的 28 年。

1明那之银，其中½……，½明那之银……，为的是购买"鱼眼"和其他商品。

在一次前往迪尔蒙的商业之旅中，[……]从伊丁（Iddin-…）处借得。在商旅安全结束之后，他将带回商品以偿还所借之银，以此来满足债权人，债权人不承担商业损失（？）。他以国王的名义立下誓言。

## TCL X 98

1½明那之银，由伊鲁姆巴尼（Ilum-bani）送出，给伊库恩皮阿达德（Ikun-pî-Adad），他（即伊鲁姆巴尼）派遣辛乌斯里（Sîn-uselli）和马赫释迦（Mahšiïa）送达。在2个月之内，他们（即辛乌斯里和马赫释迦）齐心协力把银钱（付给伊库恩皮阿达德）。如果他们超过（这个期限），前往苏撒（Susa）的商旅结束了，他们将支付银钱和利息。

下面是8位证人。

时间：在他① 征服伊新之后的第13年② [……]月。

## TCL X 125

1⅓明那9⅔舍克勒之纯银，由辛乌斯里（Sîn-uselli）和马赫释迦（Mahšiïa）送出，给伊库恩皮阿达德。苏胡图姆（Suhhutum），吉米鲁姆（Gimillum）之子，从辛乌斯里和马赫释迦那里收到这笔钱。在5月30日，他将在拉尔萨把钱支付给伊库恩皮阿达德。如果他超过（此期限），前往苏撒的商旅结束，他将支付锡。

下面是8位证人。

时间：卡伯拉城之年 *Dinqum* 月25日。

---

① 国王里姆辛。
② 里姆辛统治的第42年。

## TCL XI 222

⅚明那之纯银，——他将增加沙马什之利息——辛乌斯里（Sîn-uselli），南纳曼苏姆（Nanna-mansum）之子，从阿西亚（Ahiïa）那里收到。30天一到，他将偿还银钱。如果他超越（此期限），他将增加沙马什利息。

下面是6位证人，其中一位是书记官。

时间：沙马什阿杜（Šamaši-Addu）去世之年 *Elunum* 月。

## VS VIII 81/82

1塔兰特30明那油漆，阿达德雷乌姆（Adad-rē'ûm）从辛伊奇沙姆（Sîn-iqišam）处收到。他（阿达德雷乌姆）将根据埃什努那（Ešnunna）的市场（价）支付银钱。他（辛伊奇沙姆）将在其安全返回后，支付4⅓舍克勒之银。

证人：辛伊丁那姆（Sîn-idinnam），伊尔舒阿布舒（Ilšu-abušu）之子。

时间：汉谟拉比登基之年①*Damhiri* 月。

## YBT V 207

2古尔芝麻——其利率75卡（对1明那）——其价值8明那。10塔兰特一般品质的羊毛——其利率10明那（对1舍克勒）——价值1明那。时间：瓦拉德辛②统治第12年。

40只公羊——每只价格为1舍克勒——总价值⅔明那。时间：里姆辛统治③元年。

2古尔芝麻——其利率为2皮（对1明那）——总价值5明那。时间：里姆辛统治第2年。

2古尔芝麻——其利率为110卡（对1明那）——总价值5⅓明那7¼舍克勒5舍。时间：里姆辛统治第3年。

---

① 公元前1792年。
② 瓦拉德辛（Warad-Sîn，公元前1834—前1823），古巴比伦时期拉尔萨王朝国王。
③ 里姆辛（Rim-Sîn，公元前1822—前1763），古巴比伦时期拉尔萨王朝国王。

所有这些，（至）里姆辛统治 4 年 1 月（*Nisannu*）29 日。

20 明那 7¼ 舍克勒 5 舍之银——扎尔比利姆（Zarbilim）的商人头领伊提辛米尔基（Itti-Sîn-milki）收到。

资本金，包括：49 件大衣——其利率为（每件）3 舍克勒——总价值为 2⅓ 明那 7 舍克勒；10 件大衣——其利率为（每件）4 舍克勒——总价值⅔ 明那；5 只罐子，其价值为 1⅔ 明那；1 明那之银，价格相当于若干白宝石珠子和一大块白宝石；2 只银手镯，其重量为 18½ 舍克勒，为……伊姆提伊什山（……imti-iššan）之女，当这位先生与公主——她要嫁给德尔（Dēr）——前往扎尔比利姆之时；……2（？）羊，其价值为 2½ 舍克勒。……时间：瓦拉德辛统治第 12 年。

（下面列举了一些新商品，结尾如下：）

5……，其价值为 ⅔ 明那 8（？）舍克勒之银。时间：里姆辛统治元年。

3……，其价值为 1 明那 10 舍克勒；2……，其价值为 ⅓ 明那 5 舍克勒 2……，其价值为 ½ 明那；20……大衣，其价值为 1 明那 6⅔ 舍克勒；20 条丝带，其价值为 1 明那；2 明那之锡——其利率为 10 舍克勒（之锡对 1 舍克勒之银）——其价值为 12 舍克勒。时间：里姆辛统治第 2 年。

1……大衣，其价值……舍克勒；11……大衣，其价值为 ½ 明那 3 舍克勒；2 只银手镯，其重量为 ⅓ 明那；这是给乌尔南纳（Ur-Nanna）女儿的礼物，她（嫁到）了阿皮尔库比（Apil-Kubi）家；10 舍克勒之银，相当于大型船的 2 支（帆）。时间：里姆辛统治第 3 年。

½ 明那之金——其利率为 6½ 舍克勒银（对 1 舍克勒之金）——其价值为 3 明那 15 舍克勒，……为吉米鲁姆（Gimillum）；20……大衣——其利率为 2⅔ 舍克勒——其总价值⅚明那 3⅓ 舍克勒，这是为扎巴拉姆（Zabalam）的伊南娜神庙宴会准备的礼物。

（总计）17⅓（读为 17⅔）明那 4 舍克勒之银，已经付出。剩余 2⅓ 明那 3¼ 舍克勒 5 舍之银，来自伊提辛米尔基（Itti-Sîn-milki）。时间：里姆辛统治第 4 年 1 月（*Nisannu*）29 日。

## 六、雇佣契约

### BE 6/ 2 No .51

卢宁斯安纳（Lu-Nin-si-anna）从那比沙马什（Nabi-Shamash）处（临时）雇佣了其子伊丁伊什塔尔（Idin-Ishtar），时间从斯望月（Siwan）21 日至阿达尔月（*Adar*）30 日。在雇佣期间，他将每月支付大麦 80 卡（qa）。

### BE 6/ 1 4

马茹尼（？）（*Maruni*）（？），伊特尔比蓝穆恩（*Etel-bî-Rammûn*）之子，从其父亲瓦拉德库比（*Warad-kubi*）手中雇佣瓦拉德蓝曼（*Warad-Rammân*），从伊路录月（*Elûlu*）的第一日开始，至（下一个）新年。他每月要支付 4 舍克勒之银，作为雇佣金。如果他……他将损失所支付的雇佣金。

下面是 2 位证人的名字。

### YOS 13 74[①]（雇工）

乌茨瑞阿（*Usrîa*），瓦拉萨（*Warassa*）之子，从其兄伊尔舒纳西尔（*Ilšu-nasir*）处雇佣穆赫拉戛米尔（*Muhra-gamil*），做播种工作，为期 2 个月。作为其 2 个月的工资，他将称量下列食物：每天 2 西拉（sila）面包配给；每天 4 西拉饮品配给。每个月，他可以有 3 天休息日。如果发现他拿取其他任何东西，他将丧失其工资。

下面是证人的名字。

日期：阿米萨杜卡统治第 1 年。

### YOS 13 207

从 12 月 2 日起，商人塔木卡（tamkārum）伊利伊吉沙姆（Ili-Igišam），从其母亲（被雇佣者之母亲）那里雇佣伊波尼马尔杜克（Ibni-Marduk），皮尔哈阿

---

[①] 这是古巴比伦王国阿米萨杜卡统治第 1 年的文献。

达德（Pilha-Adad）之子，做沙马鲁工作（*šamallūtu*-work）[①]，为期1年。雇佣工资为1年6舍克勒之银。作为工资，他已经收到了1/2舍克勒之银。

下面是证人和书吏的名字。

日期：阿米萨杜卡统治第5年。

## 七、租地契约

### BE 6/2 No.29

达姆伊丁那姆（Damu-idinnam）从伊波加图姆（Ibgatum），乌尔杜阿扎加（Ur-Duazagga）之子处租种4干（gan）耕田。这4干耕田位于宁乌努田地（Nin-unu）之中，一个长边与阿古阿（Agua）田地相连，阿古阿田地属于乌尔杜阿扎加（Ur-Duazagga）之子伊波加图姆。年租金为收成的三分之一。

### BE 6/1 5

1⅓干田地，"良"田，沙马什神庙的女祭司梅尔拉图姆（*Mellatum*），伊布库沙（*Ibkusha*）之女的田地——书吏马尔杜克穆巴里特（*Marduk-Muballit*）从土地的所有者、沙马什神庙的女祭司梅尔拉图姆手中租种，租地费用为每一干土地支付6古尔（gur）谷物。丰收时节，他将在戛古姆（*Gagum*）门前交付6古尔谷物。她收到了1舍克勒之银。

### BE 6/1 6

一块地——全部范围——位于图胡姆城（Tuhumu）地区，处于林地（？）和台地（stepland, s.iri）之间，书吏伊比贝尔（*Ibi-Bêl*），瓦拉德库比（Warad-kubi），伊波尼辛（Ibni-Sin）之子，埃亚沙里伊利（Ea-sharri-ili），斯扎图姆（Sizzatum）之子，蓝曼卢兹茹姆（Rammân-lû-zîrum），伊波那（？）图姆（Ibna（？）tum）之子，瓦拉德伊路里（Warad-Iluli），伊波努图姆（Ibnutum）

---

[①] 沙马鲁（*šamallûm*）是跟随大商人塔木卡、为其服务的小商人。

之子，阿扈尼（Ahuni），瓦拉德库比之子，为了种植谷物，合伙租下了这块土地。丰收之时，他们将收割、脱粒和重新播种（？）。书吏伊比贝尔获得一份，伊波尼辛之子瓦拉德库比、埃亚沙里伊利、蓝曼卢兹茹姆、瓦拉德伊路里和瓦拉德库比之子阿扈尼每人（将获得）一份。

下面是四位证人和书吏的名字。两位证人的印章和合伙人之一瓦拉德库比的印章。

## BE 6 /1 7

一处房产，属于沙马什神庙女祭司瑞巴图姆（*Ribatum*），宁沙赫纳瑟尔（*NIN-SHAH-nâsir*），努尔阿里舒（*Nûr-alishu*）之子，从沙马什神庙的女祭司瑞巴图姆，伊波戛图姆（Ibgatum）之女，手中租用 1 年。他将每年支付 3 舍克勒之银作为租金。作为年租金的首付款，她将收到 1.5 舍克勒之银。瓦拉赫萨姆纳（*Warahsamna*）月为租期开始，他将在这个月的 1 日入住。租户将交付 3 个沙马什的 *isini*，1 个 ***SHIR-ti***，10 卡（qa）*shikaru*。[1] 关于租户在房屋建造的 ***manahtu***[2]，如果房主对租户说："搬出去！"——租户将拆除他所建的 ***manahtu***。如果租户搬了出去……（他个人意志的？），他将失去（另一种解读：不拆除）他的 ***manahtu***。

下面是两个证人和书吏的名字。

## BE 6 /1 8

马纳舒（Manashu），奇什图姆（Qishtum）之子，从沙马什神庙女祭司瑞巴图姆（*Ribatum*），伊波戛图姆（Ibgatum）之女，手中（租得）一处房屋（rugbum），为期 1 年。作为 1 年的租金，他将支付半舍克勒又 15 舍（she）之银。作为第一笔租金，她将收到 ⅓ 舍克勒之银。在沙巴图月（*Shâbtu*）的第 30 日，他将入住。

---

[1] 这三个词似乎代表的是租户应向房主缴纳的税，其中 *shikaru* 在其他文献中指的是面粉。

[2] *Manahtu* 一词的指意不明，应该是租户在房内或屋外自己搭建的建筑。

下面是证人和书吏的名字。

## 八、买卖房屋契约

### BE 6/ 1 2

1.5沙尔之艾如阿（*E-RÙ-A*）房屋，而不是*ruggubu*房屋，位于西帕尔雅赫如如姆（*Sippar-Jahrurum*），在上一块泥板中已经界定为（*E-KI-GAL*），一面比邻胡恩古鲁姆（*Hungulum*），纳比乌姆艾卡里（*Nabium-êkalli*）之子之房屋，该房屋系他从巴茹（*bârû*）祭司拉曼伊丁那姆（*Rammân-Idinnam*）的儿子手中购买，另一面临街——前面朝向伊斯奈特斯（*Isinites*）地方，后面是书吏瓦拉德伊巴里（Warad-Ibari），瓦拉德马努（Warad-Manu）之子之房屋——在这一年，"国王阿米迪塔纳（*Ammî-ditana*）………，众保护神"，胡恩古鲁姆，纳比乌姆艾卡里之子，从伊利伊奇沙姆（*Ili-iqîsham*），阿里卢姆尔（*Ali-lûmur*）之子手里以6⅚舍克勒银购得，包括 SI-BI，——（这套房产）沙马什神庙的女祭司伊尔塔尼（*Iltâni*），伊比宁沙赫（Ibi-NIN-SHAH）之女，从胡恩古鲁姆，纳比乌姆艾卡里之子，手中买得，她用自己的钱支付了17舍克勒之银，作为房产的总价，1/2舍克勒银作为 SI-BI。交易完成。她得到了满足。将来他们双方永远不能彼此反悔。沙马什、阿加和马尔杜克神的意志（？），以及国王阿米萨杜卡（*Ammi-zaduga*）的意志作为法律依据。

下面是10位证人和书吏的名字。

### BE 6/ 1 3

1/2沙尔的房屋，位于戛吉姆（*Gagim*），比邻沙马什神庙的女祭司哈利加图姆（*Halijatum*），马努姆（Manum-）之女之房屋……还比邻瑞巴姆伊利（Ribam-ilî），［布尔］辛（［Bur］-Sin）［之子］之房屋，该处房产由沙马什巴尼（Shamash-bâni），伊路舒伊比舒（Ilushu-ibishu）之子，从辛伊丁那姆（Sin-idinnam），（Bûr-Sin）布尔辛之子手中买得，布尔辛之子瑞巴姆伊利，从伊路舒伊比舒（Ilushu-ibishu）之子沙马什巴尼手中赎买回他父亲的房产。他支付了1

明那之银。交易完成。他得到了满足。将来他们双方永远不得彼此反悔。沙马什、阿加和马尔杜克神的意志（？），以及国王汉谟拉比（*Hammui-rabi*）的意志作为法律依据。

下面是 8 位证人和书吏的名字。

## Cornell 18[①]

曼努姆梅舒里苏尔（Mannum-mešu-lissur），阿维利亚（Awiliya）之子，从伊比恩利尔（Ibbi-Enlil）手中买得一处 2/3 沙尔 4 金的房屋，该房屋一边毗邻乌巴茹姆（Ubarum）之（房屋），（一边）毗邻伊比恩利尔（Ibbi-Enlil），辛伊奇沙姆（Sin-iqišam）之子的房屋。他已经支付了 1/3 明那之银，作为购房的全部款项。将来伊比恩利尔和他的子嗣们，无论有多少子嗣，都不得就这处 2/3 沙尔 4 金之房屋提起诉讼。因此，他以国王萨姆苏伊鲁纳（Samsu-ilunna）的名义立下誓言。

---

① 出自古巴比伦时期的尼普尔。

# 第五章　管理文书

## 一、雇佣劳动

### YOS 13 62

除了他先前的交易外，耕种 abi-sābim 乌图尔伊什塔尔的田地，报酬为 1/2 舍克勒银之（等价物），阿纳帕尼伊什塔尔纳迪（Ana-pāni-Ištar-nadi）收到。这项工作的管理人员是布拉塔图姆（Bulatatum）。

### YOS 13 67

除了他先前的交易外，在田地里做刨土的工作，报酬为 2 舍克勒银之（等价物），作为他儿子库布茹姆（Kubburum）的工资，扎巴巴（Zababa）的阿达德拉比（Adad-rabi），kizûm，从 abi-sābim 乌图尔伊什塔尔的（机构）收到。这项工作的管理人员是布拉塔图姆（Bulatatum）。

### YOS 13 69

除了他先前的交易外，在田地里做刨土的工作，报酬为 1 舍克勒银之（等价物），（即）150 升大麦，苏扈姆（Suhum）的伊丁辛（Iddin-Sîn），从 abi-sābim 乌图尔伊什塔尔的（机构）收到。这项工作的管理人员是布拉塔图姆（Bulatatum）。

### YOS 13 70

除了他先前的交易外，耕种土地的工作，报酬为 2 舍克勒银之（等价物），……图姆，农民，伊波尼舍茹姆（Ibni-Šerum）之子，从 abi-sãbim 乌图尔伊什塔尔的（机构）收到。这项工作的管理人员是布拉塔图姆（Bulatatum）。

下面是6个人的印章。

### YOS 13 362

除了他先前的交易外，从事 abi sabim 官员乌图尔伊什塔尔田地的灌溉工作，报酬为1舍克勒银之（等价物），伊尔舒伊波尼（Ilšu-ibni），伊波尼马尔杜克（Ibni-Marduk）之子收到。这项工作的管理人员是布拉塔图姆（Bulatatum）。

### YOS 13 478

除了他先前的交易外，耕种 abi sabim 官员乌图尔伊什塔尔的田地，报酬为［……］舍克勒银之（等价物），巴什伊利（Baši-ili），努纳卡之子（Nunakka）收到。这项工作的管理人员是布拉塔图姆（Bulatatum）。

### TCL I 158[①]

根据马尔杜克 sutu 计量法，abi sabim 官员马尔杜克拉马萨舒（Marduk-lamassašu）的管理机构，提供1古尔大麦，作为在［……］地挖掘灌溉沟渠的5名雇工的口粮，同时还应在伊波尼辛（Ibni-Sin）面前，向他们提供王室田的 bilat 和耕犁。具体负责的管理人员是达杜沙（Daduša）、伊亚斯伊尔（Iasi-il）、伊波尼埃阿（Ibni-Ea）和拉比艾拉赫（Rabbi-erah），5名雇工分别是在伊亚斯伊尔管辖范围的伊阿为达干（Iawi-Dagan）、在伊波尼埃阿管辖范围的兹姆拉图姆（Zimratum）、在达杜沙管辖范围的沙马什纳西尔（Šamaš-nâsir）和在拉比艾拉赫管辖范围的扎基茹姆（Zakirum）和拉比艾拉赫，他们收到了大麦。他们进入了（这个）账目名册，他们将完成这项工作。如果他们不能完成这项工作，他们将受到王室的惩罚（simdat šarrim）[②]。

---

① 这是古巴比伦国王阿米迪塔纳统治第36年的一份文献。
② 根据国外学者研究，这里的 simdat šarrim 惩罚指的不是刑罚，而应该是经济赔偿。

下面是伊亚斯伊尔、伊波尼埃阿、拉比艾拉赫和另外 2 人共 5 个人的印章。

### YOS 13 309①

1 古尔大麦，作为雇佣一名收割工人的工资，艾特尔普（Etel-pû）[……]从 abi sabim 官员马尔杜克穆巴里特处收到。在收割时节，他将前来收割；如果他没有来收割，那么他将受到王室的惩罚（simdat šarrim）。

## 二、财政管理

### CT 8 21c②

除了 1/2 舍克勒官币印银，作为祭司们支付给商队的大麦以外，还有 2 舍克勒官币印银——主唱歌手马尔杜克穆巴里特（Marduk-Muballit）的伊吉苏税（*igisû*）③，其征收工作分派给了 abi sabim 官员伊利伊旗沙姆（Ili-iqišam）。舒布姆利波什（Šumum-libši），[……]④，前来缴纳，接收者是两位的德库官员（*dekû*）⑤，马尔杜克穆巴里特和辛纳西尔（Sin-nasir）。

### VS 7 119

2 舍克勒银，折算为同等价值的大麦，在 mu'errum⑥ 官员南纳曼苏姆（Nanna-mansum）的安排之下，在具体负责处置的王室大商人（*Tamkarum*）⑦伊尔舒伊波尼（Ilšu-ibni）的要求下，辛伊丁那姆（*Sîn-iddinam*）之子、瓦拉德

---

① 这是古巴比伦国王阿米迪塔纳统治时期的一份文献。
② 这是古巴比伦王国阿米萨杜卡统治第 10 年的文献。
③ 伊吉苏税（*igisû*）通常是向祭司和商人征收的税。这里祭司们缴纳的税与主唱歌手马尔杜克穆巴里特缴纳的伊吉苏税，两者之间的关系并不清楚。
④ 此处脱落的文字应该是其身份。
⑤ 德库（*dekû*）应该是负责税收和组织徭役的官员。
⑥ 城市管理机构的高级官员，可能是负责管理王室税收的财务官。
⑦ 大商人（tamkarum）负责为王室征税。

贝勒特（Warad-Belet）接收了。到丰收时节，他将根据当时的市场价格，向泥板持有者称付大麦。

日期：阿米萨杜卡统治第 16 年。

## YOS 13 525

6 西拉（silà）[1]芝麻油，作为大麦的等价物，在 mu'errum 官员南纳曼苏姆（Nanna-mansum）的安排之下，伊丁阿达德（Iddin-Adad），伊普库古拉（Ipqu-Gula）之子，从王室大商人伊丁马尔杜克（Iddin-Marduk）手里收到。到丰收时节，他将根据当时的市场比率向泥板持有者称付大麦。

日期：阿米萨杜卡统治第 16 年。

## YOS 13 287

4 舍克勒之银，12 只羊之价钱，辛伊丁那姆（Sîn-iddinam），阿达德拉比（Adad-rabi）之子，从 mu'errum 官员伊利伊奇沙姆（Ili-iqišam）处收到，将其借贷给纳比乌姆穆沙里姆（Nabium-mušallim），艾利巴姆马尔杜克（Eribam-Marduk）之子。在 1 个月之内，他将向他的泥板持有者[2]偿付 4 舍克勒之银，12 只羊之价钱。

下面是 2 名证人的名字及印章。

日期：阿米迪塔纳统治第 27 年。

## 三、土地管理

### TCL I 174

8 人犁田；3 人播种；2 人筑堤坝；2 名防兽人员；10 名驱鸟人；6 天、36 名灌溉工人，其中 4 人平整土壤；4 天、16 名灌溉工人，其中 4 人"松"土；

---

[1] 1 西拉约等于 1½ 品脱。
[2] 即借据持有者债权人。

7天、40名灌溉工人，其中4人要做"第三遍犁土"工作。总计：25人，加上92名灌溉工——全部117人。8西拉 for *su-ki-ip-tum*；2（sat še si-bu）舍大麦；总计：70舍8西拉大麦。

日期：阿米萨杜卡统治第［……］年。

## YOS 13 330

一（片）田地，正如所要求的那样，是一片开垦了的耕地，位于阿姆日扎努（Amurizanu）牧场，*sukkalum* 辛伊什美阿尼（Sîn-išme'ani）的一（片）田地，在伊沙库（*iššakkum*）①官员贝尔舒努（Belšunu）的吩咐下，*mu'errum* 官员马尔杜克穆沙鲁姆（Marduk-Mušallum）、基什城的 *šapirum* 官员阿维尔辛（Awil-Sîn）和伊沙库贝尔舒努本人，合伙租种这片要上缴比尔图贡赋（*biltum-payment*）②的土地，为期1年。他们将平均分担工作任务。在丰收时节，他们将计算土地的收成。他们将拿出1布尔（*bur*）③土地6古尔（*gur*）④谷物（之收成）作为投资，［……］其余收获的谷物，他们将平均分配。作为应上缴的比尔图贡赋，他（辛伊什美阿尼）已经收到了6舍克勒之银。

日期：萨姆苏迪塔纳（*Samsu-ditana*）统治第3年。

## 四、民事诉讼

### Riftin No.48（CAD Z，p.152）

关于辛阿沙瑞德（Sîn-ašared），马提姆（*Matim*）的 *šapirum* 官员，以及他的兄弟们送到贝拉尼亚（*Bēlaniia*）庄园的结婚彩礼：鉴于他们并没有把贝拉尼亚的女儿送去结婚，他们（辛阿沙瑞德及其兄弟们）便向贝拉尼亚的妻子

---

① 负责管理王室土地的农业官员。在这里，伊沙库贝尔舒努既负责管理王室土地，也充当了"田主"的代理人，自己还是合伙租种田地的合伙人。
② 这类土地称为 *biltum*-lands，系王室土地，所有权归国家，为王室服务的人员通过分配得以享有耕种权，收成的一部分要上缴国家。
③ 1布尔约等于15英亩。
④ 1古尔约等于 $4\frac{1}{10}$ 蒲式耳。

拉马苏姆（Lamassum）提起诉讼，目的是追回结婚彩礼。*mu'errum* 官员伊纳帕累舒（Ina-palêšu）、*šāpirum* 官员阿维尔伊什塔尔（Awil-Ištar）、伊比辛（Ibbi-Sîn）和［……］（人名）调查了此案，他们要求贝拉尼亚家把辛阿沙瑞德的结婚彩礼，退还给他和他的兄弟们。他们将不再返回法庭；贝拉尼亚的妻子拉马苏姆不得上诉。如果他（辛阿沙瑞德）原来的结婚泥板契约出现，应当毁掉。以沙马什和马尔杜克之神和国王萨姆苏伊鲁纳（Samsu-iluna）的名义立下誓言。

下面是证人的名字。

日期：萨姆苏伊鲁纳统治第10年。

## OECT 8 11[①]

曼努姆梅舒里苏尔（Mannum-mešu-lissur），阿维利亚（Awiliya）之子，诉说道："我为他们的父亲伊比恩利尔（Ibbi-Enlil）支付了供1年用的2古尔大麦和食物。"他们查看了这些支出清单。伊比恩利尔的三个子嗣继承人尼努尔塔穆什塔尔（Ninurta-muštal）、纳马尔舒卢姆尔（Namaršu-lumur）和穆纳维茹姆（Munawirum）应该一起从他们的继承份额中，拿出来给曼努姆梅舒里苏尔每年在恩利尔和宁利尔神庙供职（*edadi*-ship）1个月的岗位机会。将来伊比恩利尔的儿子尼努尔塔穆什塔尔、纳马尔舒卢姆尔和穆纳维茹姆，不得就上述每年提供在恩利尔和宁利尔神庙供职（*edadi*-ship）1个月的岗位机会，向曼努姆梅舒里苏尔提起诉讼。因此，他们每个人以国王的名义立下誓言。

下面是三个儿子的印章。

## PBS 1.No.10

马尔伊尔兹提姆（Mar-irsitim），兄长，穆图姆伊路姆（Mutum-ilum），弟弟，他们是伊什库尔拉比（Ishkur-rabi）之子。他们来到汉谟拉比王面前……陈述如下："9亩已开垦的熟地，价值10舍克勒银钱，同等价值的宁利尔神

---

[①] 出自古巴比伦时期的尼普尔。

庙祭司俸禄地，乌杜杜（Ududu），宁利尔的 pashishu 官，是我们父亲的兄弟，他把这些土地卖给了我们的父亲伊什库尔拉比。"

汉谟拉比王和伊什库尔沙鲁姆（Ishkur-sharrum），国王的通信兵，伊舒姆阿比（Ishumu-abi）之子，站在他们的立场上，写信给尼普尔的公民大会，要求尼普尔的公民大会为他们主持正义。在尼普尔的公民大会上，法官们认真研究了这个案子，并下令给 1 沙尔建好的房屋，作为 9 亩熟地的等价物。

两兄弟同意了。在他们共同同意下，1 沙尔的已建好的房屋和荒地，交付给马尔伊尔兹提姆和穆图姆伊路姆，伊什库尔拉比之子。4 金（*gin*）的荒地，作为宁利尔的 pashishu 俸禄地的等价物。另外需要说明的是，该房产的总体建筑还有未完成的部分，未建完部分的前面比邻宁伊比瑞姆伊利（Nin-IB-rim-ili），一侧比邻面包师宁伊比卡拉德（Nin-IB-qarrad）的房屋，另一侧比邻木匠瓦拉祖努（Warazunu）、宁利尔的 pashishu 官员伊什库尔鲁什拉（Ishkur-RUSHra）和他弟弟伊波加图姆（Ibgatum）的房屋，这两兄弟是乌杜杜之子。将来，伊什库尔鲁什拉及其弟弟伊波加图姆，以及乌杜杜的任何子嗣，都不得主张该房屋的权利。以国王的名义起誓。

## BE 6/ 1 15

伊波库辛（Ibku-Sin），沙茹姆沙马什（Sharrum-Shamash）之子，就瓦拉德辛家院墙一事，向他发起诉讼，有几个人帮助作证（？）。他们查看了院墙，院墙测量结果：半夏尔（GAR），2 肘尺 USH，1 肘尺 SAG，3 ⅓ GIN。他们在西帕尔城的 shâbir 沙茹姆吉马伊丽姆（Sharrum-kîma-ilim）面前宣布，从努尔吉尔（Nûr-GIR）的院墙到瓦拉德辛的院墙，属于瓦拉德辛的财产。将来伊波库辛永远不得就这个院墙之事向瓦拉德辛提起诉讼。沙马什、阿加和马尔杜克神的意志，以及国王萨姆苏伊鲁纳（Samsu-iluna）的意志作为保证。

下面是 6 名证人的名字。

## 五、经济文书

### UET 3 1689[①]

5 件 guzza 大衣，5 件 ušbar 优等大衣，5 件 ušbar 大衣，来自乌尔舒尔吉拉（Ur-Šulgira）；⅔ 塔兰特之 gi 羊毛，来自仓库[②]，所有商品是为了（代表）南纳（Nanna）神庙，从马干购买铜之用。这是卢恩利拉（Lu-Enlilla）从管理者戴亚（Daĭa）处收到的。

时间为伊比辛统治 4 年 12 月。

### UET 3 1511[③]

60 塔兰特之 gi 羊毛，10 塔兰特之……，20 塔兰特之鱼卵，来自仓库，70 件 ušbar 大衣，来自乌尔舒尔吉拉（Ur-Šulgira）；6 古尔优质芝麻油，来自卢加尔加伯（Lugal-gab），180 张兽皮，来自乌尔舒尔佩伊（Ur-Šulpaë）。所有商品是为了（代表）南纳（Nanna）神庙，购买铜之用。这是卢恩利拉收到的。

由［信使］李布尔贝利（Libur-bēli）核查并作证。

时间为伊比辛统治 2 年 12 月。

李布尔贝利于此的文件归入其商品管理的卷宗，放在驶往马干的一艘船上。

### UET 3 1666[④]

（开头缺失）

李布尔贝利的文书：

在这一年[⑤]，通过抽签的方式选出伊南娜神庙的高级祭司。

---

① 出自乌尔第三王朝时期的乌尔城。
② 可能是神庙自己的仓库。
③ 出自乌尔第三王朝时期的乌尔城。
④ 出自乌尔第三王朝时期的乌尔城。
⑤ 伊比辛统治第 2 年。

5件一般品质的 guzza 大衣，5件 ušbar 优等大衣，5件 ušbar 大衣，60塔兰特之 gi 羊毛，这是卢恩利拉的泥板文书。

在这一年①，阿姆戛尔（Amgal）被提拔为伊南娜神庙的高级祭司。

总计2,380古尔大麦，总计9件一般品质的 guzza 大衣，[总计……件] ušbar 优等大衣。

## UET 3 751

5塔兰特［……］8明那之铜；［……］之象牙石（？），价值38明那；3塔兰特之［……］块；［……］塔兰特之［……］石块；［……］塔兰特之赭石块；［……］塔兰特之［……］块；

（泥板正面缺失，下面反面开头）

2苏图（sūtu）②［……］药材；1苏图马干洋葱。这是卢恩利拉，卡马赫（KA-mah）之子，向南纳神庙缴纳的（什一税？）。

## UET 3 1507

10塔兰特一般品质的不同种类的羊毛；[……] 羊毛；装上驶往迪尔蒙的商船，大型船只的船长乌尔古尔（Ur-gur），收到了它们。

时间为伊比辛统治第1年，尼纳祖（Ninazu）节庆月第14日。

书记官：[……] 南纳安杜尔（Nanna-andul）。

## UET 5 286③

1½舍克勒（šiklu，苏美尔语 gin）④21舍（še）⑤之银，2舍克勒之碎青金石，1颗（肾状）的光玉髓珠，1件 nir parrû 宝石，4件"鱼眼"（珍珠？），1

---

① 伊比辛统治第4年。
② 一种计量标准，似乎与沙马什神庙有关。
③ 出自伊新拉尔萨时期的乌尔城。
④ 1舍克勒等于180舍，等于3/10盎司。
⑤ 1舍等于1/600盎司。

件椭圆形［……］宝石，［……］1/2 舍克勒之白［……］，［……］舍克勒之 *hulūmum* 宝石，伊丁（？）宁因扎克（Idin?-Nin-inzak）之［……］，［……］小块宝石。

（泥板的另一面）

［……］（椰枣？），［……明那（？）］2½ 舍克勒之香料（*arazum*），这是迪尔蒙［商旅之行］，（即）到迪尔蒙经商的人们上缴给宁加尔女神神庙的［什一税］。

时间从安尼帕达（Annipadda）运河开凿之年①的 1 月至 12 月。

## UET 5 526

伊丁宁因扎克的 17 ½ 舍之黄金；伊祖阿（Izūa）的 11 ⅔ 明那 2 舍克勒之铜；由伊达达（Idada?）核查和作证。

2 塔兰特……的 1 铜……；1 塔兰特 2½ 明那的铜……，以及……

（泥板的另一面）

⅓ 西拉 8 金之［……］（作为？）什一税，比价 18 舍之银（？）。这是迪尔蒙［商旅之行］，（即）到迪尔蒙经商的人们上缴给宁加尔女神神庙的［什一税］。

时间从安尼帕达运河开凿之后一年②的 1 月至 3 月。

## UET 5 678

［……］个 4 塔兰特的铜锭；每个 3 塔兰特的铜锭 4 个；11 舍克勒的椭圆形青铜片；3 件（肾状）的光玉髓宝石珠子；3 件"鱼眼"；8 件［……］；9 西拉白珊瑚；［……］宝石；5½ 明那的象牙棒；30 件手指状的（？）［……］；1 件镶铜（？）的木棒［……］；1 件象牙梳子；1 明那铜替代 1 份象牙；3 明那 *elligu* 宝石；3 舍锑；3 舍克勒 *merahdu*；［……］马干芦苇计算板（？）；3

---

① 拉尔萨王朝国王阿比萨莱统治（Abisarê，公元前 1905—前 1895）的第 4 年。
② 拉尔萨王朝国王阿比萨莱统治（Abisarê，公元前 1905—前 1895）的第 5 年。

舍克勒［……］；15 舍克勒香料；2［……］舍克勒 hulumum。

这是迪尔蒙商旅之行，（即）到迪尔蒙经商的人们上缴给宁加尔女神神庙的［什一税］。

（以下 5 行破损）

## UET 5 546

1 塔兰特 53⅚明那 3 舍克勒之铜；⅔明那 2 舍克勒之象牙；4 西拉 5 金白珊瑚；3 西拉 10 金之［……］，以及［……］；1 大［……］；1 小［……］；2 颗（肾状）光玉髓珠子，来自阿马特宁加尔（Amat-Ningal），伊皮克伊什塔尔（Ipiq-Ištar?）；⅙（舍克勒）7 舍之银，来自前往迪尔蒙之商队。

这是前往迪尔蒙的商队，上缴给宁加尔女神神庙的什一税。

时间为南纳的埃及纳波图姆（Eginabtum）神庙建成之年①1 月。

## UET 5 549

1［……］宝石，来自梅路哈；8 件［……］宝石，来自前往迪尔蒙的商队。这些是向宁加尔女神神庙缴纳的什一税，是米尔库丹努姆（Milku-dannum）作为个人应向宁加尔神庙缴纳的份额而提供的。

时间为击败基什军队之年②5 月。

## UET 5 292

⅛舍克勒之红金；纳比恩利尔（Nabi-Enlil），塔布茨拉舒（Tāb-silašu）之子奉献。

单个人的奉献物。

9 枚"鱼眼"（珍珠？）；7 明那之铜，来自乌茨丹努姆（Usi-dannum）之子曼努姆基辛（Mannum-ki-Sin）；（……）2⅔ 明那 5 舍克勒铜；［……］的

---

① 伊新拉尔萨时期拉尔萨王朝衮古努姆（Gungunum，公元前 1932—前 1906）统治第 25 年。
② 伊新拉尔萨时期拉尔萨王朝苏穆伊鲁姆（Sumu-ilum，公元前 1894—前 1866）统治第 11 年。

［……］—艾瑞什（［……］-ereš）；［……］明那4舍克勒之铜，来自一名迪尔蒙人；［……］彩色［……］宝石；小米粒大小的［……］—宝石；亲自到那里去的［……］；［……］2½舍克勒之金（？）；27⅓明那6［舍克勒］之铜（？）；12舍克勒之碎青金石；12［……］宝石；10件白［……］宝石；20件"火石"；1［……］宝石；26件"鱼眼"；2件象牙镶嵌（？）的盘子（？）；4舍克勒赭石；1件木质托盘（？）；一件梅苏木之（*mēsu*）木塔；1½明那之铜，切割得如小米粒般细碎；1件大的［……］；2箱（？）2件铜［……］；1把梳子。

这些来自前往迪尔蒙的商队，［……］以及来自亲自前往的（个人），他们（为的是）宁加尔神庙。

时间：从投资建造恩梅特安奇（En-mete-anki）神庙之年[①]1月，至皮那拉提城（Pi-narâti）被攻陷之年[②]的 *Šabātu* 月。

---

[①] 伊新拉尔萨时期拉尔萨王朝苏穆伊鲁姆（Sumu-ilum，公元前1894—前1866）统治第6年。
[②] 伊新拉尔萨时期拉尔萨王朝苏穆伊鲁姆（Sumu-ilum，公元前1894—前1866）统治第8年。

## 第六章 书信

### 一、古代美索不达米亚的独特史料

书信是人类社会关系和人际交往、交流的重要形式。古代美索不达米亚人是书信这种人际交往和交流方式的发明者。作为古代两河流域人们传递信息和下达命令的重要手段之一，流传下来的书信材料是研究古代美索不达米亚历史的重要史料，构成了古代美索不达米亚史料的一大特色，对研究当时的历史弥足珍贵。

有关古代美索不达米亚人发明书信的故事，早在苏美尔时期就存有至少两种不同的版本。在苏美尔人的一则传说中，写信的愿望促成了文字的发明：传说乌鲁克的国王和阿拉塔的国王为争霸而进行了一场智力争斗——进行猜谜，一名信使担当起中间人的角色，需要记住各方的谜语，进行口头报告，然后带回对方的答案；由于比拼不相上下，需要记住的谜语太多，可怜的信使不堪重负而且崩溃了。最后，乌鲁克国王恩美尔卡想出一个解决办法，他取来一块黏土，将其拍平，然后用芦苇秆将答案刻画了出来，从而制作出了世界上最早的文字系统。之后，他派人将泥板送到对手那里，由于对手对这些形象化的谜语的含义一无所知，只得认输。在另一则苏美尔人的传说中，基什的国王乌尔扎巴巴害怕手下的斟酒人萨尔贡夺取王位，想出一计，他在一块黏土泥板上写了一封信，信的内容是"杀死此信的持有者"，然后将这封信封在另一块黏土泥板里，让萨尔贡将信送给乌鲁克的国王卢伽尔扎吉西。故事的结局是，萨尔贡避开了灾难，最后推翻了基什王的统治，建立了阿卡德王国，并成为杰出的国王。虽然

163

版本不同，但这两则传说有一个共同的特点，即反映了人类文明和社会交往的需要。随着这种需要的深入发展，书信逐渐成为古代两河流域人们一种固定的书写类型。特别是古巴比伦时期，随着人们交往的扩大，经济活动和社会活动的活跃，书信所涉及内容的范围和数量均非以往任何时期所能比拟。

古代两河流域的书信可分为官方书信（包括外交书信）和私人书信两大类。

官方书信主要包括国王写给中央官员、中央派驻各地的总督和城市公社管理机构和官员的信件，以及各级官员间的通信等，它是国王处理各种事务和管理庞大王国的重要手段。例如，古巴比伦著名的国王汉谟拉比写信给他的大臣鲁尼努尔塔（Lu-Ninurta）、地方总督沙马什哈吉尔（Šamaš-hazir）及辛伊丁纳姆（Šin-idinnam）的大量书信提供了古巴比伦时期行政管理、司法、经济、土地所有制及社会结构等多方面的信息。

通过汉谟拉比的书信，我们可以了解他作为一个国王的工作与生活。我们可以想象这样的场景：他常常端坐在巴比伦王宫中，埋头处理国家的各种事务，经常向各地官员传达指令，旁边站着一位书吏。他向身边的书吏传达命令，通常是简洁明了的句子；然后那位书吏用一支芦苇尖笔，飞快地将国王的口令用楔形文字记录在泥板上。写完后，他又取出一层干土粉，撒在湿软的泥板上，以免泥土的信皮粘在信上。然后他在松软的泥土信皮上写上地址，再命人拿去烘烤，泥板信就完成了。那时的人们已经能够熟练地包装信件了。也不断有信使将这样制成的信件送到宫廷来。这些信件都是官员们的汇报或请示。站在汉谟拉比身边的书吏是他的心腹，这位书吏当着国王的面把干硬的泥信皮敲碎，然后将信的内容念给国王听，国王会快速进行口头批复，书吏则要飞快地记录下来。有一次，洪水堵塞了乌尔城和拉尔斯城之间的幼发拉底河河道，阻碍了很多船只的通行，于是国王在批复中责令拉尔斯的官员迅速疏通河道，确保航运的畅通。

外交书信是古代两河流域各国国王与国王，或宫廷与宫廷之间的通信往来，一般语气会是自豪而尊敬的，一方会称呼对方为"兄弟"，会有如下内容:"我和我的家人,我的马匹与战车,还有我的官员们以及臣民们都很好。我也相信我兄弟及其家人一切安好,他的马匹与战车,还有他的官员们以及臣民们也都很好。"它从一个侧面反映了当时国际交往、民族与文化交融以及经济交流的基本状况,从性质上来说也属于官方书信。

私人书信(包括商业书信)主要是城邦成员之间的通信、家庭成员之间的通信(如丈夫写给妻子、儿子写给父亲的信)、朋友之间的通信、商人之间的书信等,涉及方方面面,反映了当时社会个人交往和交流的状况。商业书信主要涉及土地及其他商品的转让和买卖,订货、发货、付款、交货或未交货,商人之间的合伙与分红,各种生产资料的租赁和劳动力的雇佣,以及商会管理商人等内容,它揭示了古代两河流域商品经济和对外贸易发展和发达的盛况。

古代两河流域的书信有固定的形式,结构类似于现代社会的社交书信,基本是由开头、问候语、正文和结语组成的。与现代书信不同的是开头为第三人称,问候语置于正文前半部分,结语一般是命令或请求,通常没有正式的结语。无论是官方书信还是私人书信,一般都是以写信人/寄信人的姓名和收信人的姓名/身份为单独一行开始的,一般遵循这样的格式:"致某某人,某某人如是说。"接下来便是书信内容的正文,详细叙述出信件的原因、发信人关切的事情和他所希望收信人会采取怎样的行动做出回复。有时正文涉及事务的处理方式或要求就是结语。在官方书信中,上级/地位高的写给下级/地位低的信中,通常没有问候语(祝福语)。当地位低的人写信给地位高的人时,或者涉及一般的非行政类信件时,就会有简短的祝福语,如在私人书信中,在"致某某人,某某人如是说"这句套话之后,通常还要加上一句表示写信人对收信人的尊敬的语言和祝愿他身体健康以及家庭幸福的语言,如"愿沙马什和马尔杜克因为我的缘故保持你身体永远健康"。

西方学者从19世纪末和20世纪初就开始对古代两河流域的书信泥板进行整理、分类和释读,他们大量的艰苦劳动取得了较为可喜的成果。L.W.金(L.W. King)在1900年发表了较为系统、全面的《汉谟拉

比书信和铭文集》三卷本（*Letters and Inscriptions of Hammurapi. 3Vols.,
London: London Luzac, 1900*），其中前两卷是泥板原文，第三卷是拉丁化
转译文及英译文。全书包括汉谟拉比写给辛伊丁纳姆（Sin-idinnam）的书
信 55 封，其后继者沙姆苏伊鲁那的书信 6 封，阿比苏的书信 13 封，阿米
狄塔纳的书信 2 封，阿米萨杜卡的书信 5 封，其他官员之间的书信 2 封以
及汉谟拉比和其他王的若干铭文。这部文献成为亚述学研究的最基本文
献，也是后来的文献编辑、整理者最重要的参考文献。此后的整理和翻
译工作主要包括美国著名亚述学家 A.L. 奥本海姆编辑出版的《美索不达
米亚书信》（A.L.Oppenheim, *Letters from Mesopotamia*, Chicago & London:
The University of Chicago Press,1967），荷兰著名学者 W.F. 利曼斯的介
绍及评论文章《古巴比伦书信及经济史》[ W.F.Leemans,*Old Babylonian
Letters and Economic History,*An Review Article with Disgressions on Foreign
Trade,*JESHO* 11(1968)]，P. 米卡洛夫斯基的《早期美索不达米亚书
信》（P. Michalowski,*Letters from Early Mesopotamia*, Atlanta Ga:Scholars
Press,1993）。在迄今已整理、释读和出版的古巴比伦书信中，以西方多位
学者共同编辑出版的一套《古巴比伦书信集》（*Alterbabylonische Briefe in
Umschrift und Übersetzung*）丛书规模最大、最有影响。其中前八卷为德
文 - 阿卡德文对照本，第九卷为英文 - 阿卡德文对照本。

## 二、国际君主书信

### Ug.5, No. 22

阿拉什亚（Alashiya）的伟大监督者埃苏瓦拉（Eshuwara）致乌伽里特王：
愿您和您的国家一切安好！关于敌人的行动、贵国一些臣民的行为以及你
方船只的行为，他们确实对我做了这种事！贵国这些臣民确实有越轨的行动。
因此，我希望你不要向我抱怨。现在，之前停靠在山下的 20 艘敌船已经行动
了，而且行动十分迅速，所以至今我们都不知道它们停靠在哪儿。我写信给你
是为了通知你此事，以便你提高警惕。希望你了解！

## EA 242

米吉多（Megiddo）的国王比利地亚（Biridiya）致埃及法老：

我的主人和我的太阳神！比利地亚（Biridiya）——米吉多（Magidda）国王、法老的忠实仆人——如是说。我多次地俯伏在法老——我的主人和我的太阳神——脚下。眼下，国王——我的主人——所要求的，我已奉上：三十头公牛，［……山羊？，……禽类？］…… 眼下，［诸］城太平，而我（却）正在交战。

## EA 244

米吉多（Megiddo）的国王比利地亚（Biridiya）致埃及法老：

我的主人和我的太阳神！比利地亚（Biridiya）——米吉多（Magidda）国王、法老的忠实仆人——如是说。我多次地俯伏在法老——我的主人和我的太阳——脚下。让法老知道：自从弓箭手回到埃及以来，拉巴尤（Labayu）对我们进行了敌对行动。自从他知道了您还没有派弓箭手，我们不能够拔羊毛，我们无法出门；现在他要占领米吉多，除非法老保护城市，以免被拉巴尤占领。确实，城市是因瘟疫和疾病而被死亡摧毁。请法老派一百名驻军守卫城市以免被拉巴尤占领。真的，拉巴尤（Labayu）没有其他目的，他企图摧毁米吉多（Megiddo）。

## G. Beckman，1999 [①]

（赫梯）哈吐什里三世国王致（巴比伦）国王卡达什曼恩里尔二世：

哈吐什里，伟大的王，赫梯之王这样［对］卡达什曼恩里尔，伟大的王，巴比伦王，我的兄弟如是说：

我安好，我的家庭，我的妻子、儿子们、步兵、马匹、［战车兵］和一切安好。

---

① 转引自李政:《外交书信与传记研究？——赫梯国王哈吐什里三世致巴比伦国王卡达什曼—恩里尔二世的书信的传记价值》,《国外文学》2015 年第 1 期。

祝你安好！祝你的家庭，你的妻妾们，你的儿子们，你的步兵、马匹、战车兵和你国家的一切都好。

当你的父亲与我建立起友好关系，并成为诚挚的兄弟时，我们却一天也没有成为兄弟。难道我们没有建立起永久的兄弟情谊和友好的关系吗？我们[那时]这样相互订立[协议]："我们是凡人，活着的人将保护仙逝者的孩子们。"那时，当你的父亲辞世，而众神赐予[我长寿]时，我如同兄弟一般地为他哭泣。在我为你的父亲完成了我的哀悼义务后，我擦干眼泪，立即派遣一位信使，这样写信告知巴比伦尼亚的贵族们："如果你们不保护我兄弟的后代继位称王，我将敌视你们。我将出兵征服巴比伦尼亚。但是，如果一个敌人起来反抗你们，或者你们遇到困难，写信告诉我，以便我进行援助。"但是，我的兄弟那时年幼，他们没有在你的面前宣读。现在，那些书吏还有健在的吗？那些泥板文献没有收集吗？让他们现在为你宣读，我出于良好动机写了这些话，但是，伊提马尔都克巴拉吐——诸神使谁的生命长久，谁的嘴从不停止说着不实之词——的话使我心灰意冷："你没有像兄弟一样给我们写信，你压制我们，犹如我们是你的臣民。"

当我向我的兄弟问道："我如何压制他们犹如他们是我的臣民？巴比伦人曾经压制过赫梯人吗？反之，赫梯人曾压制过巴比伦人吗？我出于良好的目的致信他们，我的兄弟卡达什曼图尔古的后代将受到保护。"但是，伊提马尔都克巴拉吐这样给我回信。我对他们如何写了恶毒的话，伊提马尔都克巴拉吐应该对我说这些吗？的确，我向他们这样写道："[若]你不保护你主的儿子，如果敌人起而对抗你，我将不援助你。"我绝没有计较伊提马尔都克巴拉吐的话。那些日子，我的兄弟是一个孩子，伊提马尔都克巴拉吐，这个恶人，随心所欲，我怎么能把他的话当真呢？

我的兄弟，因为我的兄弟向我致信："关于我中断派遣信使一事——自从阿赫拉姆采取敌视态度，我中断派遣信使。"——你，我的兄弟停止派遣使者是由于阿赫拉姆的缘故吗？你的国家实力弱吗，我的兄弟？还是或许由于伊提马尔都克巴拉吐在我兄弟面前说了不好的话，以至于我的兄弟中断派遣信使了呢？在我兄弟的国家，马匹远远多于牧草。难道我应当派遣一千辆战车去吐吐尔与你的信使见面？这样，阿赫拉姆将会袖手旁观？如果我的兄弟［这样］说："亚述国王不允许我的信使［进入］他的国家。"——亚述国王的步兵和战车兵没有达到你的国家的［实力］。的确，你的信使受到［……］在我的信使不断穿越的时候，亚述国王阻碍你的信使，原因何在？亚述国王阻止你的信使，以至于你，［我的兄弟］不能穿越来到我的国家吗？我的兄弟，你是一个伟大的国王，［祝你］长寿［……］看吧！我的兄弟，出于对我兄弟的爱，我一直在派遣［我的信使］，而我的兄弟没有派遣他的信使。［我的兄弟］难道不知道这个吗？我的兄弟对我说的每一句话我将保留。［假如两个国王］敌对，他们的信使在他们之间停止往来，为什么我的兄弟你不再派遣［你的信使］？

另一方面，我的兄弟：关于我的兄弟致信给我，谈到埃及国王的信使——我就埃及［国王的信使一事］现在这样回信给我的兄弟，［当你的父亲］和我建立友好关系并成为兄弟，［我们这样］说："我们是兄弟。［我们敌视］互相的敌人，并且友好对待相互的朋友。"当埃及国王［与我相互］敌视，我致信你的父亲，卡达什曼吐尔古："［埃及国王］敌视我。"你的父亲这样向我写道："［若你的军队］去对抗埃及，那么，我与你一道，［若］你去［对抗埃及，我将向你派遣］我的步兵和战车兵。"现在，我的兄弟，向你的贵族了解，他们将告诉你［他是否愿意派遣］步兵和战车兵与我同在一起。［如果我去的话，］正如他所许诺的那样多。［但是，我曾经］得到了什么？我的敌人［逃亡］到他国，并投靠埃及国王。当我向他致信："［交回我的敌人，］"他没有把我的敌人遣送给我。［那时，由于这件事，我和］埃及［国王］彼此相怨。那时，［我致信］你的父亲："［埃及国王］正来援助我的敌人。"［那时，你的父亲］中止了埃及［国王的信使］。当我的兄弟［成为国王］，你向埃及［国王］派遣［你的信使］，而且［埃及国王］的信使事情［……］埃及［的国王］［接受］了你的［礼物，而且］你接受了［他的礼物］。现在，［你是成年人了。如果］你［向埃及国王］派遣［信使］，难道我会阻止你吗？

［……］现在，你是一个成年人［……］将来。我兄弟的健康［……］他们将对［……］我善意相待。［……］三次或四次［……］儿子或女儿［……］你的父亲］，卡达什曼图尔古，而且我［……］他们抱怨如下：［……］我们的

邻国的国王们这样说道："因为巴比伦［国王］和赫梯国王［确立了友好关系，并且成为感情真挚的兄弟，自从］巴比伦国王［走向他的命运，赫梯国王］出于对他的兄弟的爱将保护［他的兄弟的后代吗？］"他们这样说，我向他们致信："出于对我兄弟的爱，我将保护我的兄弟的后代。"这句话从东到西流传［……］他们将会听到。

［另一方面，我的兄弟，因为］我的兄弟向我致信，我已经答复了阿达德沙尔伊拉尼［……］把它带来。卡尔开米什国王［决定……］商人们之间的争议。我的兄弟立即向我派遣另一个信使，我能够处理［他们的争议］。或者相反，让我遣送他们在法律上的对手，［我的兄弟］将决定他们的争议。

［另一方面，我的兄弟，因为］你向我如此致信："我的商人们在阿穆鲁国、乌伽里特国被害［和……国］"——他们没有在赫梯杀害［作为惩罚］。［但是……］他们杀害。如果国王听说了这件事，［他们调查］这件事。他们要逮捕谋杀者并［把他移交给］死者的亲属。［但是，他们允许］谋杀者活命。谋杀者所在的［地方］要被净秽。如果他的亲属不接受［赔偿的银两］，他们可以使谋杀者成为［他们的奴隶］。如果一个男子作恶反对国王，［逃跑］到另一个国家，杀害他是不允许的。向我的兄弟询问，他们会告诉你。［……］那些没有杀戮作恶的人会杀害一个商人吗？［但是，关于］苏巴里安人，我怎么知道他们是否在杀死人呢？现在，把逝去的商人们的亲属［送］过来，我可以调查他们的争议。

另一方面，我的兄弟：关于我的兄弟在信中向我提到的奔提什那："他不停地在诅咒我的国家"——我调查了奔提什那，他这样回答我："巴比伦人欠我3塔兰特银。"现在，奔提什那的一位仆人正在去你那里的路上，这样，我的兄弟能够解决他的争议。关于诅咒我兄弟的国家一事，奔提什那在你的信使阿达得沙尔伊拉尼在场的情况下，向我的诸神发誓，如果我的兄弟不相信这个，当他不停地在诅咒我兄弟的国家时，让他的那位听到奔提什那的话的仆人来到这里，并在法庭上反对他，我也将对奔提什那施压。奔提什那是我的臣民，如果他诅咒我的兄弟，他不会也诅咒我吗？

另一方面，［我的兄弟：］关于我的兄弟派来的医生——当他们接收了医生，他［出色地］完成了许多工作。当疾病降临到他的身上，我为了他在不断努力，我为他主持了许多次占卜。但是，当他的时间［……］来到，他死了。现在，我的信使将把他的仆人们带来，这样，我的兄弟能够向他们［调查］，他们能够向我的兄弟认同那位医生完成的工作。如果他们拿走我给他们主人的［东西］，他们将受到惊吓并把事情向我的兄弟隐瞒。［愿］我的兄弟［关注］我给医生的战车、阿塔尔吐战车、马匹、高质量的银和麻布。它们被记载下来，我已经向我的兄弟送去泥板。这样，我的兄弟能够听到它。当［医生］的年头到了，他死了，我无论如何没有扣留医生。

［我的兄弟：］在我兄弟穆瓦塔里统治时期，曾有一个咒语祭司和一位医生来到他们那里，被他们扣［在了赫梯］。我与他争辩并说道："你为什么扣留他们？扣留［一个医生］是不对的。"我现在愿意扣留医生吗？［关于］他们收到这里的［第一批］专家：那位咒语祭司可能死了，［但是，医生］活着并且是一户人家的业主。他娶的那位女子是我的一个亲属。［如果他说］"我想回到我的国家"，他可以离开，回到他的［国家］。难道我扣留了医生拉帕沙玛尔都克吗？

［另一方面，我的兄弟：］我听说我的兄弟已长大成人并且经常外出狩猎。［我很高兴］雷雨神推举我兄弟卡达什曼图尔古的名字。［……］去吧，以这种方式洗劫敌人，这样，我可以听到它。［……］我的［兄弟］打败了。此外，我的兄弟，他们说我的兄弟是这样一位国王，他的武器被收藏起来，他坐视观望。关于他，他们没有说到这个吗？［……］我的兄弟，不要继续坐视观望，而要去征讨敌人，并且打败敌人！［我的兄弟］应当去［征服哪一个国家］？去征讨一个在数量上三倍或四倍优势于你的国家。

［……］他使他的父亲狂怒而颤抖。现在，我已使他把［……］带给他的妻子和孩子们。

［另一方面，我的兄弟：］我想制作［雕像］并把它们放在家中。我的兄弟，向［我派遣］一位雕工。［当雕工］完成雕塑后，我将把他送回去，并且他将回到故里。我［难道没有把前一位］雕工［送回去吗］？他难道没有回到卡达什曼图尔古那里吗？［我的兄弟，］不要不派遣［雕工］。

［另一方面，我的兄弟：］送我马匹，特别是高大的幼种马。你的父亲［送给我了］种马，我的兄弟目前为止送给我的［马］是好的，但是，太矮小了。年长的马匹［……在赫梯］冬季天气恶劣，一匹老马不能存活。［我的兄弟，］为我送来［马匹］，特别是年幼的马。在我的国家已经有许多矮小的马。［问你的信使，我的兄弟，］他会告诉你的。

（这封书信还有大约 17 行。但是，这部分残缺不全。可以看到的内容有：你为什么送给我质地一般的天青石？你送给我的天青石［……］现在送给我需要的银［……］我的兄弟［需要］其他什么［……］让他致信于我［……］我不会［送］给我兄弟我所有的东西吗？）

### 《ARM》1/21

古亚述国王沙姆希 - 阿达德一世致其子马里国王雅斯马赫 - 阿达德：

关于那个来自迪尔穆恩（Telmun）的信使，你是这样写信跟我说的："他进到商人的屋子里，抬了一根椰枣树的枝干，结果把腰给扭伤了。因此直到现在我都没把他派出去。"这是你给我写的。胡闹！就算是他把腰给扭伤了，难道他不能骑驴吗？为什么你到现在还没把他派过来？照我看，二十天之前你就完全可以把他派过来了。你为什么还没有把他派过来？

## 三、古巴比伦书信

### AbB4:44

汉谟拉比国王致沙马什哈吉尔：

关于瓦拉德伊斯塔尔（Warad-Istar），那位牧羊人首领，在他所住的城市分给他 18 伊库（iku）的土地。

### AbB 9：194.

汉谟拉比国王致沙马什哈吉尔：

汉谟拉比如是说。我已写信给伊努赫萨马尔（Inuh-Samar）和沙马什姆沙里姆（Šamaš-mušallim）。他们将前往加布姆（Gabum）运河，他们将为我查看将从加布姆运河取走的土方。在见到我的这封信之后，前往伊努赫萨马尔和沙马什姆沙里姆处，前往加布姆运河，你一到达目的地，立即召集城市的长老们及灌溉区的成员们。根据神的武器，确定从加布姆运河取走的适当土方量，让人把土运到你所查看的灌溉区，以便从加布姆运河抽取灌溉用水——关于从加布姆运河取土以及把土运到灌溉区之事，送给我一份清晰的报告。让你的报告尽快送到我手里！

### AbB 4:45

汉谟拉比国王致沙马什哈吉尔：
在阿尔穆什肯，分给帕里舒达米克（Palishu-damiq）18伊库（iku）的土地。

### AbB 2:88, AbB 13:60

兹姆里哈那塔（Zimrī-hanata）致汉谟拉比国王：

我的主人，如您所知，在苏胡姆的城主辛伊其沙姆（Sîn-iqīšam）停驻在苏胡姆郊外时，达都拉比（Dadurāpi）之子兹姆里埃达（Zimrī-edda）给他的兄弟和儿子们，还有一起向他的神起过誓的人写了信，煽动大家在城中谋反。而他写信之后，在离他们（计划）发动叛乱还有三个月时，拿普苏那达拉（Napsuna-Dara）之子兹姆里汉穆（Zimrī-Hammu）也听到了他和他儿子们的密谋，就亲口起誓，说了这样的话："我定要用尸骸填满幼发拉底河两岸，要把马粪堆得和芦苇一样高。"他当时说的这些话，被伊希达干（Issi-Dagan）之子雅迪力（Jadiri）和（另外）六个来自哈那特城（Hanat）的人一起亲耳听到了，他们便把这些话说给了头领兹姆里哈那塔（Zimrī-hanata）听。头领兹姆里哈那塔又把这些话转告给了苏胡姆城主辛伊其沙姆（Sîn-iqīšam）。苏胡姆城主辛依其沙姆便下令，让人将这个兹姆里汉穆连同那些（指控他的）证人们一起领来。他的那些言辞在众人面前被一一坐实之后，人们又把他们领到雅布利亚（Jablīja）的神庙里去了。在雅布利亚（Jablīja）神庙里，他的言辞得到了（进一步的）确证，辛伊其沙姆大人便把他下到狱里，关了整整一个月。不过这些情况没能传到我的主人您那儿。（后来因为……）求了情，辛伊其沙姆（Sîn-iqīšam）就把他给放了，而这个兹姆里汉穆，刚出来还没满五天，就伙同雅希姆阿达苏努（Jasim-addašunu）一道率领兹姆里埃达（Zimrī-edda）的那些儿子，和他们一起向神起过誓的人还有阿赫拉姆人的军队（四处劫掠），把这片土地搞得遍地废墟。当这个消息最终传到了巴比伦，让我的主人您得知之后，主人您为了把他们剿灭，便下了命令，……当他们听到了这道命令（下达）的消息之后，自知罪大恶极，便离开他们的城市逃到马里城去了。如今，多亏了您的慈爱之神马尔杜克（Marduk）布下陷阱，把他们打发回来了，回到了哈那特城的人们中间。兹姆里汉穆和雅希姆阿达苏努（Jasim-addašunu）（这两个人）……，关于他们的情况我还没答复您，他们的情况是这样的：尽管他们之前畏罪潜逃，现在面对自己的罪行却毫无羞愧和畏惧地大放厥词，他们是这么说的："关于那些言辞，你们自己不好好想想么？你们做的这些'好事'能从巴比伦得到什么赏赐呢？而我们，你觉得我们犯了错，谁又从我们这拿到了什么东西呢？"他们说着这样的话，态度极其猖狂，却没有一个人来压制他们。所以他们就又勾结在一起，为了不让他们的密谋曝光，就排挤我们家族，不让我们参与集体议事会。眼下（还有一件事）：去年（直到）最近（的时候），在（我们）与苏穆达干（Sumu-Dagan）和巴赫力埃尔（Ba hli-El）儿子们家相邻的土地上（一直）建有您的慈爱之神马尔杜克（Marduk）的神庙，以防土地被侵占。可是吉姆力马尔杜克（Gimil-Marduk）却因为偏信那些从马里城回来的亡命之徒，写信指使他的兄弟雅什迪汉穆（Jašdi-hammu），他们就合谋毁掉了您的慈爱之神马尔杜克的那个神庙。我们的主人，您一定要为我们主持公道啊！逃亡的罪犯们绝不该在我们头上耀武扬威。我们会把麦子卖了，以防因为他们的缘故被迫离开。现在我们就像仰赖沙马什（Šamaš）和马尔杜克（Marduk）一样仰赖着我的主人您啊！我们会常念我们的主人您的美名，那些无耻之徒一定会因为我们（的高尚德行）而蒙羞！我们会为了您，我的主人，向沙马什和马尔杜克祈祷的！

| 第六章　书信 |

## LIH I：1

汉漠拉比国王致辛伊丁纳姆：

汉谟拉比（Hammurabi）如是说。你手下的一支在南纳尔伊丁纳（Nannar-iddina）指挥下的40人国王军队，已经离开了亚述（Aššur）国家，施图鲁姆（Šitullum）地区，……让他们出发，与伊波尼马尔图（Ibni-Martu）的军队会合，他们的军队可能已经解散①，让这支部队不要耽搁。让他们尽全速前进。

## LIH I：2

下令把某些埃兰女神（像）运至巴比伦

致辛伊丁那姆，汉谟拉比如是说。注意，我现在正派遣［……］官员兹吉尔（Zikir-ilišu）和高级官员（DUGAB）汉谟拉比巴尼（Hammurabi-bani）（给你），他们将去把埃姆特巴鲁姆（Emutbalum）（国家）的一些女神（像）运回来。在旅途中，你应该把这些女神（像）有秩序地装上船，就像它们在神庙里被供奉的那样，以便于他们将其运至巴比伦。神庙的侍女将跟随在它们后面。你应该为这些女神提供食物……羊，在旅途中，你应该为船上的神庙侍女提供给养，直到她们到达巴比伦。你应该指定一些人牵拉绳索（即纤夫拉船），应该挑选士兵，让他们守护着女神（像）安全抵达巴比伦。让他们不要耽搁，快速抵达巴比伦。

## LIH I：3

下令将埃兰女神（像）返还至它们的神庙

致辛伊丁那姆，汉谟拉比如是说。分派给你的埃姆特巴鲁姆的女神（像），伊努赫撒马尔（Inuhsamar）率领的军队将把它们安全送达给你。当他们到达你处后，你应该用你自己手中的军队粉碎这些人，然后让你的军队把这些女神（像）送回至它们自己原来的居所（神庙）。②

---

① 身处亚述的这支巴比伦军队可能因为食物短缺，面临解散的风险。
② 这封信显然是接着上一封信的，汉谟拉比本来让辛伊丁那姆派人把埃兰人的女神（像）运至巴比伦，但这时巴比伦的军队在亚述遭到了败仗，汉谟拉比把失败的原因归于埃兰女神的愤怒，因而改变主意，让辛伊丁那姆再把"女神们"送回家，以平息她们的怒气。巧合的是，汉谟拉比此后在埃兰连战连胜。

175

## LIH I : 4

关于在日历中插入一个闰月的命令

致辛伊丁那姆,汉谟拉比如是说。鉴于这一年(即日历)有短缺,把现在刚开始的这个月登记为第二个埃鲁尔(Elul)月(即闰埃鲁尔月)①。把要在提斯瑞月(Tisri)②[……]25 日到达巴比伦的贡品,改为在第二个埃鲁尔月(即闰埃鲁尔月)25 日到达巴比伦。

## LIH I : 5

下令清理达马努姆运河

致辛伊丁那姆,汉谟拉比如是说。你应该召集一些在达马努姆(Damanum)运河河岸拥有土地的人们,让他们清理一下达马努姆运河。在这个月之内,他们应当完成清理达马努姆运河的工作。

## LIH I : 6

下令完成清理运河工作

致辛伊丁那姆,汉谟拉比如是说。[……]运河,已经得到了清理,但是没有清理到乌鲁克城(Uruk),(因此,船只?)不能进入乌鲁克城。而且[……],位于杜汝城(Dūru)的运河堤岸之上,[……]是有可能的。这项工作对于由你支配的那些人来说,工作量不算太大[……]第三天。因此,当你看到这封信时,你应该与你支配的那伙人一道,在 3 天之内,把运河清理至乌鲁克城。在你清理完毕该运河之后,你应该做我之前写信交代给你的其他工作。

## LIH I : 8

下令调查一起贿赂案

致辛伊丁那姆,汉谟拉比如是说。舒曼拉伊路(Šumman-la-ilu)向我报告

---

① 埃鲁尔月(Elul),即 6 月。
② 提斯瑞月(Tisri),即 7 月。

说:"杜尔古尔古丽(Dūr-gurgurri)城发生了一起贿赂事件,收取贿赂之人和理解事情真相之证人,都已经在这里了。"这就是他所报告的。现在,这同一位舒曼拉伊路和一名高级官员,以及一名[……]官员,我正把他们派往你处。当你收到这封信之时,你应该调查此事。如果确实有贿赂事件发生,立即查封赃款和赃物,并将之送达于我。对于收受贿赂之人和知情的证人,舒曼拉伊路会指证给你,你也把他们送达于我。

## LIH I : 9

指示把高利贷商人非法抵押的土地予以归还并惩处违法者

致辛伊丁纳姆,汉谟拉比如是说。徭役官(KADUR)拉图姆(Latum)向我反映说:"安尼埃尔拉提(Ani-ellati), the *ragānu*,索要某块土地,而这块土地'我从[很古老的时候]就享有,并且[收取]地里的庄稼'。"这事发生了之后,他报告给我。现在,在宫廷里找到了一份文件,[这份文件表明]这 2 干(GAN)土地属于拉图姆。你应该调查此事,如果安尼埃尔拉提从徭役官拉图姆手中,把(这块土地)拿过来做了抵押,你应该把土地还给他,并且惩处抵押(这块土地)的安尼埃尔拉提。

## LIH I : 10

指示把高利贷商人非法侵占的财产予以归还

致辛伊丁纳姆,汉谟拉比如是说。某一官员(*DUGAB* of *PATESI*)的债务人(?)已经撤销了他们的抵押契约,伊努比马尔杜克(Enubi-Marduk)已经从他们那里收到了解除抵押的契约。然而,他们向我报告,[说……][……]让他们得到判决,你应该把他们的抵押物归还给他们。至于收了他们抵押物的伊努比马尔杜克,你应该把他送到我面前。

## LIH I : 11

指示把某一块土地归还给其合法拥有者

致辛伊丁纳姆,汉谟拉比如是说。在杜尔古尔古丽(Dūr-gurguri)城地区的一块［……］干土地事件中，艾阿卢巴尼（Ea-lū-bani）的土地所有权是自古以来就有的，在一块泥板文书中有分配给他的记录。因此，你应该把这块土地交给艾阿卢巴尼。

### LIH I：12

下令把谷物物归原主

致辛伊丁纳姆，汉谟拉比如是说。阿维鲁图穆穆（Amelu-tummumu），尼普尔城的公民（Awīlum），向我报告说，"我在乌纳巴姆城（Unabum）的一个粮库中储存了70古尔的谷物，但是，阿皮尔伊利（Apil-ili）破仓而入，并且（拿走了）这些谷物"。这件事发生之后，他报告给了我。请注意，我现在正派遣这位阿维鲁图穆穆（Amelu-tummumu）到你那里去。你应该派人把阿皮尔伊利（Apil-ili）找来，让他们把他带到你面前。你应该调查他们的案子。被阿皮尔伊利（Apil-ili）抢夺的属于阿维鲁图穆穆（Amelu-tummumu）的谷物，应该物归原主。

### LIH I：13

下令连本带利归还租借谷物

致辛伊丁纳姆，汉谟拉比如是说。伊利舒伊比（Ilisu-ibi），商人，向我报告说："我借给总督（Šakkanaku）辛马吉尔（Sin-magir）30古尔谷物，我拥有他对此的收条；我已经向他索要了三年，他还是不肯偿还谷物。"在这种情况下，他向我做了汇报。我已经检查了他的泥板，辛马吉尔应该偿还谷物及其利息，你应该将它们交给辛马吉尔。

### LIH I：14

下令支付某块土地的租金

致辛伊丁纳姆，汉谟拉比如是说。关于向伊波尼马尔图（Ibni-Martu）交付谷物一事，也就是关于伊波尼马尔图土地租金一事，该租金还在伊努比马尔杜克（Enubi-Marduk）手中。鉴于关于此事我已经写信给你了，你回答说："伊努比马尔杜克告诉我,'与伊波尼马尔图的土地一起,他还有[……]不同的一块地,并且他[……]这块地里的谷物已经收到了。因此,让他们<sup>①</sup>在……屋里就伊波尼马尔图田地的谷物事宜给他们一个判决,让他们拿走租金'。伊努比马尔杜克是这样说的。但是,这件事情就伊波尼马尔图方面来看,处理得并不好。(伊努比马尔杜克)说:'没有伊波尼马尔图同意,[我们做]不了任何事情。'于是,在说完之后,他就走了。那么,他们是否应该在……房屋里就他土地里的全部谷物,给他们一个判决,向他支付租金?"这些话就是你给我回信的内容。根据你给我回信的上述内容,让他们在……屋里就伊波尼马尔图田地的全部谷物给他们一个判决,你应该向伊波尼马尔图支付他该得的他田地的全部租金。

### LIH I∶15

下令调查有关宫廷大门官员事件

致辛伊丁纳姆,汉谟拉比如是说。在艾瑞莎(Eriša)管理之下的宫廷大门的官员们当中,有些人正遭受着抵押的困扰,艾瑞莎正要去找你。你应该调查他们的事情,你应该把他们的抵押还给他们,不能让他们陷入诉讼的漩涡中。

### LIH I∶16

下令调查一起向国王投诉案

致辛伊丁纳姆,汉谟拉比如是说。梅地姆城(Medem)的市长,向我报告了有关他的抵押品之事。现在我正派遣梅地姆城的这位市长到你那里去。你应该调查此案。你应该派人把案件的另一方当事人找来,让他们把他带到你面前,你应该"根据枷锁法"对他们作出判决。

### LIH I∶17

关于在国王面前审理一案件的命令

致辛伊丁纳姆,汉谟拉比如是说。关于辛拉比(Sin-rabi)案件,你已经

---

① 指的是法官们。

把他送到（我这里），陪同者是努尔伊什塔尔（Nur-Ištar）。他们已经把这个辛拉比带到了我面前，他告诉我这件事牵涉到伊丁辛（Idin-Sin）。我现在把这同一个辛拉比派回给你。伊丁辛和证人，他将告诉你证人是谁，你将他们送到我面前。

## LIH I：18

下令延迟审理一个案件，以便当事人准备节日庆典

致辛伊丁纳姆，汉谟拉比如是说。关于伊利伊帕尔扎姆（Ili-ippalzam），他就一块土地向辛吉姆兰尼（Sin-gimlanni），毕图拉比（Bîtu-rabi）之子［……］① 和李必特伊什塔尔（Libit-Ištar）提起诉讼。李必特伊什塔尔是某一劳动组织（gišdubbā）的成员之一，［……］他与塔里巴图姆（Taribatum）官员的服务有关。关于这件事，我已经写信给你了。注意，我已经任命伊利伊帕尔扎姆为神庙面包师的书记官，让他在乌尔城（准备）供品，我现在正差遣他（做这件事）。当乌尔的供品准备完毕之后，你把辛吉姆兰尼和李必特伊什塔尔与他一起，送到巴比伦。他们是其案件的两位当事人，他们的案件将被了结。

## LIH I：19

秋收后召集2名征税官至巴比伦

致辛伊丁纳姆，汉谟拉比如是说。关于把商人首领舍伯辛（Šeb-Sin）连同1,800古尔芝麻籽儿和19明那之银作为……还有商人首领辛穆什塔尔（Sin-muštal），连同1,800古尔芝麻籽儿和17明那之银作为……送至巴比伦一事；在把他们一起送来这件事情上……以及……关于这件事情，我已经写信给你了，你回复说："两位商人首领说，'因为现在是秋收时节，我们将在秋收结束之后前来报到'。当他们跟你说秋收结束之后，你要写信（告诉我）。注意，现在秋收已经结束了。因此，当你收到这封信时，恰如我从前给你写信之时，你应该把商人首领舍伯辛（Šeb-Sin）连同1,800古尔芝麻籽儿和19明那之银作

---

① 此处缺文应该是毕图—拉比的身份。

为……还有商人首领辛穆什塔尔（Sin-muštal），连同 1,800 古尔芝麻籽儿和 17 明那之银作为……送至巴比伦，让你的一位值得信任的（官员）陪同［……］让他前来，出现在我面前。"

## LIH I：20

### 关于把资金运送至巴比伦的信

致辛伊丁纳姆，汉谟拉比如是说。商人首领舍伯辛（Šeb-Sin）的资金……以及在他管理下的……首领们，让舍伯辛和……首领们取得并带到巴比伦来。

## LIH I：21

### 关于私吞神庙收入的调查

致辛伊丁纳姆，汉谟拉比如是说。商人首领舍伯辛（Šeb-Sin）向我报告说："伊努比马尔杜克（Enubi-Marduk）插手比特伊尔基提姆（Bît-il-kittim）神庙的货币收入，这些钱是从杜尔古尔古丽城和底格里斯河流域（地区）征收上来的，他并没有把征收上来的钱悉数上缴；基米尔马尔杜克（Gimil-Marduk）插手比特伊尔基提姆神庙的货币收入，这些钱是从拉哈布城（Rahabu）和该城的周围地区征收上来的，他并没有把征收上来的钱悉数上缴，但是宫廷却向我索要全部数额。"这事发生之后，他向我进行了汇报。为什么［……］。

## LIH I：22

### 关于砍伐阿巴树为金属工匠所用的信

致辛伊丁纳姆，汉谟拉比如是说。阿巴树，为了［……］为了杜尔古尔古丽城的金属工匠，无论哪里有这种树，都要让他们为你找到。要让他们砍伐 7,200 段的阿巴木，也就是长成的树，每段的标准构成是，1 卡（ka）树的 ⅓ 或 ½，长度在 2 埃尔（ell）[①] 或 3 埃尔，至 4 埃尔。然后，把 300 段阿巴树装成一船……让他们运到巴比伦。现在查看一下，不要让他们在森林中砍伐死了的

---

① 1 埃尔（ell）等于 45 英寸或 115 厘米。

阿巴树，他们（只）应该砍伐树干茁壮成长的阿巴树。让他们尽快把这些成段的阿巴树运送过来，金属工匠们的工作不能耽搁。

## LIH I : 23

下令把椰枣和芝麻籽运送至巴比伦

致辛伊丁纳姆，汉谟拉比如是说。注意，我现在正派遣舒努尔哈利（Šunurhali）去征收椰枣和芝麻籽。把这件事交给值得信任之人，督促他们收集椰枣和芝麻籽……让他们把（它）交给舒努尔哈利。把收集起来的椰枣和芝麻籽存放好，然后装上船，运送到巴比伦。

## LIH I : 24

下令把谷物运至巴比伦

致辛伊丁纳姆，汉谟拉比如是说。牧人马尔乌如（Mār-Uru）获取 300 古尔谷物，因为他所掌控下的牛群的……你应该授权给某些牧人首领，让他们① 把马尔乌如的谷物转交给他们。他们将接收之，你应该把它们装上一只空船，运送到巴比伦。

## LIH I : 25

下令把某批服装和油运送至巴比伦

致辛伊丁纳姆，汉谟拉比如是说。当你收到这封信的时候，你应该把……大衣、服装、头饰、伊布舒服装（ebušu）和……，以及油打好包，并运送给伊姆古尔贝尔（Imgur-Bēl）和拉玛努伊尔舒（Rammānu-iršu）手下的人。督促（接收者）（尽快）启程，让他们在两天之内到达巴比伦。

## LIH I : 26

命令船长让船队快速驶往巴比伦

致辛伊丁纳姆，汉谟拉比如是说。你应该向你掌控的船长们发话，你应该

---

① 这里的"他们"指的是马尔乌如的手下人。

吩咐他们在 12 月（Adar）30 日与他们的船队一起到达巴比伦。让他们计算好（他们的货物），管控好他们的船只。在 12 月 30 日，他们将到达巴比伦。船上的船员，也就是说，随他们的船只旅行的人，不必离开码头，以便于他们（直接）登船，不至于因为……而耽搁，关于这一点，我已经写信跟你讲了。

## LIH I：27

### 指示为运输船只提供船员

致辛伊丁纳姆，汉谟拉比如是说。塔瑞巴图姆（Taribatum）（对我）说："我主所希望（？）的船只的船员，他们还没有提供给我们；因此，我无法使用这些船只。"这就是他（向我）汇报的情况。对于船上的工作人员［……］既然这些船还未接到指令，那么什么时候它们可以被派遣出来？当你看到这封信之时，你应该把塔瑞巴图姆船上的工作人员交还给他，这样他就可以把他手上的船只派遣出来了。如果你不能快速地把这些船上的工作人员归还给他，那么这一地区的运输任务将委派给你来办。因此，所有你已经派到船上的人员，以及那些你正准备派遣的人员，你应该……，（然后）你应该下令把他们送到（他那里）。

## LIH I：30

### 下令检查皇家羊群和牛群

致辛伊丁纳姆，汉谟拉比如是说。注意，我已经派遣辛阿亚巴茹姆（Sin-aiabarum），一位宫廷高级官员（*guzalū*）[①]，以及十几名牧人首领，组成你"家庭"的一部分，我现在把他们派遣（给你）。他们将在（Marcheswan）月 12 日到达。当他们到达之后，你应该与他们同行，你应该对你负责管理的牛群和羊群做一次检查。让纳比乌姆马利克（Nabium-malik）、南纳尔［……］（Nannar-［……］）、沙马什穆沙里姆（Šamaš-mušalim）、忽如苏（Hurusu）、瑞什兰马努（Riš-Rammānu）、阿皮尔辛（Apil-Sin）、沙马什纳西尔（Šamaš-nasir）、阿胡亚图姆（Ahuiatum）、伊利伊丁那姆（Ili-idinnam）、辛乌斯里（Sin-usili）、塔瑞

---

① *guzalū* 本意为"王位扶助者"，这里可能是指在国王身边的某一类别的高官。

布姆（Taribum）和伊丁宁沙赫（Idin-Ninšah）与你同行，让他们变成你的"家庭"成员。

## LIH I：31

关于调遣 47 名牧羊人及其账目中的产品的指令

致辛伊丁纳姆，汉谟拉比如是说。当你收到这封信之时，（你应该把下列人员送到我面前）：

孙谷谷姆（Sungugum），他是吉尔苏城（Girsu）宁吉尔苏（Ningirsu）神庙的服务人员；伊什美辛（Išme-Sin）和伊比宁吉尔苏（Ibi-Ningirsu），［……］-拉城（［……］la）的牧羊人；（以及）阿达姆特鲁姆（Adamtelum），伊美瑞［……］城（Imērē-［……］）的牧羊人；也就是说，4 名来自［……］河地区的牧羊人。

伊兹纳布（Izinabū），苏姆［……］（Sumu［……］）之子；玛沙图姆（Mašatum）和贝尔伊利［……］（Bēl-ili［……］）；也就是说，3 名来自［……］河地区的牧羊人。

努尔兰马努城（Nur-Rammānu）的艾利巴姆（Eribam）；［……］；以及［……］伊尔（［……］ir）［……］，他是［……］神庙的服务人员。

总计 10 名牧羊人，来自阿皮尔［……］（Apil-［……］）的羊群。

芮祖亚（Rizuia）和阿布姆瓦戛［……］（Abum-waga［……］）；阿皮尔马尔图（Apil-Martu），李必特伊什塔尔（Libit-Ištar）之子，以及马瑞［……］（Mārē-［……］）；努拉图姆（Nuratum），拉鲁姆阿利亚马杜姆（Lalum-alia-mādum）和［……］；阿穆尔丹奴苏（Amur-dannusu）、伊利哈兹里和拉鲁姆（Lalum）；所有这些牧羊人来自［……］河地区。

西里沙马什（Silli-Šamaš），他是妮娜城（Ninā）妮娜女神神庙的服务人员；辛［……］（Sin-［……］），伊利阿姆塔哈尔（Ili-amtahar）之子；辛［……］忽姆（Sin-［……］hum）和伊利马沙（Ilima-Ša［……］）。

总计 14 名来自伊鲁卡沙马什和［……］的牧羊人。

古波［……］城（Gub［……］）的穆哈杜姆（Muhaddum）；［……］城的伊

丁马尔图（Idin-Martu）；［……］达姆（［……］dam）和毕图拉比［……］（Bîtu-rabi［……］）；提尔伊什哈拉城（Til-Išhala）的纳姆茹姆（Namrum）；［……］；尹步库城（Inbuku）的阿普鲁姆（Aplum）；阿哈努塔城（Ahanuta）的努［……］（Nu［……］）；布尔贝尔城（Būr-Bēl）的马尼乌姆（Manium）；曼努姆吉马沙马什（Mannum-kîma-Šamaš），伊姆塔戛尔沙马什（Imtagar-Šamaš）之子，他是拉尔萨城（Larsam）沙马什神庙的服务人员；拉尔萨城的沙马什基纳姆伊迪（Šamaš-kînam-idi），他是沙马什神庙的服务人员；乌尔沙戛城（Uršagga）的伊西亚图姆，他是［……］神庙的服务人员。

总计 12 名来自阿拉德沙马什（Arad-Šamaš）和巴拉图（Balātu-［……］）羊群的牧羊人。

伊利伊丁那姆（Ili-idinnam）城的阿皮尔马尔图（Apil-Martu）；努尔里（Nūr-li［……］）；伊阿沙茹姆（Iašarum）；（以及）阿皮尔马戛［……］（Apil-maga-［……］）；所有这些牧羊人来自……河地区。

伊利伊吉沙姆（Ili-ikišam），［……］之子；努尔宁吉尔苏（Nūr-Ningirsu）；辛拉［……］（Sin-la［……］）；辛［……］（Sin-［……］）；（以及）辛［……］（Sin-［……］）。所有这些牧羊人来自……河地区。

来自底格里斯河的阿克巴忽姆（Akbahum）；来自……城的阿普鲁姆（Aplum）。

总计来自阿拉德纳比乌姆（Arad-Nabium）和伊利乌波拉姆（Ili-Ublam）羊群的 11 名牧羊人。

你应该把这些牧羊人送到我面前，他们将提交他们的账目。

## LIH I：32

**召集神庙官员去巴比伦报账**

致辛伊丁纳姆，汉谟拉比如是说。当你看到这封信之时，你应该让人把［……］神庙的所有牧人首领和在你管理之下的，沙马什神庙的牧羊人、艾利巴姆（Eribam）之子阿拉德沙马什（Arad-Šamaš），连同他们的账目，带到你面前。你应该把他们派往巴比伦，他们将呈交他们的账目。要让他们日夜兼程，在两天之内到达巴比伦。

### LIH I：33

下令追加指派剪羊毛工人

致辛伊丁纳姆，汉谟拉比如是说。门迪布姆（Mendibum）、贝尔达［……］（Bēl-da［……］）和马什帕茹姆（Mašparum）写信给我说："辛伊丁纳姆（Sin-idinnam）给我们派来了一伙（？）剪羊毛的工人，但这些指派给我们用来剪羊毛之人，对于羊来说，数量太少了。"他们就是这样给我写信的。因此，你应该指派更大的队伍，以便剪羊毛工作尽快完成。

### LIH I：36

下令从拉尔萨城转移一组工人

致辛伊丁纳姆，汉谟拉比如是说。注意，我现在正派遣拉尔萨城的吉米鲁姆［……］（Gimillum the［……］）①（给你）。你应该把来自拉尔萨城的工人交给他，他将把他们派到他管理下的"劳工头领"手下干活。

### LIH I：37

宣布派遣劳工到拉尔萨以及关于其工作安排的信件

致辛伊丁纳姆，汉谟拉比如是说。注意，我现在正派遣 360 名劳动者给你。要知道，其中 180 名劳动者与拉尔萨城的工人一起干活，另 180 人与拉忽布城（Rahubu）的工人一起干活。［……］让他们行动。

### LIH I：39

关于善待劳动者的指示

致辛伊丁纳姆，汉谟拉比如是说。对于那些拒绝为你工作的看守员，你不能强制他们劳动。他们将从事安排给他们的工作，因此，你应该把他们从管理

---

① 缺失文字应该是吉米鲁姆的身份。

他们的头领之［……］调开。

## LIH I : 41

下令分派 7 人至巴比伦

致辛伊丁纳姆，汉谟拉比如是说。当你看到这封信之时，你应该把下列人员送到巴比伦：高级官员阿美尔辛（Amēl-Sin）、南纳尔纳皮什提伊迪纳（Nannar-napišti-iddina）、塔瑞布姆（Taribum）、他的兄弟辛马吉尔（Sin-magir）、斯姆提［……］尼（Simti［……］ni）之子阿普鲁姆（Aplum）、伊阿克瑞姆（Iakrēm）之子阿比亚图姆（Abiatum）和［……］伊尔城（［……］ir）之人辛伊什美阿尼（Sin-išmeani）。他们将出现在我面前。当你要派他们出发之时，不要把他们一起派出，让他们每个人分别来。

## LIH I : 43

选召 2 人从拉尔萨到巴比伦

致辛伊丁纳姆，汉谟拉比如是说。当你收到这封信之时，你应该让人把米尼沙马什（Mini-Šamaš）、高级官员努尔宁［……］（Nūr-Nin［……］）和"劳工组织"的一些成员带来，无论他们居住在哪里，也无论他们是在拉尔萨城，还是在拉尔萨的周围城市。督促他们把这些人带给你，在他们当中找一个你信得过的人，让他把他们带到巴比伦。

## LIH : 44

宣人进入巴比伦

致辛伊丁纳姆，汉谟拉比如是说。当你看到这封信之时，你应该派人把沙马什马吉尔（Šamaš-magir）［……］，李必特伊什塔尔（Libit-Ištar）之兄弟，送到巴比伦。督促他不要耽搁，他要尽快到达巴比伦。

## LIH I : 45

宣人进入巴比伦

致辛伊丁纳姆，汉谟拉比如是说。当你收到这封信之时，你应该让人把面包师伊利马惕（Ili-mati），送到我面前。他现在为阿皮尔沙马什（Apil-Šamaš）服务，他目前正在协助伊鲁卡辛（Iluka-Sin），伊鲁卡辛是［……］组织的书记官。

## LIH I : 46

一份面君急召

致辛伊丁纳姆，汉谟拉比如是说。我写信给你，吩咐你派人把伊努比马尔杜克（Enubi-Marduk）送到我面前。那么，你为什么还没有把他给我送来？当你收到这封信之时，你应该把伊努比马尔杜克送到我面前［……］。督促他日夜兼程，他必须尽快到达巴比伦。

## LIH I : 47

责问为什么把 2 名乌鲁克人送到巴比伦面君

致辛伊丁纳姆，汉谟拉比如是说。伊鲁卡沙马什（Iluka-Šamaš）和比利亚（Bilia），2 名城墙的护卫兵，乌鲁克城人，他们已经来到了我面前，他们向我报告说："辛伊丁纳姆（Sin-idinnam）派人送并且他们已经把我们的［……］从［……］带给了您。"他们是这样报告的。他们为什么要把 2 名城墙的护卫兵、乌鲁克城人伊鲁卡沙马什和比利亚带来（给我）？让他们［……］。

## LIH I : 48

关于把人员归还给原雇主的旨令

致辛伊丁纳姆，汉谟拉比如是说。

辛马吉瑞什（Sin-magiriš）（向我）报告说："在我手里的卡杜尔人员（KADUR）[①]，他们是按照我主您的官印分派给（我的），伊努赫撒马尔（Inuh-samar）[②]将之转交给了一名军事长官，转给了不同的掌控人。"他是这样向我报

---

① 可能是从事体力劳动的某类人员。
② 汉谟拉比非常器重的一名高官。

告的。你为什么把按照我的指令分派给（辛马吉瑞什）的卡杜尔人员，转交给了一名军事长官，转给了不同的掌控人？这些卡杜尔人员是根据我的封印权威，划归给辛马吉瑞什管理的，你把他们转移走了，你应该归还给他。

## LIH I : 49

关于把人员归还给原雇主的旨令

致辛伊丁纳姆，汉谟拉比如是说。

牧人纳拉姆辛（Narām-Sin）（向我）报告说："在我们手中的卡伯尔人员（KABAR）①，被他们转交给了一名军事长官。"这事发生了之后，他向我做了报告。让他们不要把在阿皮尔沙马什（Apil-Šamaš）和纳拉姆辛控制下的卡伯尔人员，转交给那名军事长官。你应该［召集］伊努比马尔杜克（Enubi-Marduk）和阿维鲁公民们②，以及阿皮尔沙马什和纳拉姆辛的卡伯尔人员，把这些被拿走的卡伯尔人员归还给他们。

## LIH I : 51

下令把一名帕达西官员恢复原职

致辛伊丁纳姆，汉谟拉比如是说。

我写信跟你说，辛伊路（Sîn-ilu），塔里巴图姆（Taribatum）手下的一名帕达西官员（patesi），但是你把他分派给了一名军官（rīdūtu），你应该把他作为一名帕达西官员，归还给塔里巴图姆。然而，你回答我说："他的儿子们是……，于是，我把他们分派给了这名军官。"在你写了这封信后，你派人把这位辛伊路送到了我面前。看啊，他们已经把他带到了我面前，并且我已经调查了他的事件［……］，阿梅尔尼尼波（Amēl-Ninib）和阿梅尔［……］（Amēl-［……］）［……］。而且，辛伊路根据他自己的证词，与他自己保有的帕达西职位相一致，已经……为什么你把帕达西组织的成员交给这名军官？

---

① 某一类的劳动者。
② 这里的阿维鲁（Awîlû），可能具有公民会议的意思。

189

这件事情你这样做是没有效的。你不要再把拥有帕达西身份的帕达西组织成员分配给军官了。现在，我把这位辛伊路交到塔里巴图姆手里，作为他的帕达西。你应该把其他人交给那名军官，以替代你分派给他的辛伊路的儿子们。

### LIH I : 53

下令逮捕8个人，把他们带到国王面前
致辛伊丁纳姆，汉谟拉比如是说。

注意，我正把辛普特拉姆（Sîn-putram）派给你。当你看到这封信之时，你应该把下面几个人监护起来，并送到我面前：努尔伊利舒（Nīr-ilišu）和阿梅里[……]（Amēl-[……]），他们是兹阿[图姆]（Zia[tum]）之子；沙马什马吉尔（Šamaš-magir）、辛伊什美阿尼（Sîn-išmeani）和辛李泊尔（Sîn-lipir），他们是辛马吉尔（Sîn-magir）之子；库卡（*kukkā*）行会的3名成员；总计8人，辛普特拉姆将指认给你。

### LIH I : 54

下令逮捕2名总督和1名宫门占卜官
致辛伊丁纳姆，汉谟拉比如是说。

当你看到这封信时，（你应该把下列这些人送来）：伊利玛阿比（Ilima-abi），阿皮尔马尔图（Apil-Martu）之子，提尔伊什塔斯里城（Til-Ištasrī）人，来自瑞米亚（Rimia）的……；史哈尔哈尔伊丁那姆（Šihalhar-idinnam），乌巴尔辛（Ubar-Sîn）之子，卡鲁姆沙普利塔城（Karum-šaplīta）人，来自安纳米尼舒艾米德（Anna-minišu-emid）的……——就是说，两人来自帕达西组织；李图尔伊路（Litul-ilu），伊姆古尔辛（Imgur-Sîn）之子，属于占卜者组织；现在这3个人都是王室的官员。叫人把这些人送来，督促他们把这三人带给你。把他们看管起来，送到我面前。

## LIH I：55

**下令逮捕 8 名犯上作乱的官员**

致辛伊丁纳姆，汉谟拉比如是说。

当你看到这封信时，（你应该派人把下列人员送来）：阿比亚图姆（Abiatum），伊利吉姆兰尼（Ili-gimlanni）之子，卡帕努城（Kappanu）人，一名队长；因比伊利舒（Inbi-ilišu），阿皮尔伊利舒（Apil-ilišu）之子，古波茹姆城（Gubrum）人，该城位于埃迪纳河（Edina）两岸，他属于宫廷官员；伊利伊帕尔扎姆（Ili-ippalzam），拉马努拉比（Rammānu-rabi）之子，阿哈姆努塔城（Ahamnuta）人，该城从前属于拉尔萨城的一部分，他来自伊姆古尔贝尔（Imgur-Bēl）的……；伊利伊帕尔扎姆（Ili-ippalzam），米尼马尔图（Mini-Martu）之子，阿哈姆努塔城人，该城从前属于拉尔萨城的一部分，他属于占卜者组织；埃努卡伊什塔尔（Enuka-Ištar），辛伊图拉姆（Sîn-ituram）之子，扎吉努姆城（Zaginum）人，他来自纳比辛（Nabi-Sîn）的……；伊利艾瑞巴姆（Ili-eribam），米尼马尔图（Mini-Martu）之子，……城之人；因比伊利舒（Inbi-ilišu），希苏姆（Hisum）之子，贝尔沙金城（Bēl-šakin）人；伊利巴尼（Ili-banī），曼努姆玛西尔舒（Mannum-mahiršu）之子，拉尔萨城人；最后 3 人来自提拉库（Tillaku）的……，这些人中的 4 人属于帕达西组织。这 8 个人处于你的管辖之下，但他们还没有去就任，你应该派人把这些人带到你面前。（然后）你应该把他们看管起来，派人把他们送到巴比伦。

## LIH II：1

**指示搬运安努尼图姆女神像**

致哈耶布［……］，萨姆苏伊鲁纳如是说。

我已经派遣了一名高级官员到你那里去，让他负责把安努尼图姆女神像押运至西帕尔埃迪纳城（Sippar-Edina）。要保证安努尼图姆女神像像在庙堂里一样，运至西帕尔埃迪纳城。

## LIH II：2

**指示向拉尔萨城的太阳神庙供应粮食**

致辛伊路（Sîn-ilu）、毕图拉比（Bītu-rabi）和尼克辛（Nīk-Sîn），萨姆苏伊鲁纳如是说。你们负责运送的属于拉尔萨城的沙马什神庙仓库的粮食，你应该运送。从现在起，从你手头的粮食中，把应该供应给沙马什神庙，现在还没有承付的粮食，想方设法，运送过去。

## LIH II：3

**关于严格管理捕鱼权的指令**

致辛伊丁纳姆、西帕尔城的商会及法官们，萨姆苏伊鲁纳如是说。

他们向我报告说："渔民们的众渔船下到拉比姆（Rabim）和沙卡尼姆（Šakanim）两地区，并在那里捕鱼。"于是我现在派遣一位宫廷官员到你们那里去。当他们到达以后，在拉比姆和沙卡尼姆两地区的渔民和船只［你们将……］，并且你们不要再派遣渔民的船只到拉比姆和沙卡尼姆两地区去捕鱼。

## LIH II：4

**关于缴税的信**

致辛伊丁纳姆（Sîn-idinnam），西帕尔城的商会和法官们，萨姆苏伊鲁纳如是说。

宫门官辛艾瑞巴姆（Sîn-eribam）告诉我说："那些被裁定只缴纳了四分之一谷物的市民，我已经逮捕了他们，但是他们对我说：'3头牛和半明那之银［……］'……。"［……］让他们把3头牛和半明那之银运送给［……］马尔图（-Martu），安全地储存起来，你应该把这3头牛和半明那之银交给我派送（给你）的那位高级官员（DUGAB），他将把它们带回巴比伦。

## LIH III：1

**关于抗击伊尔尼那（Irnina）运河洪灾的指示**

致辛伊丁纳姆，西帕尔城的商会和法官们，阿比舒（Abēšu'）如是说。

关于你给我写信所说的那件事，你说："卡尔伊尔尼那（Kār-Irnina）城的宫殿，每年能修建120标准量，但是（今年只）修建了44标准量，现在洪灾来了，伊尔尼那运河的河水已经升到了城墙的高度。"这就是你写信（给我）的内容。把这些文字送给该省居住在西帕尔城的人们，［……］居住在西帕尔城的城堡人，他们将任命制作［……］，他们将加固卡尔伊尔尼那城的［……］
［……］。

### LIH III：2

致辛伊丁纳姆，西帕尔城的商会和法官们，阿比舒如是说。一位加巴乌官（gabba'u-officer）写信给我说："我们无法找到的哈鲁（Hallu）的女奴被发现了，她现在身处西帕尔阿姆纳努（Sippar-amnanu）。"他得知此事后写信给我。现在我已派一名高级官员和那位加巴乌官一道到你那里去，当他们到达你处后，那位加巴乌官将向你指出那位女奴隶，你要把那名女奴隶交给我派去的那位杜加波官，由他把她带到巴比伦。

### LIH III：3

致辛伊丁纳姆、商会和西帕尔城的法官，阿比舒如是说。

布尼尼纳西尔（Bunini-nasir）、米尼沙马什（Mini-Šamaš），里什（Riš-）［……］之子，向我报告说："伊利伊丁纳姆（Ili-Idinnam），我们的兄长，把我们作为抵押品。两年来，我们一直向西帕尔城的商会申诉，但他们（即法官们）不为我们伸张正义。"在这种情况下，他们向我做了报告。当你见到泥板文书后，布尼尼纳西尔（Bunini-nasir）、米尼沙马什，里什（Riš-）［……］之子将向你指出伊利伊丁纳姆和知情的证人，你把这位伊利伊丁纳姆和知情的证人送到巴比伦，以便他们的案子有所了结。

### LIH III：5

下令缴纳过期未付赋税

致萨姆苏伊鲁纳努尔［……］（Samsu-iluna-nūr）、阿皮尔纳比乌姆（Apil-

Nabium)、塔里巴图姆（Taribatum）、伊波尼马尔杜克（Ibni-Marduk）和瑞什沙马什（Riš-Šamaš），阿比舒如是说。

辛伊丁纳姆（Sîn-Idinnam）、西帕尔城的商会和法官们给我写信说："我们写信给商人伊丁伊什塔尔（Idin-Ištar），他是西帕尔城人，但居住在卡尔沙马什（Kār-Šamaš），叫他带2套可以更换的衣服，把（它们）送到西帕尔来，这是他们应该上缴的。但是他并没有挑选他应该上缴的、2套可以更换的衣服，他也并没有到西帕尔来。"这件事发生以后，他们（给我）写了信。因此，当你看到这封信时，你应该把西帕尔的这位商人伊丁伊什塔尔，连同他应该上缴的2套可以更换的衣服，送到西帕尔来，以便他上交他应该交出的衣服。

### LIH III : 6

下令带贡赋进宫

致辛伊丁纳姆（Sîn-Idinnam），阿比舒如是说。

尼德纳特辛（Nidnat-Sîn），牛羊牧群的审计员，向我报告说你没有向宫廷上交你应该上缴的小牛犊。你为什么没有上缴你应该上缴的小牛犊呢？既然你对自己的这种行为并不感到害怕，[……]你现在把你应该上缴的小牛犊一个个拴好，把他们送到巴比伦来。

### LIH III : 7

下令支付过期未付之贡赋

致马尔杜克纳瑟尔（Marduk-nasir）、西帕尔城的商会和西帕尔阿姆纳努（Sippar-amnanu）城的法官们，阿比舒如是说。

牛羊牧群的审计员向我报告说："你们还没有把你们应该上缴的30只（头）羊羔和小牛犊送到巴比伦。为什么你们没有把你们应该上缴的30只（头）羊羔和小牛犊送到巴比伦？既然你对自己的这种行为并不感到害怕，我已经派一名高级官员（到你们那里去）……然后，你们应该把（它们）送到巴比伦。但是，如果你们不把你们应该上缴的30只（头）羊羔和小牛犊送到巴比伦，那么你们将按照每只（头）1舍克勒之银进行赔偿。"

## LIH III：8

**指示收割粮食**

致马尔杜克纳瑟尔（Marduk-nasir）、西帕尔城的商会和法官们，阿比舒如是说。

16 ⅔ 舍克勒之……来自西帕尔阿姆纳努城及其周围地区，4 名男奴隶，属于法官瑞什沙马什（Riš-Šamaš）的儿子们及其兄弟辛艾瑞巴姆（Sîn-iribam）之财产，［……］在杜尔［……］（Dūr-［……］）和［……］总督辛穆沙里姆（Sîn-mušalim）所租种的田地里收割粮食。当你看到这封信时，16 ⅔ 舍克勒之……来自西帕尔阿姆纳努城及其周围地区，4 名男奴隶，属于法官瑞什沙马什（Riš-Šamaš）的儿子们及其兄弟辛艾瑞巴姆（Sîn-iribam）之财产，连同旅途的给养，［……］［……］你应该把所有这些送到杜尔［……］总督辛穆沙里姆（Sîn-mušalim）所租种的田地里。他将带（你）实地查看他所租种田地里的谷物，让他们收割并运走。

## LIH III：9

**下令派遣一名祭司和其他人到巴比伦**

致马尔杜克纳瑟尔（Marduk-nasir）、西帕尔城的商会和法官们，阿比舒如是说。

辛穆沙里姆（Sîn-mušalim），阿努尼图姆（Annunitum）女神的主祭司，告诉我说："努尔［……］戛（Nūr［……］ga），西帕尔阿姆纳努城阿努尼图姆女神的一名祭司，也是一名阿努尼图姆的帕达西官员，曾经……。"沙马什神庙的……（他叫）埃迪塔尔卡拉马（E-ditar-kalama），以及［……］内尔加尔（［……］-Nergal），阿努尼图姆女神的主祭司辛穆沙里姆将指出他，你要把他们送到巴比伦接受调查。

## LIH III：12

**下令让西帕尔城的商人交税**

致西帕尔城的商人们，阿比舒如是说。

关于你们写信跟我说的事情，你们说："西帕尔［……］的［……］，这些商人，西帕尔城人，［…………］，让他收取（之）。"这些就是你们写信（对我）说的话。［……］……，已经向伊什塔尔伊什美舒（Ištar-Išmešu），他［……］，传达了指示，他［……］并把这些商人应该上缴的税银送到巴比伦。你们这些商人们是这一地区的管理者，你们应该督促那些商人，让他们包装好缴纳的税银，送到你们那里。但是，如果那些商人们没有把他们应该缴纳的税银带给你们，让人把他们送到我面前。

## LIH III : 13

下令派一艘船为宫廷拉粮食

致［……］苏辛（［……］su-Sîn），阿比舒如是说。

西帕尔阿姆纳努城的（船）队长要求（？）一艘容量为60古尔的船，为宫廷（运送）粮食。当你收到这封信之时，让西帕尔阿姆纳努城的这位船长［……］一艘容量为60古尔的［……］［……］。你应该监督这艘容量为60古尔的船只，让其在3月25日到达巴比伦。

## LIH IV : 1

下令在预兆友好时运送粮食

致马尔杜克穆沙里姆（Marduk-mušalim）、辛伊丁纳姆（Sîn-Idinnam）和阿皮尔辛（Apil-Sîn），阿米迪塔纳如是说。

居住在沙加城（Šagga）的一些省里人写信给我说："57古尔184.5卡之谷物，这是居住在沙加城的城堡人及其周围人 *Kislimu* 月的口粮，现在还是空缺。"在这种情况下，他们写信给我。鉴于在你们给居住在沙加城的省里人写信之时，我已经派遣巴比伦人到你们那里去，你们应该请这些巴比伦人来，让他们出现在你们面前。然后，从他们手中的谷物中，你们取出57古尔184.5卡作为住在沙加城的城堡人及其周围人 *Kislimu* 月的口粮。让你的占卜官占卜一下未来，（然后）在吉利预兆下，你们把这些谷物运到沙加城。

## LIH IV : 2

下令催交过期赋税

致西帕尔雅赫茹茹姆（Sippar-iahrurum）的商人头领，阿米迪塔纳如是说。

羊毛审计官告诉我说："西帕尔雅赫茹茹姆的商人头领，催促他把他应该上缴的羊毛送到巴比伦，但是，他并没有把他应该上缴的羊毛送到巴比伦。"这件事发生之后，他上报给了我。你为什么没有把你应该上缴的羊毛送到巴比伦？你竟然胆敢做这样的事情，当你看到这封信之时，（赶快）把你应该上缴的羊毛送到巴比伦。

## LIH V : 1

下令征集供剪毛之羊

致伊比辛（Ibni-Sîn），马尔杜克纳瑟尔（Marduk-nasir）之子，阿米萨杜卡如是说。

要在新年庆典宫举行一次剪羊毛活动，当你看到这封信之时，［……］这些羊［……］取上，你应该征集到那些盖印登记之羊，（你应该）把它们带上，送到巴比伦。你不要耽搁时间，必须在 12 月 1 日前，到达巴比伦。

## LIH V : 2

下令征集供剪毛之羊

致［……］纳瑟尔（［……］-nasir），［……］，阿米萨杜卡如是说。

要在新年庆典宫举行一次剪羊毛活动，当你看到这封信之时，［……］这些羊［……］取上，［……］［……］

（以下文字缺失）

## ARM 10/129

（马里国王）兹姆里利姆致（王后）西布图：

你的主人如是说：我听说南娜美（Nanname）得了皮肤病，还总是待在宫里，这样的话（她的病）会被她传染给很多（其他）女人。现在（开始），你要采取严格的措施：她喝过的杯子（其他）任何人都不能喝，她坐过的椅子（其他）任何人都不能坐，她躺过的床（其他）任何人都不能躺，这样一来就不会被她传染给很多（其他）女人了。这个病很容易传染！

## ARM 33/112

苏穆哈都致（马里国王）兹姆里利姆：我的主人，您的仆人苏穆哈都（Sumû-hadû）如是说：人们向德尔（Dēr）城的方向提高了运河水位，为了运送谷物的船只（能够通行），人们朝上游方向截流了运河河道，水流得以注入。昨天快要入夜的时候，在巴利赫河（Balīhim）河口水闸的大桥上游，（也就是修建有）引水管渠的位置，发生了决口。我立刻起身，尽管抱病在身，（我还是）率领我的驴队前去（现场），通过一个排水装置将水流引走了。我又再次把巴利赫河（Balīhim）的水截住了。次日凌晨我便着手开始（河堤的）修复工作，修好了引水渠，随后便开始夯筑土方。（水流）冲开的这个缺口深达两苇尺，宽度为四苇尺。黄昏时我已经将这个决口堵住，让水流恢复了正常。我的主人完全不必担心！而且我已经给几个城市（的官员）写信通报了我连夜截断大水这件事，亚潘（Appān）、胡姆散（Humsān）和谢赫卢姆（Šehrum）的人们已经取到了水。水已经完全不再泛滥了。而我今年还得了病。

## ARM 5/20

伊施希阿达德（Išḫi-Adad）致伊施美达干（Išmē-Dagan）：你的兄弟伊施希阿达德（Išḫi-Adad）如是说。这些话（虽然）难以说出口，但此刻我还是要说出来，这样我心里才会好受一点。你也是个大国王啊，你想要两匹马，找我来要，我就打发人给你牵过去了；而你倒好，让人给我送来了 20 明那的锡！你最好别是成心对我做这种不公平的事情！你就给我送来了这么点儿锡。我宁可你压根儿什么也没给我送来！（我）以我父亲的神灵的名义（起誓），（如果那样的话）我心里（反而）还不会那么难过！上面说的那些马匹在我这卡塔那（Qatana）城里，价值可是 600（舍克勒）的银子啊，你就给我送来了 20 明那的锡，要是别人听到这种事情会怎么说？他们难道不会取笑我们吗？（我）的家就是你的家呀！你家里难道还缺了什么吗？难道一个兄弟都不能满足另一个兄弟的愿望了吗？我真宁可你没有给我送来这些锡，不然我心里也不会这么难过。你就不算个大国王。为什么你要做这种事呢？这个家就是你的家啊。

## 四、管理书信

### LIH VI：1

辛伊丁纳姆给库塔拉法庭主席的信

致库塔拉城（Kutalla）的法庭主席，辛伊丁纳姆（Sîn-Idinnam）[①]如是说。你应该把纳美尔图姆（Namertum）案子的那位一方当事人，送到我这里。

### AbB 9：268

致拉里亚城的市长和该城的长老会，法官们如是说。伊利伊丁纳姆在我们面前这样起诉："我给了我的儿子们 30 石大麦（让他们）去耕种一块田地，然而他们自己吃光了大麦（种子及口粮）。后来他们把这块地给了一个佃农（耕种），而这个佃农轻视我。我去拜见市长和城市长老们，并在他们面前对此事进行起诉。我的儿子在市长和城市长老们的面前回答了我的问话。我说：'我要让人拘捕你的妻子和岳母，你的女巫们。'"……与此信同时，我们还有另一块泥板送往你那里。押送他的妻子乌尔舒布拉和他的岳母到这里！让我们根据国王的法令对他们作出判决！

---

① 这个辛伊丁纳姆应该就是汉谟拉比写信给他的那位拉尔萨的辛伊丁纳姆。

## 五、私人书信

### TCL 18：3

伊丁辛（Iddin-Sin）致（其母）济努（Zinu）夫人：

愿沙马什神、马尔杜克神和伊拉巴尔特神保佑你永远健康！每年我的朋友们会穿戴得更好，而每年我自己的衣衫越来越糟。看来这正是您想看到的情况。我知道您在家里存放着大量的羊毛，可是您送给我的都是破衣服。我的朋友，他的父亲曾为我父亲工作，比我都穿戴得体面，每件衣服他都有两套。我的朋友的母亲收养了他，而您却是给我生命的人。可是看来她爱他更甚于您爱我。

### TIM I：15

女奴达比图（Dabitum）致其主人：

我告诉过您可能会发生的情况，而且事情已经发生了。我带着这个孩子已经七个月了。现在这个孩子也死去一个月了，没有人会帮助我。在我死以前做这件事吧。主人啊，您就来吧，这样我就能看到您。您说过要送我点东西，但是我什么也没有收到。如果我必须死，我只想再看您一眼。

### Fish, John Rylands Library No.4

阿瓦特阿娅（Awat-Aja）致伽米鲁姆（Gimilum）：

愿阿娅神保佑你永远健康！当我的双眼注视着你时，我心里充满欢乐，就像第一天当黑暗的神庙之门在我身后关闭，我看到阿娅女神的脸黯然失色那样。我知道你，我的哥哥，也为看见我感到非常开心。"我会在这里停留十天。"你说过。可是我不能告诉你我曾从远方写给你的信的内容。而你突然离去，于是我有三天快发疯了。我的嘴唇不曾碰过任何食物，也不曾碰过水，我所拥有的只是回忆。把你能做到的送给我吧，这样我就可以养活那些依赖于我的人。冬季的寒冷渐行渐近了，帮帮我吧。我从未更多地去爱一个人。

## TCL 17∶27

库尔杜撒（Qurdusa）致贝勒苏努（Belsunu）：

愿沙马什神保佑你永远健康！如你已听到的那样，未设防的地域处于混乱之中，敌人正在其周围活动。我已经写信给伊宾马尔杜克（Ibni-Marduk）、瓦拉德（Warad-）和你。从羊群中挑选一只羔羊给占卜师，占卜一下羊群和牛群是否可以来我这里，是否会有敌人和盗贼的袭击。把牛群赶到基什（Kish），这样敌人就抓不到它们。还有，带尽可能多的大麦到基什，并给我一个详细的报告。

## AbB 10∶2

皮阿亚玛（Pī-Ajama）致吉米利亚（Gim[illīja]）：

皮阿亚玛如是说：愿我主因着我（的祈祷）保佑你永远健康！关于我的女主人，（你说）你满心愁烦，而且正待在巴比伦，这个事我此前都不知道。我本来就忧愁，又听说了你的烦恼，就（愈加）忧愁。我之前写信关心你的健康，请回信告诉我你过得怎么样。还有，请从你自己那儿付两舍克勒的银子给那个叫埃特勒皮马尔杜克（Etel-p[ī-Marduk?]）的当兵的，这阵子他正在找我的麻烦。

## AbB 9∶247

温努布图姆（Unnubtumma）致纳拉姆图姆（Narāmtum）：

温努布图姆（Unnubtumma）如是说：愿马尔杜克（Marduk）保佑你永远健康！你写信问我是否安好，我很好。而那位先生已经入宫了，宫里的人们对他笑脸相迎。什么都不用担心！

## TCL 18∶133

贝拉努姆（Belanumu）致阿乎尼（Ahuni）：

贝拉努姆（Belanumu）如是说。愿沙马什因为我的缘故保佑你永远健康！

给我准备好香桃木和甜甜的香芦，以及运酒到西帕尔城（Sippar）的船只。买10舍克勒的酒，明天到巴比伦城与我会合。

## TIM 2：71

扎巴巴（Zababa）致辛里米（Sin-rimenni）：

扎巴巴（Zababa）如是说。愿沙马什和马尔杜克保佑你永远健康！国王的代理人在阿帕苏姆城（Appasum）抓住了他（我的人），他被拘押在努尔乌姆里斯（Nurum-lisi）的屋子里。但这个人既没有戴（奴隶）脚镣，也没有剪（奴隶）发式。我这就派阿达德沙尔乌姆（Adad-sarrum）到你那里，你把那个人交还给我。

## RA 23 P.25

伊什库恩达干（Iskun-Dagan）致普朱尔伊什塔尔（Puzur-Istar）：

伊什库恩达干如是说。你被我向伊南娜神（Inanna）和阿巴神（Aba）发的誓所束缚，被国王和王后向阿什吉神（Assirgi）和宁胡尔萨格神（Ninhursag）发的誓所束缚，直到你来到我面前触摸面包或啤酒，直到你来到这里坐在椅子上。

## JRAS 1932 P.269

伊什库恩达干致卢伽尔拉（Lgalra）：

伊什库恩达干如是说。耕种土地并照看牛群！重要的是，不要告诉我："古提人在周围，我不能种地。"（古提人）的前哨距此有1里地，你自己继续种地吧！如果古提人攻击，你把牛群赶到城内。以前古提人掠走牛群时，我从未说，我要为你的损失买单。但现在，我以沙尔卡里莎里（Sar-kalisarri）国王的生命发誓：如果古提人掠走牛群，你不用自掏腰包。

## AbB 9：49

致我的主人，西里沙马什（Silli-Šamaš）如是说，关于伊利图拉姆（Ili-

Turam）母亲向你申请的那个案子，她这样讲道："我已经把我的儿媳及家人带进……"撇开她的儿媳不讲——如果他们能够证实我让她家的女奴和奴隶们进入你的房屋，他们将在埃姆特巴鲁姆（Emut-balum）的所有人面前羞辱我。这个女人在塔什里图姆（Tašritum）月的第 6 天来到这里；在处理这个案子时，我在当月的第 8 天对她进行起诉，我是这样说的："1.5 明那又 5 舍克勒银子给三……从/用……"我在……诸位及仲裁人埃亚那西尔（Ea-nasir）和该城的长老们面前起诉她，但是她否认此事。然而，关于银子和大麦一事，我有许多对她不利的证人；明天我将把（他们）带到你那里去，你来审问他们。其他的绅士们已经被召集在一起开会，他们这样说："由于该妇女否认了此事，而你又有证人指控她，我们已听到了证人们的证词，在你兄弟面前宣誓作证，让我们说出我们的证词。"现在他们还没有安排他的母亲在她自己的行业中为任何人工作。

我已经通知了你。让我看管这些绅士们，让我自己前来，向我质询有关任何故意玩忽职守之事。

## AbB 9∶50

致穆纳维鲁姆（Munawwirum），提沙那图姆（Tišana-tum）如是说。关于你给我写信所说："我的母亲，一位纳第图妇女，收养了一位青年，该青年逃走了。根据他的行动，我把该城中的 20 位长老召集在一起开会，把他的案子摆在他们面前，并且在 3 年前已取消了他作为我兄弟的地位，因为那位青年已经逃走了。但现在他已经变成了恶棍，沿河地区的首领说：'去满足宫廷。'"——这就是你给我写信的内容。我与那位绅士谈了话，那位绅士的一块泥板已送给伊丁辛（Iddin-Sin）。他将不会再为那位青年的事骚扰你。

## AbB 9∶52

致我的妻子，穆纳维鲁姆如是说。愿沙马什和马尔杜克因为我的缘故保护你，我的妻子，身体永远健康！至于该地区的那位屠马夫……："在过去的时光中，我经常……500 只羊的，（但现在这些羊）数量已增长过多，达到 1500

只；我这样抗议道：'这些羊的数目已变得太大，我无法弄到它们。'"达姆鲁（Damru）的长老会调查了我的案子，并派给我一位伙伴，这位伙伴为月亮神辛（Sin）神庙提供定期的贡品，他们为我削减了500只羊，他们放……和在这位绅士面前……达姆鲁的长老会派给我一位定期向月亮神辛提供贡品之人，他们把1000只羊的……强加于我。我从某位商人处支付了1明那银子，并且我将为月亮神辛神庙提供定期的贡品。……我已经收到……这些给……的定期贡品……让我的妻子对这位绅士说，以便该绅士……我的面子。把该绅士的一块泥板及你的泥板送给达姆鲁的公民们及长老会。

## 六、私人商业书信

### UET V : 5

致埃亚纳瑟尔，阿帕（Âppâ）如是说。

我的铜，把它给尼戛南纳（？）——

上好的（铜）——为了让我能够安心。而且伊尔舒艾拉斯图（Ilšu-ellastu）让我交出价值2明那银之铜。

…… ……（残破4行，无法辨认）

由于我的铜，价值1（？）舍克勒之银，交出铜及（等价）之银，我将支付……

把1件铜壶，（能）盛15卡水，以及10明那其他铜送给我，我将付银钱给你。

### UET V : 81

致埃亚纳瑟尔（Ea-nāsir），南尼（Nannî）如是说。

现在当你到来之时，你应该这样说："我将把上等的铜锭交给基米尔辛（Gimil-Sîn）。"你来见我时，是这样对我说的，但是你并没有做到。你向我的信使提供的是劣等的铜锭，并且对他说："如果你要拿，就拿走吧；如果你不要，就走开。"你不看看我是谁，你竟然以这样的方式对待我——这样轻蔑地对待我？我们是绅士之间的交往！我写信给你，让你收下我的投资款，但是你却置之不理。你一而再再而三地，在从外国返回后，两手空空地把钱还给我。在去迪尔蒙的商人中，有谁在以这样的方式与我作对？你已经轻蔑地对待了我的信使，这还不算，至于你从我这里拿走的银钱，你居然有这样的言论。我已经代表你向宫廷缴纳了 18 塔兰特之铜，并且舒米阿布姆（Šumi-abum）（同样）交纳了 18 塔兰特之铜。此外，我们还把封好了的文件，发给了沙马什神庙。至于那份铜锭，正如你对待我的那样，你已经阻碍了我在境外的投资，（尽管）我还要对你把钱完好无损地还给我表示感谢。那么，在这里（即在乌尔），我是不会接受你给我的劣等铜锭的，你将在我的宅邸"学习"，我将一个个地挑选（铜锭）。鉴于你轻蔑地对待了我，作为报复，我将行使挑选（铜锭）的权利。

## UET V : 7

致埃亚纳瑟尔，阿尔比图拉姆（Arbituram）如是说。

你为什么还没有把铜交给尼戛南纳（Nigga-Nanna）？

而且，2……5 年……因此，伊利伊丁纳姆（说）："尼戛南纳收到的铜是我的！"善良一点儿，把尼戛南纳向你（索要）的铜，如数还给他。

你所做的工作是好的。关于铜，以及 20 古尔芝麻油（？）该铜……把它（？）交给尼戛南纳。

## UET V : 20

致埃亚纳瑟尔，伊利伊丁纳姆如是说。

现在，你所做的工作非常出色！1 年之前（？），我支付了银钱。在一个外国，你应该（只）拒绝劣等铜。请带来你的铜。

……以下内容残破。

## UET V : 22

致埃亚纳瑟尔，伊尔舒艾拉苏如是说。关于伊丁辛之铜，伊兹亚（Iziia）将前往你处。向他展示 15 件铜锭，以便他能够从中挑选 6 件上好的铜锭，把他挑选的上好的铜锭交给他。这样行事，伊丁辛就不会生气。把辛雷梅尼（Sîn-remeni），……阿希姆（……-ahim）之子的1塔兰特铜交给伊尔舒拉比。

### UET V：23

致埃［亚纳瑟尔］，伊姆古尔辛（Imgur-Šîn）如是说。

愿沙马什保佑你！

把上好的铜交给尼戛南纳，盖章为证。

现在，你已经让我发出了10舍克勒之银。为了让你的心能够安定，把上好的铜交给他。你难道不知道我是（？）多么地厌烦吗！当你和伊尔舒拉比（Ilšu-rabi）到达时，把铜带上，交给尼戛南纳。

### UET V：29

致埃亚纳瑟尔，穆哈杜姆（Muhaddum）如是说。

关于那些铜锭：你同伴们封好了的信件刚刚"出发"给你。现在，萨尼库姆（Saniqum）和乌巴亚图姆（Ubaītum）已经前往见你。如果你真是我的弟兄，派个人给他们，把你手上的铜锭交给他们。

### UET V：66

致［埃亚纳瑟尔（？）］［和……］，南尼（？）如是说。

愿沙马什保佑你们！

因为你写信给我，现在我派伊戈米尔辛（Igmil-Sîn）到你们那里去。我和艾瑞巴姆辛（Eribam-Sîn）的铜钱，已经封好了给他。他将带上它们。把上好的铜交给他。

泥板以下内容残破缺失。

### UET V：71

［致……］，埃亚戛米尔（Ea-gāmil）如是说。

埃亚（Ea）和恩西马赫（Ensi-mah）可以给你宽限好多天。现在，3件铜锭已经装上了辛马利克（Sîn-malik）之子努尔沙马什（Nur-Šamaš）的船。它们被委托给了布尔阿达德（Bûr-Adad）。我刚刚通过伊瑞巴姆（Iribam）之子伊什库尔曼苏姆（Iškur-mansum），给你送去了4件铜锭。

1把椅子……兹吉尔伊利舒（Zikir-ilišu）……布尔阿达德……刚刚送……一件……，交给了库房。如果你真是我的父亲和主人，不要对库房放松管理。

## CT II : 49

致伊皮克安努尼图姆（Ipiq-Annunitum），伊丁辛（Idin-Sîn）你的兄弟如是说。

愿沙马什和……保佑您！

当我进入阿尔拉法（Arrapha），我的徒弟卷走了驴子，并且逃跑了；而且，我病倒了，几乎葬送了性命。至于那个准备送给你的女奴隶，她（因我）而死。你这样对我说："我将让你的兄弟阿尔马努舒（Almanušu），带给你约12明那银，以及一支商队跟随你。"感谢上苍，派他来！不要再抓着他不放了。一旦我在这里的事情办完，我就过去找你。不要着急，我一切都好。这里有一个非常好的女奴隶，我把她提供给旅行者们，但是没有人从我这里接受她。他们说："旅行有危险。"如果你喜欢，就让贝尔舒努（Bēlšunu）带来约½明那之银，以及（一大瓶）好油，以便我们能够会合，（一起）旅行到你那里。至于伊什库拉曼苏姆（Iškurra-mansum），你向我提起过他，当我前来看他时，这个男人已经死了。沙茹姆阿达德（Šarrum-Adad）一点儿也不关心（他的）疾病。不要着急！

## CT XXIX : 13

致阿努姆皮沙马什（Anum-pî-Šamaš），辛阿哈姆伊丁那姆（Sîn-aham-idinnam）如是说。

对我反复地给你写信，不要担心。还有可用的银子，所以我反复地给你写信。对于10舍克勒银之 *baluhhu*，3塔兰特之 *balukku*，1古尔之 *kukrû*，这些给沙茹姆辛（Šarrum-Sîn）。1皮3苏图之 *sumlalû*，5舍克勒银之桧柏精油、3

舍克勒之香桃木油、10 舍克勒之柏树油，这些你留着。出去再寻找上好质量的，并且将其拿下。

你不懂得如何处理好资金。不要减少好油的数量，购买若干苏图价值 2 舍克勒之上等货，购买每苏图 5 舍克勒之 Uršum 油。从沙茹姆辛那里收到价值 5 舍克勒银之 2 皮 2 苏图 kukrû。[……] 已经售出了。你留下的桧柏精油，我已经卖了 1 舍克勒之银。我的香豌豆（籽？），我已经把它变卖为银钱了，并且几乎（我的）所有（存货）都已经（出售）了。当你出门时，（带？）一些存货来，带什么由你定，带一些 kukrû（？），不要减少柏树油的数量。

## CT XXIX : 14

致阿努姆皮沙马什，辛阿哈姆伊丁那姆如是说。

为什么这些话……会让你不高兴？我已经写信给你说："给我送 10 舍克勒之柏树油来。"但是你并没有把油送来。而你却派了一个男孩过来，他两手空空。自从你离开我以来，我已经卖光了我最后的（存货）量，并且柏树油和 *kanaktu* 油是一点儿也没有了。用我给你送去的钱，但愿基布拉巴（Kibrabba）能让你很好地使用这些钱，买一些上好质量的油，（即）10 舍克勒银之柏树油，3 舍克勒银之香桃木油，以及 5 舍克勒银之雪松油，买下。

油倒是还有。如果 *Ibatum* 油的品质不够好，出去再找一些（好的）油，买上好质量的油，得到它。我跟你说，没有人告诉过你，他们已经返还了 12 舍克勒之银。

请提什帕克戛米尔（Tišpak-gamil）和基布拉巴送一些芦苇油给我。

## CT VI : 19b

致艾瑞波辛（Erib-Sîn），你的兄弟伊波尼提什帕克（Ibni-Tišpak）如是说。

关于涉及伊波尼伊拉（Ibni-Irra）之子乌阿拉德伊利舒（Uarad-ilišu）之事，我已经给了他 ⅔ 明那之银，你已经作为我的证人记录在案了。他去了亚述城，但是他并没有在那里把银钱交给沙马亚图姆（Šamaītum）。我和沙马亚图姆在埃什努那彼此见了面，并且把这件事情诉诸了法律。我说："我让乌阿拉德伊利舒把银钱带给了你。"他说："如果乌阿拉德伊利舒把钱给了我，我愿意加倍赔偿。"不要疏忽那笔钱——关于这件事，即你为了14舍克勒银之事，派沙马什贝尔伊利（Šamaš-bēl-ili）来找我，我并没有把钱给他。我就⅔明那之银之事，向乌阿拉德伊利舒提起了诉讼。叫乌阿拉德伊利舒来，让他支付银钱及其利息，（可能需要）上上下下的旅行！那么，从（那笔钱）里扣除14舍克勒之银，把其余的送给我。

## CT XXIX : 24①

致乌阿拉德辛（Uarad-Sin），阿淑尔阿苏（Aššur-asu）和沙里姆普提（Šalim-puti）如是说。

愿沙马什、马尔杜克和阿淑尔神保佑你！

关于你写信给我们说到的伊比沙马什（Ibbi-Šamaš），（这位）伊比沙马什就此给我们出了难题，他说："一个人从该城市带一封信给他，但是他把信扣在了他家中。"一旦有人从该城市写信给你，赶快按照信中所说的内容行事。至于你信中跟我说到的库斯雅（Kusiia），乌那茹姆（Unarum）、伊丁辛（Idin-Sîn）和李皮特伊什塔尔（Lipit-Ištar）刚刚把这个女人带给了你。这是在按你的意思行事。

## CT II : 20

致我的主人，沙马什拉比（Šamaš-rabi）如是说。

正如我的主人所知道的，自汉谟拉比时代以来，巴苏城（Basu）就开展了砖结构的建筑工作，我们在巴苏城就靠这一工作岗位生活。关于那些逆流和顺流的航船，一名商人拥有通行证，我们进行了检查，并且放了行；一名商人没有通行证，我们把他遣返回了巴比伦。现在既然安纳图姆（Anatum）和瑞什沙马什（Riš-Šamaš）已经在巴比伦建造了房屋，每一个来自艾马尔（Emar）和哈拉波（Halab）（？）之人，都被允许从我这里通过，我不能检查他们手上

---

① 这是早期亚述时期的私人商业书信。

的任何船只。现在，关于我的主人还给我的那 10 古尔大麦，我为此去了西帕尔城。但是，马尔沙马什（Mār-Šamaš）占据了我的位子，他写信给我说："瑞什沙马什及其随行人员，我不认识这些人，派遣他们的航船要通过我（这里的检查），我便走下来进入了船里。船上装载了 10 塔兰特锡，我让城市的（官员们）检查，（还有）一只装有（够分量）宝石的皮包。我写信就是让您知道一下，为的是不要让人指控我。"这就是他给我写信的内容。我已经让人把这封信带给了我的主人，我的主人可以查问他的工作，写信告诉我最终的决定。

## CT IV : 27a

致伊比伊拉布拉特（Ibi-Ilabrat），伊亚乌姆伊鲁姆（Ĭa'um-ilum）如是说。

愿沙马什和马尔杜克保佑你！

如你所知，我为一名女奴隶打破了枷锁（依法为其支付赎金），现在付款的时间到了。商人传唤我，现在我派乌阿拉德提什帕克（Uarad-Tišpak）到你那里，给我你自己手里的 3 舍克勒之银和 2 舍克勒你自己的芝麻款——有巴比伦的印章（在其上）。

关于这笔钱，请全部满足乌阿拉德提什帕克，不要拒绝他。关于责任义务，也全部满足他。

# 第七章　纳第图女祭司经济文书

## 一、概述

古代美索不达米亚的社会经济到古巴比伦时期有了较大的发展。土地买卖、土地私有制也发展起来，社会财富相当一部分越来越集中到社会个人手中。作为在古巴比伦社会具有特殊地位的女祭司纳第图（《汉谟拉比法典》第178条至182条对她们的权利等有明确规定），其私人文书为我们研究这一时期的土地买卖、奴隶买卖、商业、借贷等各种经济活动提供了重要线索，这有助于我们从一个侧面加深对古巴比伦时期的社会经济状况的了解。

纳第图（译作"女祭司"或"神妻"），苏美尔语是"lukur"，阿卡德语是"naditum"，其字面的意思为休耕的土地或没有被开发的土地；从词根我们可以看出，纳第图是不允许生育的妇女，是指在古巴比伦时期献给某个神作祭司的一类特殊的妇女阶层。在马尔杜克（巴比伦主神）、辛（月亮神）、沙马什（太阳神、西帕尔主神）等神庙中都有这种女祭司，其中马尔杜克神庙的纳第图有特殊的权利和义务。

一般来讲，这种女祭司是很有钱人家的女儿，有的还来自王室。为防止女儿们因出嫁而把财产带走，父亲一般不让她们结婚，而往往把女儿（通常是大女儿）"嫁给神（如沙马什）做儿媳妇"，即送给神作为一个纳第图（女祭司）。"出嫁"时要有嫁妆（包括不动产）。纳第图去世后，财产要回到其父亲家里，往往赠送给她兄弟的女儿（也做纳第图）或儿子，这样，就保证了财产不外流。因此，可以说，纳第图经济是当时一种特殊的私人经济形式。

当一个女人成为纳第图后,她往往有一个新的名字。在古巴比伦时期的许多文献中,往往有重名现象,如"白利苏努里"之类的名字是常见的。

纳第图可以过继一个女儿(很多时候是她的侄女),并把她作为她的财产的继承人。

纳第图有两类,一类不能结婚和生育(沙马什神庙的纳第图),一类可以结婚但不能生育。马尔杜克神庙的纳第图可以结婚,但她不能生育自己的孩子,这样,她往往给她的丈夫找一个女奴为妾,让女奴生养孩子,然而,女奴的地位是不变的,其地位不能和纳第图平等,否则就会受到严厉的惩罚。[1] 奴隶是主人的财产和工具,不属于"人"的范畴。如"SAM TIL,LA,BI,SE"中的"BI"通常为非人称代词,这里是指女奴,正说明这一点。奴隶是可以买卖的商品,当时一个奴隶的平均价格为24舍克勒,约等于一头牛的价格,而女奴的价格为5舍克勒,这反映了女奴地位更为低下。

在古巴比伦时期,借贷关系十分流行,但不一定有利息,这与通常所说的古巴比伦时期高利贷盛行似有矛盾,值得研究。

下面这三件泥板文书的重要的史料价值还在于,它们说明,在古巴比伦时代,人们已有相当强的法律观念和法律意识,当事人在经济活动中都要签订具有法律效力的文书,合同、契约方式已相当发展,没有文书记录的任何形式的财产买卖或转让都是无效的;而契约是商品经济发展的必然产物,说明古巴比伦时期商品经济达到了前所未有的发展水平。从纳第图文书来看,当时的契约往往有下列特点:第一,一些有关行为的法律不可破坏以及当事人决不违约的誓言。第二,订立契约时必须有证人到场认证,证人为二至三人,有时稍多;充当证人的往往是当地的重要人物。第

---

[1] 《汉谟拉比法典》第145条规定:如果一个人娶了一个纳第图为妻,而她没有使他得到孩子,因而他打算纳妾,那么他可将妾娶进家里,(但)那妾不能与纳第图平等。第146条规定:如果一个人娶了一个纳第图为妻,她给了她丈夫一个女奴,女奴生了孩子,以后那女奴与她的女主人摆起平等来,那么由于她生了孩子,她的女主人不得将她卖掉,(但)应将她加以奴隶标记放在其他女奴之中。

三，契约中往往把重要的事情写在前面。第四，在末尾必须有双方的签字和盖章。第五，最后要有订立契约的时间。

## 二、买卖土地

白勒塔尼［太阳神沙马什的纳第图，马尔杜克那西尔的女儿］用她的银手镯从木纳伊尔吐姆［太阳神沙马什的纳第图］和她的姐姐库思努吐姆，伊伯库沙的儿子以及她的母亲努尔吐姆那里购买了10伊库（iku）的田地，田地在埃都巴，靠近伊提埃阿和布尔提姆的田地。她已经把银子付了。

## 三、买卖女奴

布尼尼阿比和白利苏努里从沙马什努里的父亲那里买了她（沙马什努里，伊比沙安的女儿）。对布尼尼阿比来说，她是妻子；对白利苏努里来说，她是女奴。（如果）有一天，沙马什努里对她的主人白利苏努里说，"你不是我的女主人"，她（主人）将割掉她（沙马什努里）的头发并将她卖掉，其价格是5舍克勒。"Bu Kanu"①被递交，这宗买卖结束了，彼此都很满意，将来彼此之间再不能有争议了。他们以沙马什、埃亚、马尔杜克诸神及汉谟拉比的名义起誓。查尔帕尼吐姆继承王位之年，阿亚鲁姆月，3日。

## 四、借贷谷物

辛伊丁纳姆的儿子阿努皮沙和纳姆拉姆沙鲁尔，从国王的女儿、沙马什的纳第图伊勒塔尼那里借了3古尔（gur）的谷物，并用沙马什斗从谷

---

① 译为"杵"。这是当时表示买卖成交的一种仪式。

仓中量出。现在，他们用沙马什斗量出 3 古尔的谷物，还给借给他们谷物的谷仓。证人是：沙马什巴尼的儿子白勒苏努、扎尼克皮沙马什的儿子伊波马尔都克。阿比苏赫国王为其庇护神恩特姆恩那建立神像之年，埃鲁鲁姆月，10 日。

# 文献名称缩略语对照表

**AbB** 2 Frankena, R., Briefe aus dem British Museum (LIH und CT 2—33).

**AbB** 3 Frankena, R., Briefe aus der Leidener Sammlung (TLB IV).

**AbB** 4 Kraus, F.R., Briefe aus dem Archive des Šamaš—ḫhazir in Paris und Oxford (TCL 7 und OECT 3).

**AbB** 6 Frankena, R., Briefe aus dem Berliner Museum.

**AbB** 9 Stol, M., Letters from Yale.

**Ahw** Von Soden, W., Akkadisches Handwörtebuch

**ANET** Pritchard, J.P., Ancient Near East Texts Relating to the Old Testament.

**AOS** American Oriental Society.

**ARM** Archives Royales de Mari.

**ARN** Altbabylonische Rechtsurkunden aus Nippur,F.R.Kraus et al.

**BE 6/1** Hilprecht,H.V.,The Babylonian Expedition of The University of Pennsylvania,Series A：Cuneiform Texts,Volume VI,Part 1: Ranke, H., Babylonian Legal and Business Documents from the time of the First Dynasty of Babylon, Chiefly from Sippar, 1906.

**BE 6/2** Hilprecht,H.V.,The Babylonian Expedition of The University of Pennsylvania,Series A：Cuneiform Texts,Volume VI,Part 2: Poebel, A., Babylonian Legal and Business Documents from the time of the First Dynasty of Babylon, Chiefly from Nippur, 1909.

**G.Beckman** Gary M Beckman; Harry A Hofner, Jr. Hittite Diplomatic Texts, Atlanta, Ga. : Scholars Press, 1999.

**Bi·Or** Bibliotheca Orientalis, Leiden.

**CAD** The Assyrian Dictionary of the Oriental Institute of the University of Chicago.

**CAH** Cambridge Ancient History.

**CT** Cuneiform Texts from the Babylon Tablets in the British Museum.

**EA** El-Amarna.

**Fish** Fish, John Rylands Library.

**HE** Ecole Pratique des Hautes—Etudes (Section des Sciences Historiques st Philologiques), Paris(tablets, edited in Boyer and RA).

**JAC** Journal of Ancient Civilization.

**JAOS** Journal of the American Oriental Society.

**JCS** Journal of Cuneiform Studies.

**JESHO** Journal of Economic and Social History of the Orient.

**JNES** Journal of Near Eastern Studies.

**JRAS** Journal of the Royal Asiatic Society.

**LIH** King, L.W., Letters and Inscription of Ḫammurabi.

**MANE** Sources and Monographs on the Ancient Near East.

**MDP** Memoires de la Mission Archeologique de Perse.

**OECT** Oxford Editions of Cuneiform Texts.

**OrNS** Orientalia, Nova Series, Roma.

**PBS** Publications of the Babylonian Section, University Museum, University of Pennsylvania.

**PSBA** Procedings of the Society of Biblical Archaelolgy.

**RA** Revue d'assyriologie et d'archeologie Orientale.

**RAI** Compte Rendu de la Rencontre Assyriologie International Selected Papers.

**Riftin** Staro—Vavilonskie iuridicheskie i administrativnye dokumenty v sobraniiakh SSSR,A. Riftin.

**RIME** The Royal Inscriptions of Mesopotamia. Early Periods.

**RIMB** The Royal Inscriptions of Mesopotamia. Babylonian Periods.

**RIMA** The Royal Inscriptions of Mesopotamia. Assyrian Periods.

**RINAP** The Royal Inscriptions of the Neo-Assyrian Period.

**RIMS** The Royal Inscriptions of Mesopotamia. Supplements.

**TCL** Textes Cunéiformes du Louvre.

**TIM** Texts in the Iraq Museum.

**UCP** University of California Publications in Semitic Philology.

**UET** Ur Excavations, Texts.

**Ug.5** Ugaritica 5. Nouveaux textes accadiens, hourrites et ugaritiques des archives et bibliothèques privées d'Ugarit, commentaires des textes historiques (Première Partie).

**VDI** Vestnik Drevnyi Istorii.

**VS** Vorderasiatische Schriftdenkmäler der Preussichen Staatsmuseen zu Berlin.

**YOS** Yale Oriental Series, Babylonian Texts.

**ZA** Zeitschrift für Assyriologie Und Vorderasiatische Archaologie.

# 译名对照

阿巴 Abā
阿巴埃努 Abaenu
阿巴尔西乌努 Abarsinunu
阿巴图姆 Abattum
阿布祖班达 Abzu-banda
阿达埃努 Adaenu
阿达德纳拉里一世 Adad-nārārī I
阿杜尔吉努 Adurginu
阿尔巴伊阿 Albaia
阿尔达乌什 Ardauš
阿尔扎尼比乌 Arzanibiu
阿尔祖 Alzu
阿赫拉姆阿拉米人 Aḫlamû-Aramaean
阿克沙克 Akšak
阿库尔伽尔 A-kurgal
阿鲁利姆 Alulim
阿拉穆恩 Alamun
阿拉瓦 Arawa
阿拉兹库 Araziqu
阿卢玛 Aruma
阿鲁阿 Arua

阿鲁玛 Aruma
阿马努姆 Armānum
阿玛达努 Amadānu
阿马努斯 Amanus
阿玛萨库 Amasaku
阿玛乌什 Ammauš
阿莫利特人 Amorite
阿姆纳努姆 Amnanum
阿穆鲁 Amurru
阿尼塔 Anita
阿尼特库 Anitku
阿瑞尔谷 Arrirgu
阿瑞克丁伊里 Arik-dīn-ili
阿瑞努 Arinu
阿萨尼乌 Asaniu
阿舒尔 Aššur
阿舒尔丹 Aššur-dān
阿舒尔瑞沙伊施 Aššurprēša-iši
阿苏胡尔 Asuḫur
阿图玛 Aṭuma
阿祖 Azu

218

| | |
|---|---|
| 埃安纳 Eanna | 巴伽拉 Bagara |
| 埃安纳吐姆 E-anatum | 巴拉萨格努第 Bara-sag-nudi |
| 埃博拉 Ebla | 巴鲁库里姆 Bahlukullim |
| 埃尔希什 Elḫiš | 贝尔拉比拉 Bel-labira |
| 埃胡尔萨格库尔库尔拉 Eḫursagkurkurra | 贝施瑞 Bešri |
| 埃基什努伽尔 Ekišnugal | 布涅涅 Bunene |
| 埃吉尔扎安基 Egirzalanki | 达尔达鲁 Dardaru |
| 埃加拉苏 Eigarasu | 达干 Dagān |
| 埃拉玛 Elama | 达利亚 Daria |
| 埃拉穆尼 Elamuni | 达伊埃努 Daiēnu |
| 埃兰 Elam | 迪尔蒙 Dilmun |
| 埃利都 Eridu | 蒂姆迦尔阿布祖 Dimgal-abzu |
| 埃卢比 Errupi | 杜牧兹 Dumuzi |
| 埃卢哈特 Eluḫat | 杜牧兹阿布祖 Dumuzi-abzu |
| 埃卢拉 Elula | 厄尔 El |
| 埃宁玛 Eninmar | 恩阿卡勒 En-akale |
| 埃宁努 Eninnu | 恩阿娜图玛 En-ana-tuma |
| 埃萨 Aisa | 恩安纳吐姆 En-anatum |
| 埃什努纳 Ešnunna | 恩基 / 埃阿 Enki/Ea |
| 埃特努 Etnu | 恩利尔 Enlil |
| 埃希里 Eḫili | 恩利尔纳拉里 Enlil-nārārī |
| 艾亚 Aia | 恩美巴拉格西 EN.ME-barage-si |
| 艾亚鲁姆 Aialum | 恩美特纳 En-metena |
| 安 An | 古埃德那 Gu'edena |
| 安迪阿布 Andiabu | 古地亚 Gudea |
| 安努纳基 Anunnaki | 古尔 gur |
| 安塔苏尔 Antasur | 古尔萨尔 Gursar |
| 阿普苏 Apsû | 古鲁 guru |

古尼都 Gu-NI.DU
古伊登纳 Gu'edena
衮古努姆 Gungunum
哈布尔 Ḫabur
哈布胡 Ḫabḫu
哈尔图石 ḫaltu-stone
哈拉努 Ḫarrānu
哈兰 Ḫarrān
哈鲁萨 Ha~rusa
哈曼 Haman
哈姆鲁神庙 ḫamru-temple
哈纳 Hana
哈纳人 Haneans
哈尼加尔巴特 Ḫanigalbat
哈瑞亚 Ḫaria
哈施塔拉埃 Ḫaštarae
哈梯 Ḫatti
哈图胡 Ḫattuḫu
汉谟拉比 Ḫammurabi
黑穆 Ḫimu
黑瑞胡 Ḫiriḫu
亨杜尔萨格 Ḫendursaĝ
胡尔图姆 Ḫurtum
胡拉 Ḫurra
胡努苏 Ḫunusu
马尔杜克 Marduk
加喜特 Kassite
埃库尔 Ekur

拉卢拉利马 Laluralimma
乌尔宁提努加 Urnintinugga
舒布西麦施瑞沙康 Šubši-mešrê-Šakkan
宁图德 Nintud
宁胡尔萨加 Ninḫursaĝa
努迪姆德 Nudimmud
巴德提比拉 Bad-tibira
拉拉格 Larag
帕比萨格 Pabisaĝ
兹姆比尔 Zimbir
苏德 Sud
古都格 gudug
基乌尔 Ki-ur
宁加尔 Ningal
杜牧兹 Dumuzi
葛施汀安娜 Ĝeštin-ana
宁舒布拉 Ninšubura
恩 en
拉伽尔 lagar
埃穆什卡拉马 E-muš-kalama
扎巴拉姆 Zabalam
吉谷纳 Giguna
埃沙拉 E-šara
巴拉格杜尔格拉 Barag-dur-ĝara
胡尔萨格卡拉马 Ḫursaĝ-kalama
埃乌尔马什 E-Ulmaš
埃穆德库拉 E-mud-kura
埃基什努加尔 E-kiš-nuĝal

| 译名对照 |

埃利都 Eridug
甘泽 Ganzer
耐提 Neti
古德加尔安纳 Gud-gal-ana
埃瑞什基加拉 Ereškigala
安努那 Anuna
库尔加拉 kurĝara
加拉图拉 galatura
沙甘 šagan
西格库尔沙加 Sig-kur-šaga
沙拉 Šara
卢拉尔 Lulal
库拉巴 Kulaba
卢伽尔班达 Lugalbanda
乌尔扎巴巴 Ur-Zababa
卢伽尔扎吉西 Lugal-zage-si
柏勒洛丰 Bellerophon
伊南娜 Inanna
拉伊布姆 La'ibum
埃兹纳 Ezina
贝里什提卡尔 Bēliš-tikal
埃斯基尔 E-sikil
宁丹 nindan
基里泰舒布 Kili-Tešub
基利努 Kirinu
基玛什 Kimaš
基斯拉 Kiṣra
基乌图 Kiutu

吉尔苏 Ĝirsu
吉普舒那 Kipšuna
吉沙 Ĝiša
加图姆杜 Gatumdu
卡尔开米什 Carchemiš
卡哈特 Kaḫat
卡里泰舒布 Kali-Tešub
卡什阿里 Kašiiai
卡苏里哈拉 Kasuri-Hala
卡特牧胡 Katmuḫu
凯什 Keš
凯施埃里 Kašiieri
库杜尔马布克 Kudur-mabuk
库里巴尔兹努 Kulibarzinu
库马努 Qumānu
库塔 Kutha
库扎鲁 Kuzallu
拉布姆 Rabbum
拉尔萨 Larsa
拉伽什 Lagaš
拉乌姆 La'um
里姆辛 Rim-Sîn
里什阿达德 Rīš-Adad
卢伽尔沙恩古尔 Lugal-ša-ENGUR
卢伽尔乌鲁卡尔 Lugal-URU×KAR
卢伽尔扎吉西 Lugalzagesi
卢玛 LUM-ma
卢玛吉姆杜 LUM-ma-ĝim-du

卢姆玛吉尔努恩塔 LUM-ma-ĝirnunta
鲁胡 Lūḫu
马里 Mari
麦西里姆 Me-silim
米利阿德鲁尼 Miliadruni
米利迪亚 Milidia
米什梅 Mišime
穆拉塔什 Murattaš
穆什库 Mušku
穆斯瑞 Muṣri
穆塔基尔努斯库 Mutakkil-Nusku
那湄 Nāme
那扎比亚 Nazabia
纳布拉 Nabula
纳拉姆辛 Narām-Sîn
纳姆努恩达基加拉 Namnunda-kiĝara
纳伊瑞 Nairi
南纳 Nanna
南纳古迦尔 Nanna-gugal
尼金 Niĝin
尼姆努 Nimnu
尼普尔 Nippur
尼萨巴 Nisaba
涅尔加尔 Nergal
宁埃加尔 Ninegal
宁伽尔 Ningal
宁胡尔萨格 Ninḫursag
宁吉尔苏 Ninĝirsu

宁卡拉克 Ninkarak
宁努尔塔阿皮尔埃库尔 Ninurta-apil-ekur
宁图 Nintu
努巴纳舍 Nubanāše
努恩 Nun
帕纳鲁 Panaru
帕普鲁 Papḫû
帕伊特鲁 Paiteru
皮拉达尔努 Piladarnu
普如鲁姆祖 Purulumzu
萨尔贡 Sargon
萨拉达乌什 Saradauš
萨拉乌什 Sarauš
萨玛努姆 Samanum
沙地泰舒布 Šadi-Tešub
沙拉 Šara
沙马什 Šamaš
沙姆西阿达德一世 Šamšī-Adad I
沙图阿拉 Šattuara
沙希沙拉 Šaḫišara
上海 Upper Sea
舍尔谷 Šelgu
舍拉贝利 Šerabeli
舍瑞舒 Šereššu
舍舍 Šēše
舍什伽尔 Šešgar
舍祖 Šezzu
施尼比尔努 Šinibirnu

| 译名对照 |

舒巴尔图 Šubartu
舒巴鲁 Šubaru
舒杜胡 Šuduḫu
舒尔吉 Šulgi
舒尔穆什帕 Šul-MUŠ×PA
舒利安兹 Šulianzi
舒鲁 Šuru
舒鲁瑞亚 Šururia
舒伊拉 Šuira
苏巴尔图 Subartu
苏都 Sudu
苏谷 Sugu
苏胡 Suḫu
苏木阿布姆 Sumu-abum
苏木埃尔 Sumu-El
苏木埃普 Sumu-Epuh
塔尔哈纳贝 Tarḫanabe
塔尔胡那 Tarḫanabe
塔拉 Tala
泰都 Taidu
特尔卡胡里 Terkaḫuli
提格拉特皮莱瑟一世 Tiglath-pileser I
提拉什 Tiraš
图阿鲁 Tualu
图姆 Tummu
图努布 Tunubu
图图尔 Tuttul
瓦舒卡努 Waššukanu

乌玛 Umma
温扎姆努 Unzamunu
乌阿萨沙塔 Uasašatta
乌贝拉 Ubera
乌伯拉比乌姆 Ubrabium
乌尔 Ur
乌尔卢姆玛 Ur-LUM-ma
乌尔纳木 Ur-Nammu
乌尔南什 Ur-Nanše
乌吉加 Ugiga
乌吉纳 Ugina
乌拉提纳什 Urraṭnaš
乌里苏姆 Ulisum
乌鲁阿兹 Uruaz
乌鲁克 Uruk
乌鲁姆 urumu
乌鲁苏 Urusu
乌姆 Ūm
乌什 UŠ
乌图 Utu
乌伊拉姆 Uiram
乌祖拉 uzula
西里辛 Silli-Sin
西姆阿 Ḫimua
西普石 ṣīpu-stone
西帕尔 Sippar
下扎布 Lower Zab
辛 Sîn

223

辛穆巴利特 Sin-muballit
辛伊利巴姆 Sînerībam
亚赫顿里姆 Iahdun-Lim
亚基德里姆 Iaggid-Lim
亚姆哈德 Iamhad
伊登 Eden
伊尔 Il
伊那伊里亚阿拉克 Ina-ilīia-allak
伊南娜 Inanna

伊瑞都 Irridu
伊施比埃拉 Išbi-Erra
伊施迪施 Išdiš
伊施美达干 Išme-Dagan
伊什塔尔阿努尼图姆 Ištar Annunītum
伊什塔尔 Ištar
伊施塔兰 Ištaran
伊苏阿 Isua
祖祖 Zuzu

# 外文参考文献

Alster, B., Wisdom of Ancient Sumer, Bethesda, Md., CDL Press, 2005.

Black, J., Graham Cunningham, Eleanor Robson, and Gábor Zólyomi, The Literature of Ancient Sumer, Oxford University Press, 2006.

Hallo, William W. and Youger, K. Lawson, The Context of Scripture, vol.1, Canonical Compositions from the Biblical World, Brill, 2003.

Hallo, William W. and Youger, K. Lawson, The Context of Scripture, vol.2, Monumental Inscriptions from the Biblical World, Brill, 2003.

Hallo, William W. and Youger, K. Lawson, The Context of Scripture, vol.3, Archival Documents from the Biblical World, Brill, 2003.

Kramer, S. N. ,The Sumerians,Their History,Culture and Character,The University of Chicago Press,1972.

Kramer, S. N.,History Begins at Summer,Pennsylvania University Press,1981.

Michalowski,P.,Letters from Early Mesopotamia,Scholars Press,1993

Oppenheim, A. Leo ,Letters from Mesopotamia: Official, Business, and Private Letters on Clay Tablets from Two Millennia, The University of Chicago Press,1967.

Pritchard, James B.,Ancient Near Eastern Texts Relating to the Old Testament, Princeton University Press, 1969.

Römer, W. H. P. "Rat des Schuruppag (Version der altbab. Zeit )", Texte aus der Umwelt des Alten Testaments (O. Kaiser, W. H. P. Römer, W. Von Soden ), Gütersloh, Gütersloher Verlagshaus Gerd Mohn, 1990, 48-67.

Saggs, H.W.F.,The Greatness That Was Babylon, Sidgwick and Jackson,1962.

Takayoshi Oshima, Babylonian Poems of Pious Sufferers: Ludlul bēl Nēmeqi and the Babylonian Theodicy (Orientalische Religionen in Der Antike 14), Tübingen, Mohr Siebeck, 2014.

Versteeg,Russ ,Early Mesopotamian Law, Carolina Academic Press,2000.

Wilcke, C., "Philologische Bemerkungen zum Rat des Šuruppag und Versuch einer neuen Übersetzung", Zeitschrift für Assyriologie und Vorderasiatische Archäologie 68 (1978), 196-232.

Youger, K. Lawson, The Context of Scripture, vol.4, Supplements, Brill, 2016.